PHILIP YANCEY

CON BRENDA QUINN

GRACIA
DIVINA
VS.
CONDENA
HUMANA

La misión de Editorial Vida es ser la compañía líder en comunicación cristiana que satisfaga las necesidades de las personas, con recursos cuyo contenido glorifique a Jesucristo y promueva principios bíblicos.

GRACIA DIVINA VS. CONDENA HUMANA
Edición en español publicada
por Editorial Vida -1998
Miami, Florida

© 1997 por Philip Yancey

Originally published in the U.S.A. under the title:
What's So Amazing About Grace?
Copyright ©1997 by Philip Yancey
Published by permission of Zondervan, Grand Rapids, Michigan.

Traducción: *Andrés Carrodeguas*
Diseño interior: *Words for the World, Inc.*
Adaptación de cubierta: *Good Idea Productions, Inc*

TODOS LOS DERECHOS RESERVADOS

CATEGORÍA: IGLESIA CRISTIANA / CRECIMIENTO

ISBN - 978-0-8297-1865-2

PRINTED IN THE UNITED STATES OF AMERICA
IMPRESO EN LOS ESTADOS UNIDOS DE AMÉRICA

09 10 11 ❖ 10 9 8 7 6

ÍNDICE

Reconocimientos

La lectura de una lista de nombres en la sección de reconocimientos de algún libro me recuerda los discursos de aceptación en las noches de los Óscares, cuando los actores y las actrices le dan las gracias a todo el mundo, desde sus niñeras de la guardería hasta sus maestras de piano de tercer grado.

Me imagino que yo también me sienta agradecido con mi maestra de piano de tercer grado, pero me doy cuenta de que, cuando escribo un libro, hay unas pocas personas que no son un lujo, sino una necesidad. La primera redacción de este libro y la definitiva son asombrosamente distintas, gracias sobre todo a la intervención de estas personas: Doug Frank, Harold Fickett, Tim Stafford, Scott Hoezee y Hal Knight. Les pedí ayuda porque todos ellos saben escribir y conocen también la gracia, como lo demostró su respuesta. Estoy en deuda con ellos.

Mis colegas de *Christianity Today*, en especial Harold Myra, me ayudaron en algunas partes muy delicadas del original.

Hay un buen hombre, John Sloan, al que se le paga para que les haga la corrección de estilo a mis originales, y como resultado, intervino, no sólo después de la primera redacción, sino también en todas las posteriores. Los correctores son invisibles cuando realizan su trabajo, pero las excelentes contribuciones de John están muy visibles para mí cuando leo el resultado final.

Quiero expresarle también mi agradecimiento a Bob Hudson, de Zondervan, quien le dio los toques finales en la corrección de estilo.

Cuando el tema es la gracia, el sentimiento de gratitud es totalmente adecuado. Mientras pienso en estos amigos míos, me siento al mismo tiempo enriquecido e inmerecedor.

Ahora que lo pienso, también le debería dar las gracias al apóstol Pablo, quien en su magnífica carta a los Romanos, me enseñó todo lo que sé acerca de la gracia y me dio también el bosquejo general de este libro. Describo la "falta de gracia", intento medir la profundidad de la gracia, me enfrento a las objeciones que surgen durante este proceso, y comento la forma en que se vive la gracia en un mundo frío y duro como el pedernal, precisamente utilizando la progresión de Romanos.

(También necesito hacer notar que, aunque los relatos de este libro son ciertos, en algunos casos he cambiado los nombres y los lugares para proteger a las personas que han confiado en mí.)

GRACIA
DIVINA
VS.
CONDENA
HUMANA

Sólo sé lo que sabe todo el mundo:
que si estoy presente cuando danza la
gracia,
tengo que danzar yo también.

W. H. Auden

Uno

La última de las grandes palabras

En mi libro *El Jesús que nunca conocí*, contaba un relato de la vida real que por mucho tiempo ha permanecido en mi mente. Se lo escuché a un amigo que trabaja en Chicago con los indigentes:

> Una prostituta acudió a mí en una miseria total, sin techo, enferma e incapaz de comprarle comida a su hija de dos años de edad. Entre sollozos y lágrimas, me contó que les había estado alquilando su hija —¡con dos años de edad!— a hombres interesados en relaciones sexuales aberrantes. Sacaba más dinero alquilando a su hija durante una hora, que cuanto podía ganar ella sola durante una noche. Me dijo que tenía que hacerlo para sostener su propia adicción a las drogas. Apenas pude soportar su sórdida historia. Para empezar, me creaba una obligación legal, puesto que tengo que informar sobre los casos de abusos a menores. No tenía ni idea de lo que le debía decir a aquella mujer.
>
> Por fin le pregunté si alguna vez había pensado en acudir a una iglesia en busca de ayuda. Nunca olvidaré el aspecto de impresión inocente y pura que cruzó por su rostro. "¡Una iglesia!", exclamó. "¿Para qué habría de ir allí? Ya me estaba sintiendo muy mal conmigo misma. Todo lo que harían sería empeorar las cosas."

Lo que me impresionó en el relato de mi amigo es que hubo mujeres muy semejantes a esta prostituta que no huyeron de Jesús, sino que acudieron a refugiarse en Él. Mientras peor se sentía una persona consigo misma, más probable era que viera en Jesús un refugio. ¿Ha perdido la iglesia este don? Es evidente que los derrotados de la vida, que se agolpaban alrededor de Jesús mientras Él vivía sobre la tierra, ya no son bienvenidos entre sus seguidores. ¿Qué ha sucedido?

Mientras más meditaba en esta pregunta, más me sentía atraído a considerar como clave una sola palabra. Todo lo que sigue, se desprende de esa palabra.

Soy escritor, y me paso el día entero manejando las palabras. Juego con ellas, estoy atento a sus matices, penetro en ellas y trato de llenarlas con mis pensamientos. He descubierto que las palabras tienden a echarse a perder con los años, como la carne pasada. Su significado se va pudriendo. Pensemos por ejemplo en la palabra "caridad". Cuando los traductores de las primeras versiones vernáculas de la Biblia tuvieron que expresar la forma más alta de amor, escogieron la palabra "caridad" para presentarla. En cambio, hoy en día, oímos protestar con desprecio: "¡No necesito de su caridad!"

Tal vez yo siga regresando a la *gracia* porque es una gran palabra teológica que no ha sido estropeada. La llamo "la última de las grandes palabras", porque todos sus usos actuales que he podido hallar retienen algo de la gloria del original. Al igual que un gigantesco manto acuífero, esta palabra se halla subyacente en nuestra orgullosa civilización, para recordarnos que las cosas buenas no proceden de nuestros propios esfuerzos, sino de la gracia de Dios. Aun ahora, y a pesar de nuestra desviación secular, nuestras raíces se siguen extendiendo en busca de la gracia. Vea las formas en que usamos la palabra.

Muchas personas "dan gracias" antes de las comidas, reconociendo que el pan diario es un don de Dios. Estamos *agradecidos* ante la bondad de alguien, las buenas noticias son *gratificantes*, nos *congratulan* cuando triunfamos y ejercemos nuestras *gracias* sociales cuando tenemos de huéspedes a nuestros amigos. Cuando nos agrada la forma en que alguien nos ha servido, le dejamos una *gratificación*. En cada uno de estos usos puedo captar una sensación de deleite en algo que no se ha merecido.

El compositor musical le añade a la partitura *notas de gracia*. Aunque no sean esenciales para la melodía —son *gratuitas*— esas notas añaden una floritura cuya ausencia se haría sentir. Cuando intento tocar al piano una sonata de Beethoven o de Schubert, la toco toda primero unas cuantas veces sin las notas de gracia. Se escucha la sonata, pero las cosas son muy diferentes cuando le puedo añadir las notas de gracia, que sazonan la pieza musical como especias deliciosas.

En Inglaterra hay algunos usos que manifiestan a las claras la fuente teológica de la palabra. Los súbditos británicos se dirigen a los miembros de la familia real con el título de "Vuestra gracia". Los estudiantes de Oxford y de Cambridge pueden "recibir una gracia" que los exima de ciertas exigencias académicas. El Parlamento declara un "acto de gracia" cuando indulta a un delincuente.

También las casas editoras de Nueva York insinúan el significado teológico con su norma de *gratificar*. Si yo me suscribo a doce números de una revista, es posible que reciba unos cuantos ejemplares extra, aun después de vencida mi suscripción. Son los "números de gratificación" que me envían sin cobrarlos (o sea, *gratis*) para tentarme a renovar mi suscripción. De igual forma, las tarjetas de crédito, las agencias de alquiler de automóviles y las compañías hipotecarias les conceden a sus clientes un "período de gracia" inmerecido.

Aprendo además lo que significa una palabra, a base de sus opuestos. Los periódicos hablan de que el comunismo ha "caído de la gracia", palabras que se han aplicado de manera similar a Jimmy Swaggart, Richard Nixon y O. J. Simpson. Insultamos a una persona cuando le hacemos notar que está escasa de gracia: "*¡Ingrato!*", decimos, o peor: "¡Eres una *desgracia!*" La persona realmente despreciable, "no hay gracia que la salve". Mi uso favorito de la palabra radical *gracia* se produce en la frase latina *persona non grata*: la persona que

ofende al gobierno con algún acto de traición es proclamada
oficialmente "persona carente de gracia".

L os numerosos usos de la palabra *gracia* en los idiomas
modernos me convencen de que ciertamente, se trata de
algo asombroso; en verdad, la última de las grandes palabras.
Contiene la esencia del evangelio, de la misma forma que una
gota de agua puede contener la imagen del sol. La sed que el
mundo tiene de la gracia se manifiesta en formas que él ni siquiera reconoce; no es de maravillarse que el himno "Sublime
gracia" se abriera paso hasta la lista de los diez primeros, doscientos años después de haber sido compuesto. Para una sociedad que parece ir a la deriva, sin amarradero de ninguna
clase, no conozco lugar mejor donde soltar un ancla de fe.

No obstante, al igual que las notas de gracia en la música,
el estado de la gracia se manifiesta efímero. El muro de Berlín
cae en una noche de euforia; los surafricanos de raza negra
hacen largas y exhuberantes filas para votar por vez primera;
Yitzhak Rabín y Yasser Arafat se dan la mano en el Jardín de
las Rosas; por un instante, desciende la gracia. Y entonces,
Europa oriental se entrega malhumorado a la larga tarea de la
reconstrucción, Suráfrica trata de encontrar la forma de llevar
adelante una nación, Arafat esquiva las balas, y una de ellas
abate a Rabín. Como una estrella agonizante, la gracia se disi-
pa en una explosión final de pálida luz, y es tragada después
por el agujero negro de la "falta de gracia".

"Las grandes revoluciones cristianas", decía H. Richard
Niebuhr, "no se producen por el descubrimiento de algo que
no se conocía antes. Se producen cuando alguien toma en
sentido radical algo que siempre había estado presente." Es
extraño, pero a veces encuentro escasez de gracia dentro de la
iglesia, una institución fundada para proclamar, en frase de
Pablo, "el evangelio de la gracia de Dios".

El escritor Stephen Brown observa que un veterinario
puede aprender muchas cosas acerca de un desconocido que
es dueño de un perro, con sólo observar a su perro. ¿Qué
aprende el mundo acerca de Dios cuando nos observa a noso-

tros, sus seguidores en la tierra? Rastree las raíces de la palabra *gracia*, o *caris* en griego, y encontrará un verbo que significa "Me regocijo, estoy contento". Tengo por experiencia que el gozo y la alegría no son las primeras imágenes que les vienen a la mente a las personas cuando piensan en la iglesia. Piensan en gente que se cree espiritualmente superior. Piensan en las iglesias como lugares donde ir después de haber enderezado el rumbo de la vida; no antes. Piensan en la moral; no en la gracia. "¡Una iglesia!", exclamó aquella prostituta. "¿Para qué habría de ir allí? Ya me estaba sintiendo muy mal conmigo misma. Todo lo que harían sería empeorar las cosas."

Estas actitudes proceden en parte de un concepto erróneo o prejuicio por parte de los de fuera. Yo he visitado lugares donde reparten comidas, refugios para personas sin hogar, hospicios y ministerios a las cárceles manejados por voluntarios cristianos generosos con la gracia. Con todo, el comentario de aquella prostituta resultaba incómodo, porque había hallado un punto débil en la iglesia. Algunos de nosotros parecemos tan ansiosos por evitar el infierno, que nos olvidamos de celebrar nuestro camino hacia el cielo. Otros, preocupados con toda razón por las cuestiones de una "guerra cultural" moderna, descuidan la misión de la iglesia como refugio de gracia en este mundo de falta de gracia.

"La gracia está en todas partes", dice el sacerdote mientras agoniza, en la novela *Diario de un cura rural*, de Georges Bernanos. Sí; con cuánta facilidad pasamos junto a ella, sordos a su melodía.

Yo estudié en un colegio bíblico universitario. Años más tarde, sentado junto al presidente de esa institución en un avión, él me pidió que evaluara mis estudios: "Unos buenos; otros malos", le contesté. "Allí conocí muchos hombres y mujeres de Dios. De hecho, allí me encontré con Dios mismo. ¿Cómo puedo valorar algo así? Sin embargo, más tarde me di cuenta que en cuatro años, casi no había aprendido nada acerca de la gracia. Tal vez sea ésta la palabra más importante de la Biblia; el corazón del evangelio. ¿Cómo es posible que la haya pasado por alto?"

Más tarde, relaté nuestra conversación en una charla que di allí en un culto y, al hacerlo, ofendí a los profesores. Hubo quien sugirió que no se me volviera a invitar a hablar. Un alma bondadosa me escribió para preguntarme si no habría debido expresar las cosas de otra forma. ¿No habría debido decir que cuando era estudiante carecía de los receptores necesarios para captar la gracia que me rodeaba por completo? Puesto que aprecio y respeto a este hombre, pensé profundamente y por largo tiempo en su pregunta. Sin embargo, al final llegué a la conclusión de que había experimentado tanta falta de gracia en el recinto de un colegio bíblico, como en cualquier otro lugar donde había estado en mi vida.

El consejero David Seamands resume de esta forma su carrera:

> Hace muchos años que llegué a la conclusión de que las dos causas principales en la mayoría de los problemas emocionales entre los cristianos evangélicos son éstas: no saber comprender, recibir y vivir la gracia y el perdón incondicionales de Dios, y no saber comunicar ese amor, perdón y gracia incondicionales a otras personas . . . Leemos, escuchamos y creemos una buena teología sobre la gracia. Sin embargo, no vivimos así. La buena noticia del evangelio de la gracia no ha penetrado hasta el nivel de nuestras emociones.

El mundo lo puede hacer casi todo tan bien como la iglesia, o mejor", dice Gordon MacDonald. "No hace falta ser cristiano para construir casas, alimentar a los hambrientos o sanar a los enfermos. Sólo hay una cosa que el mundo no puede hacer. No puede ofrecer gracia." MacDonald ha sabido señalar la contribución más importante de la iglesia. ¿A qué otro lugar podría acudir el mundo para hallar gracia?

El novelista italiano Ignazio Silone escribió sobre un revolucionario perseguido por la policía. Para esconderlo, sus camaradas lo disfrazaron de sacerdote y lo enviaron a una aldea remota al pie de los Alpes. Se regó la voz, y pronto apareció junto a su puerta una larga fila de campesinos, llenos de relatos sobre sus pecados y su quebrantada vida. El "sacerdote" protestó y trató de alejarlos, pero no lo logró. No tuvo más remedio que sentarse a escuchar las historias de aquella gente hambrienta de gracia.

De hecho, me da la impresión de que ésa es la razón por la cual las personas acuden a la iglesia: tienen hambre de la gracia. El libro *Growing up fundamentalist* [Crecer en el fundamentalismo] habla de una reunión de los exalumnos de una academia misionera en Japón. "Con una o dos excepciones, todos nos habíamos apartado de la fe y regresado", informaba uno de ellos. "Y los que habíamos regresado teníamos una cosa en común: todos habíamos descubierto la gracia . . ."

Cuando miro atrás y veo mi propio peregrinar, repleto de extravíos, desviaciones y callejones sin salida, veo ahora que lo que me fue llevando todo el tiempo fue la búsqueda de la gracia. Durante un tiempo, rechacé a la iglesia, porque encontré muy poca gracia en ella. Regresé, porque no hallé gracia en ningún otro lugar.

Apenas he gustado la gracia; he dado menos de la que he recibido, y en ningún sentido soy "experto" en gracia. Ésas son precisamente las razones que me impulsan a escribir. Quiero saber más, comprender más, experimentar más gracia. No me atrevo —y el peligro es muy real— a escribir un libro carente de gracia sobre la gracia misma. Por eso, le pido que acepte ahora mismo, desde el principio, que escribo como peregrino, capacitado solamente por mis ansias de gracia.

La gracia no es un tema fácil para un escritor. Tomo prestado el comentario de E. B. White acerca del humor: "Se le puede hacer la disección [a la gracia] como a una rana, pero muere mientras lo hacemos, y las entrañas son desalentadoras para todos, con excepción de la mente puramente científica." Acabo de leer en la *New Catholic Encyclopedia* [Nueva enciclopedia católica] un artículo de trece páginas sobre la gracia, que me ha curado de todo deseo de hacerle la disección y poner al descubierto sus entrañas. No quiero que muera. Por esa razón, voy a confiar más en los relatos que en los silogismos.

En resumen, más prefiero comunicar la gracia, que explicarla.

Parte I

Un dulce sonido

Un relato:
El banquete
de Babette

Karen Blixen, danesa de nacimiento, se casó con un barón y pasó desde el 1914 hasta el 1931 administrando una plantación de café en el África Oriental Británica (su obra Out of Africa, [Desde África] habla de estos años). Después de divorciarse, regresó a Dinamarca y comenzó a escribir en inglés bajo el seudónimo de Isak Dinesen. Uno de sus relatos, "El banquete de Babette", se convirtió en una obra clásica sectaria después de que se hiciera una película con él en la década de 1980.

La señora Dinesen sitúa su relato en Noruega, pero los autores daneses de la película cambiaron su ubicación a una empobrecida aldea de pescadores en las costas de Dinamarca; un poblado de calles repletas de lodo y casuchas con el techo de paja. En este lúgubre escenario, un deán de blanca barba dirigía un grupo de fieles dentro de una austera secta luterana.

Esta secta había renunciado a los pocos placeres mundanos que podían tentar a un hombre del pueblo en Norre Vosburg. Todos vestían de negro. Su dieta consistía en bacalao hervido y unas gachas hechas hirviendo pan en agua fortalecida con un chorro de cerveza. En el día sabático, el grupo se reunía para cantar de "Jerusalén, mi feliz hogar, nombre tan querido para mí". Tenían su brújula fija en la Nueva Jerusalén, mientras toleraban la vida en la tierra como una manera de llegar a ella.

El anciano deán, que era viudo, tenía dos hijas adolescentes: Martine, llamada así en honor de Martín Lutero, y Philippa, cuyo nombre honraba a Felipe Melanchton, el discípulo de Lutero. Los aldeanos solían asistir a la iglesia sólo para deleitar sus ojos en estas dos jovencitas, cuya radiante belleza era imposible de suprimir, a pesar de los grandes esfuerzos de ambas hermanas.

Martine cautivó los ojos de un elegante y joven oficial de caballería. Cuando ella logró resistirse a sus proposiciones —al fin y al cabo, ¿quién cuidaría de su anciano padre?—, él se marchó para casarse con una dama de compañía de la reina Sophia.

Philippa no sólo era bella, sino que tenía la voz de un ruiseñor. Cuando cantaba sobre Jerusalén, parecían aparecer resplandecientes visiones de la ciudad celestial. Así fue como llegó a conocer al cantante de óperas más famoso de su tiempo, el francés Achille Papin, quien estaba pasando una temporada en la costa por razones de salud. Mientras caminaba por los senderos de tierra de una escondida aldea, Papin oyó asombrado una voz digna de la Gran Ópera de París.

Permítame que le enseñe a cantar correctamente, le rogó a Philippa, y toda Francia caerá a sus pies. La realeza hará fila para conocerla, y acudirá en un carruaje tirado por caballos al magnífico Café Anglais para cenar. Halagada, Philippa consintió en recibir unas cuantas lecciones, pero sólo unas cuantas. Los cantos acerca del amor la ponían nerviosa; los aleteos que sentía por dentro la preocupaban aun más, y cuando terminó un aria de Don Giovanni abrazada a Papin, con los labios de éste rozando los suyos, supo sin lugar a dudas que tendría que renunciar a estos nuevos placeres. Su padre escribió una nota en la que rechazaba todas las lecciones futuras, y Achille Papin regresó a París, tan desconsolado como si hubiera perdido un billete ganador de la lotería.

Pasaron quince años, y muchas cosas cambiaron en aquella aldea. Las dos hermanas, convertidas en solteras de mediana edad, habían tratado de seguir con la misión de su padre, ya fallecido, pero sin su fuerte liderazgo la secta sufrió terribles divisiones. Un hermano le guardaba rencor a otro por unas cuestiones de negocios. Corría el rumor de que dos de los miembros estaban envueltos en amoríos desde hacía treinta años. Dos damas de edad no se habían dirigido la palabra en diez años. Aunque la secta se seguía reuniendo en el día sabático y cantando los viejos himnos, sólo un puñado de ellos se molestaban en asistir, y la música había perdido todo su brillo. A pesar de todos estos problemas, las dos hijas del deán permanecían fieles, organizando los cultos e hirviendo el pan para los desdentados ancianos del poblado.

Una noche demasiado lluviosa para que nadie se aventurara a atravesar las calles llenas de lodo, las hermanas oyeron un pesado golpe en la puerta. Cuando la abrieron, una mujer se desplomó desmayada. Al reanimarla, descubrieron que no hablaba danés. Les entregó una carta de Achille Papin. Al ver su nombre, Philippa se sonrojó, y le temblaba la mano mientras leía aquella carta de presentación. La mujer se llamaba Babette, y había perdido a su esposo y su hijo en Francia durante la guerra civil. Su vida corría peligro y tuvo que huir; Papin le había hallado sitio en un barco, con la esperanza de que en esta aldea tuvieran misericordia de ella. "Babette sabe cocinar", decía la carta.

Las hermanas no tenían dinero para pagarle a Babette, y en primer lugar, sentían dudas en cuanto a contratar a una criada. No confiaban en su forma de cocinar; ¿acaso no eran los franceses los que comían caballos y ranas? Sin embargo, por medio de gestos y súplicas, Babette les ablandó el corazón. Haría lo que fuera necesario, a cambio de cuarto y comida.

Durante los doce años siguientes, Babette trabajó para las hermanas. La primera vez que Martine le enseñó a cortar el bacalao y cocer las gachas, levantó una ceja y se le arrugó un poco la nariz, pero no protestó ni una sola vez por lo que le mandaban hacer. Alimentaba a los pobres del poblado y se hacía cargo de todas las tareas de la casa. Hasta ayudaba en los cultos sabáticos. Todos estaban de acuerdo en que Babette había llevado nueva vida a aquella estancada comunidad.

Puesto que Babette nunca hablaba de su vida pasada en Francia, Martine y Philippa se llevaron una gran sorpresa cuando un día, después de doce años, le llegó su primera carta. Babette la leyó, levantó la vista para encontrar la de ambas hermanas, que la observaban, y les anunció con toda tranquilidad que le había sucedido algo maravilloso. Todos los años, un amigo de París le había renovado su número en la lotería francesa. Este año, su billete había ganado. ¡Diez mil francos!

Las hermanas tomaron a Babette de las manos para felicitarla, pero interiormente, sintieron que se les partía el corazón. Se daban cuenta de que muy pronto, Babette se marcharía.

Coincidió que Babette ganó la lotería en el mismo momento en que las hermanas estaban preparando una celebración en honor del centenario del nacimiento de su padre. Babette acudió a ellas con una petición. En doce años no les he pedido nada, comenzó diciendo. Ellas asintieron. Sin embargo, ahora tengo una petición: Quisiera preparar la comida para el culto de aniversario. Me gustaría cocinarles una verdadera cena francesa.

Aunque las hermanas tenían graves reparos con respecto a este plan, era cierto que Babette no les había pedido favores en doce años. ¿Qué podían hacer, sino aceptar?

Cuando llegó de Francia el dinero, Babette hizo una breve salida para hacer los arreglos de la cena. Durante las semanas siguientes a su regreso, los residentes de Norre Vosburg disfrutaron de la asombrosa vista de barcas que llegaban al muelle uno tras otro para descargar provisiones con destino a la cocina de Babette. Los trabajadores empujaban carretillas cargadas con cajas donde había pequeñas aves. Pronto aparecieron las cajas de champaña —¡champaña!— y de vino. Una cabeza entera de vaca, vegetales frescos, trufas, faisanes, jamones, criaturas marinas de extraño aspecto, una inmensa tortuga aún viva que movía de un lado a otro su cabeza como de serpiente; todos ellos terminaron en la cocina de las hermanas, gobernada ahora con toda firmeza por Babette.

Martine y Philippa, alarmadas ante aquello que más bien parecía un brebaje de brujas, les explicaron su situación a los miembros de la secta, ya ancianos y canosos, y sólo once en número. Todos se rieron para sus adentros, comprensivos. Después de alguna discusión, aceptaron comer la cena francesa, sin hacer ningún comentario sobre ella, para que Babette no se hiciera una idea equivocada. La lengua era para alabar y dar gracias; no para deleitarse en sabores exóticos.

El quince de diciembre, el día de la cena, nevó, lo que hizo resplandecer el aburrido poblado con un brillo blanco. A las hermanas les encantó saber que una huésped inesperada se les uniría: la señorita Loewenhielm, de noventa años de edad, quien vendría acompañada por su sobrino, el oficial de caballería que había cortejado a Martina tiempo atrás, quien era ya general y prestaba sus servicios en el palacio real.

Babette se las había arreglado para conseguir suficiente vajilla y cristalería, y había decorado la habitación con velas y hojas de encina. La mesa tenía un aspecto encantador. Cuando comenzó la cena, todos los aldeanos recordaron lo acordado y se sentaron en silencio, como tortugas alrededor de un charco. Sólo el general hizo observaciones acerca de la comida y la bebida. "¡Amontillado!", exclamó al levantar el primer vaso. "¡Y el mejor Amontillado que haya probado jamás!" Cuando probó la primera cucharada de sopa, el general habría jurado que era sopa de tortuga pero, ¿cómo se habría podido encontrar una cosa así en las costas de Jutlandia?

"¡Increíble!", dijo el general al probar el siguiente plato. "¡Es Blinis Demidoff!" Todos los demás huéspedes, con la cara surcada por profundas arrugas, estaban comiendo las mismas raras exquisiteces sin expresiones ni comentarios. Cuando el general hizo el elogio del champaña, un Viuda Cliquot de 1860, Babette le ordenó a su pinche de cocina que mantuviera siempre lleno su vaso. Sólo él parecía apreciar lo que tenía delante.

Aunque nadie más hablaba de la comida o la bebida, el banquete fue obrando gradualmente un efecto mágico sobre los burdos aldeanos. Se les calentó la sangre. Se les soltó la lengua. Hablaron de los viejos tiempos, cuando el deán aún vivía, y de la Navidad en el año en que se congeló la bahía. El hermano que le había hecho trampas al otro en un negocio, terminó confesando, y las dos mujeres que habían estado peleadas, conversaron. Una mujer eructó, y el hermano que tenía al lado dijo sin pensarlo: "¡Aleluya!"

En cambio, el general sólo podía hablar de la comida. Cuando el pinche de cocina sacó el coup de grâce (de nuevo la palabra), pichón de codorniz preparado en Sarcophage, el general exclamó que sólo había visto aquel plato en un lugar de Europa, el famoso Café Anglais de París, el restaurante que había sido famoso por la mujer que era su jefa de cocina.

Medio embriagado con el vino, con los sentidos embotados, incapaz de contenerse, el general se levantó para pronunciar un discurso. "La misericordia y la verdad, amigos míos, se han encontrado", comenzó diciendo. "La justicia y la bienaventuranza se besarán". Entonces tuvo que hacer una pausa, "porque tenía el hábito de formar con cuidado sus discursos, consciente de su propósito, pero aquí, en medio de la sencilla congregación del deán, era como si la figura entera del general Loewenhielm, con el pecho cubierto de condecoraciones, sólo fuera el vocero de un mensaje que era necesario presentar". El mensaje del general era la gracia.

Aunque los hermanos y hermanas de la secta no entendían por completo el discurso del general, en aquel momento "las vanas ilusiones de esta tierra se habían disuelto ante los ojos de ellos como el humo, y habían visto el universo como es en realidad". El pequeño grupo se deshizo y se marchó de vuelta a un pueblo cubierto por una nieve brillante, bajo un cielo encendido de estrellas.

"El banquete de Babette" termina con dos escenas. Afuera, los ancianos se toman las manos alrededor de la fuente, y cantan con energía los viejos cánticos de su fe. Es una escena de comunión: el banquete de Babette había abierto la puerta, y la gracia se había colado. Se sentían, añade Isak Dinesen, "como si de veras sus pecados hubieran sido lavados tan blancos como la nieve, y en este atuendo de inocencia recuperada, estuvieran brincando como corderillos".

La escena final tiene lugar dentro, en medio del desastre de una cocina llena de inmensas pilas de platos sin lavar, cazuelas grasientas, conchas, caparazones, huesos cartilaginosos, cajas rotas, cortes de vegetales y botellas vacías. Babette se sienta en medio de aquel desorden, con un aspecto de agotamiento semejante al de la noche en que había llegado, doce años antes. De pronto, las hermanas se dan cuenta de que, en cumplimiento del voto, nadie le había hablado a Babette de la cena.

"Babette, fue una cena encantadora", dice Martine indecisa.

Babette parece estar muy lejos. Después de un tiempo, les dice: "Yo fui cocinera del Café Anglais".

"Babette, todos recordaremos esta noche cuando hayas regresado a París", añade Martine, como si no la hubiera escuchado.

Babette les dice que no va a regresar a París. Todos sus amigos y parientes han muerto o están en prisión. Y, por supuesto, sería costoso regresar a París.

"Pero, ¿y los diez mil francos?", le preguntan las hermanas.

Entonces Babette deja caer la bomba. Se ha gastado todo lo que había ganado, hasta el último de los diez mil francos del premio, en el banquete que ellos acaban de consumir. No se asombren, les dice. Eso es lo que cuesta una buena cena para doce personas en el Café Anglais.

En el discurso del general, Isak Dinesen no deja duda alguna de que ha escrito "El banquete de Babette" no sólo como un cuento sobre una gran cena, sino como una parábola sobre la gracia; un regalo que le cuesta todo al dador y nada al que lo recibe. Esto es lo que les dijo el general Loewenhielm a los fieles de sombrío rostro reunidos a su alrededor en la mesa de Babette:

A todos nosotros se nos ha dicho que hay que hallar la gracia en el universo. Sin embargo, en nuestra necedad y miopía nos imaginamos que la gracia divina es finita... Con todo, llega un momento en que la gracia es infinita. La gracia, amigos míos, no exige de nosotros sino que la esperemos con confianza y la reconozcamos con gratitud.

Doce años antes, Babette había aparecido en medio de gente carente de gracia. Seguidores de Lutero, escuchaban sermones sobre la gracia casi todos los domingos, y el resto de la semana, trataban de ganarse el favor de Dios con sus piedades y renunciamientos. La gracia les llegó bajo la forma de un banquete; el banquete de Babette, la mejor comida de toda su vida, ofrecida con liberalidad a los que no la habían ganado en absoluto, y que apenas poseían las facultades necesarias para recibirla. La gracia llegó a Norre Vosburg como siempre llega: sin costo alguno, sin compromiso ulterior, y pagada por su dador.

¡Oh gracia momentánea de los hombres mortales,
que nosotros perseguimos más que la gracia de Dios!

Shakespeare, Ricardo III

UN MUNDO DESPROVISTO DE GRACIA

Un amigo mío acertó a escuchar en el autobús rumbo al trabajo, una conversación entre la joven que estaba sentada a su lado, y el hombre que estaba sentado al otro lado del pasillo. Ella estaba leyendo *The Road Less Traveled* [El camino menos transitado], de Scott Peck, la obra que más tiempo ha permanecido en la lista de éxitos de librería del *New York Times*.

"¿Qué está leyendo?", le preguntó el hombre.

"Un libro que me dio una amiga. Dice que le cambió la vida."

"¿De veras? ¿De qué se trata?"

"No estoy segura. Una especie de guía para la vida. No he leído mucho aún." Comenzó a hojear el libro. "Éstos son los títulos de los capítulos: 'Disciplina, Amor, Gracia . . .'"

El hombre la detuvo. "¿Qué es eso de 'gracia'?"

"No lo sé. Aún no he llegado a la Gracia."

Algunas veces, cuando escucho los informes de los noticieros, me acuerdo de esta última respuesta. Está muy claro que un mundo marcado por las guerras, la violencia, la opresión económica, las luchas religiosas, los pleitos legales y la destrucción familiar es un mundo que aún no ha llegado a la gracia. "Ah, qué pobre cosa es el hombre desprovisto de la gracia", suspiraba el poeta George Herbert.

Lamentablemente, las palabras de aquella conversación en el ómnibus me vuelven a la mente cuando visito ciertas iglesias. Como un vino fino derramado en una jarra llena de agua, el maravilloso mensaje de gracia traído por Jesús queda diluido en la vasija de la iglesia. "Pues la ley por medio de Moisés fue dada, pero la gracia y la verdad vinieron por medio de Jesucristo", escribió el apóstol Juan. Los cristianos han gastado cantidades ingentes de energía a lo largo de los años debatiendo y decretando verdades; cada iglesia defiende su versión particular. Sin embargo, ¿qué sucede con la gracia? Qué extraño es encontrar una iglesia que compita por "superar en gracia" a sus rivales.

La gracia es el mejor regalo del cristianismo al mundo; una estrella *nova* espiritual en medio de nosotros, que ejerce una fuerza mayor que la venganza, que el racismo y que el odio. Lo triste es que la iglesia le presenta a veces a un mundo que necesita esta gracia con desesperación, una forma más de la falta de gracia. Con demasiada frecuencia nos parecemos más a los sombríos personajes que se reúnen a comer pan hervido, que a los que acaban de participar del banquete de Babette.

Yo crecí en una iglesia que establecía una fuerte línea divisoria entre "la era de la ley" y "la era de la gracia". Al mismo tiempo que pasábamos por alto la mayoría de las prohibiciones morales del Antiguo Testamento, teníamos nuestro propio orden de pequeñas normas, capaz de rivalizar con el de los judíos ortodoxos. Al principio de la lista se hallaban la prohibición de fumar y beber alcohol (sin embargo, puesto que se trataba de un lugar del sur de los Estados Unidos, cuya economía depende del tabaco, se les hacían algunas concesiones a los fumadores). Inmediatamente después de estos vicios se hallaban las películas, y muchos de los miembros de la iglesia se negaban incluso a asistir a *La novicia rebelde*. De igual manera, la música rock, que se hallaba entonces en su infancia, era considerada como una abominación, con muchas posibilidades de tener un origen demoníaco.

Había otras prohibiciones —usar cosméticos y joyas, leer el periódico del domingo, jugar o ver deportes los domingos, bañarse todos en una misma piscina (algo curiosamente llamado "baños mixtos"), normas con respecto al largo de la falda para las jovencitas, el largo del pelo para los jovencitos—, que la persona obedecía o no, según su nivel de espiritualidad. Así crecí bajo la fuerte impresión de que la persona se volvía espiritual al hacerles caso a estas reglas de tonos grises. Puedo asegurar que no era capaz de hallar mucha diferencia entre la dispensación de la ley, y la dispensación de la gracia.

Mis visitas a otras iglesias me han convencido de que este enfoque "tipo escalera" de la espiritualidad es algo casi universal. Los católicos, los menonitas, las iglesias de Cristo, los luteranos y los bautistas del sur tienen todos su propia agenda particular de legalismo. Se gana la aprobación de la iglesia, y es de suponer que también la de Dios, por seguir las pautas prescritas.

Más tarde, cuando comencé a escribir acerca del problema del dolor, me encontré con otra forma de la falta de gracia. Hubo lectores que pusieron objeciones a mi compasión por los que sufren. Las personas sufren porque se lo merecen, me decían. Dios las está castigando. Tengo en mis archivos muchas cartas de este tipo, refundiciones modernas de los "refranes de ceniza" pronunciados por los amigos de Job.

En su libro *Guilt and Grace* [Culpa y gracia], el doctor suizo Paul Tournier, hombre de una profunda fe personal, admite: "No puedo estudiar este problema tan serio de la culpa, sin recordar la realidad muy obvia y trágica de que la religión —tanto la mía como la de todos los creyentes— puede aplastar en vez de liberar".

Tournier habla de los pacientes que acuden a él: un hombre que esconde la culpa de un viejo pecado, una mujer que no se puede quitar de la mente un aborto realizado diez años antes. Lo que están buscando en realidad los pacientes, dice Tournier, es la gracia. Sin embargo, en algunas iglesias se encuentran con la vergüenza, la amenaza de un castigo, y una sensación de juicio. En resumen, cuando buscan la gracia en la iglesia, encuentran con frecuencia la falta de gracia.

Una mujer divorciada me contó hace poco que se hallaba en la nave de su iglesia con su hija de quince años, cuando se les acercó la esposa del pastor. "He oído decir que usted se está divorciando. Lo que no puedo entender es que si usted ama a Jesús, y él también lo ama, ¿por qué están haciendo esto?" En realidad, la esposa del pastor nunca había hablado antes con mi amiga, y su brusca represión en presencia de su hija la dejó atónita. "Lo doloroso de todo esto es que tanto mi esposo como yo amábamos de verdad a Jesús, pero nuestro matrimonio estaba destruido y sin esperanzas de restauración. Si ella se hubiera limitado a envolverme en sus brazos y decirme: 'Cuánto lo siento . . .'"

Mark Twain solía hablar de la gente que era "buena en el peor sentido de la palabra", frase que en el sentir de muchos capta la reputación de los cristianos de hoy. Últimamente les he estado haciendo una pregunta a los desconocidos —por ejemplo, a los compañeros de asiento en un avión— cuando entro en conversación con ellos. "Si yo digo las palabras 'cristiano evangélico', ¿qué le viene a la mente?" Cuando me contestan, oigo sobre todo descripciones políticas de estridentes activistas en contra del aborto, o enemigos de los derechos de los homosexuales, o proponentes de censuras para la Internet. Oigo mencionar a la Mayoría Moral, una organización que se desbandó hace años. Ni una vez —*ni una sola*— he oído una descripción que recordara en algo la gracia. Es evidente que no es ése el aroma que despiden los cristianos en el mundo.

H. L. Mencken describía a un puritano como una persona poseída por un persistente temor de que alguien fuera feliz en algún lugar; hoy, muchas personas les aplicarían la misma caricatura a los evangélicos o a los fundamentalistas. ¿De dónde procede esta reputación de tensa falta de gozo? Una columna escrita por la humorista Erma Bombeck nos da una pista:

El otro domingo, en la iglesia, me estaba fijando en un niño pequeño que se volteaba hacia todo el mundo para sonreír. No estaba gorjeando, escupiendo, tarareando, tirando patadas, rompiendo himnarios ni registrándole el bolso a su madre. Sólo estaba sonriendo. Por fin, la madre le dio una sacudida y con un susurro escénico que se habría podido oír en uno de los pequeños teatros de Broadway, le dijo: "¡Deja de sonreír! ¡Estás en la iglesia!" Entonces, le dio con el cinturón y mientras las lágrimas le corrían por las mejillas, añadió: "Eso está mejor", y volvió a sus oraciones . . .

De repente, me sentí enojada. Me vino a la mente que todo el mundo está llorando, y que si uno no lo está, lo mejor que se puede hacer es ponerse a llorar. Quería tomar a aquel chiquillo con su cara llena de lágrimas, acercarlo a mí y hablarle de mi Dios. El Dios feliz. El Dios sonriente. El Dios que tuvo que tener sentido del humor para crear gente como nosotros . . . Por tradición, hay que llevar la fe con la solemnidad de alguien que está de luto, la gravedad de una máscara de tragedia y la consagración de una placa de los rotarios.

¡Qué absurdo!, pensé. Allí estaba aquella mujer, sentada junto a la única luz que le queda a nuestra civilización, la única esperanza, nuestro único milagro, nuestra única promesa de infinitud. Si aquel niño no podía sonreír en la iglesia, ¿a dónde podría ir?

Por supuesto que estas caracterizaciones de los cristianos son incompletas; yo conozco a muchos cristianos que personifican a la gracia. Sin embargo, de alguna forma, la iglesia se las ha arreglado a lo largo de la historia para ganarse una reputación a causa de su falta de gracia. Como decía una pequeña niña inglesa en su oración: "Dios mío, haz que la gente mala se vuelva buena, y que la buena se vuelva agradable".

William James, tal vez el principal filósofo estadounidense del siglo pasado, tenía un concepto favorable de la iglesia, tal como lo expresa en su estudio clásico *The Varieties of Religious Experience* [Las variedades de la experiencia religiosa]. No obstante, le costaba trabajo comprender la mezquindad de los cristianos que perseguían a los cuáqueros por no tocarse el sombrero al saludar, o que debatían vigorosamente si el teñir la ropa reflejara una conducta moral o no. Escribió sobre el ascetismo de un cura de campo francés que decició que "nunca olería una flor, nunca bebería nada cuando tuviera sed, nunca espantaría una mosca, nunca mostraría repugnancia ante un objeto asqueroso, nunca se quejaría de nada que tuviera que ver con su comodidad personal, nunca se sentaría y nunca se apoyaría en los codos cuando estaba arrodillado".

El famoso místico San Juan de la Cruz les aconsejaba a los creyentes que mortificaran todo gozo y esperanza; que se volvieran "no hacia lo que más agrada, sino hacia lo que repugna" y que "se despreciaran a sí mismos, y desearan el desprecio de los demás". San Bernardo tenía el hábito de cubrirse los ojos para no ver la belleza de los lagos suizos.

Hoy en día, el legalismo ha cambiado de orientación. En una cultura totalmente secular, es más posible que la iglesia manifieste la falta de gracia por medio de un espíritu de superioridad moral, o una feroz actitud contra sus enemigos en las "guerras culturales".

La iglesia comunica también la falta de gracia a través de su falta de unidad. Mark Twain solía decir que había puesto a un perro y un gato juntos en una jaula como experimento, para ver si se podían entender. Así lo hicieron, de manera que puso un pájaro, un cerdo y un cabrito. Ellos también se llegaron a entender bien después de unas cuantas adaptaciones. Entonces puso a un bautista, un presbiteriano y un católico; poco después, no quedaba nadie vivo.

Más seriamente, el intelectual judío moderno Anthony Hecht escribe:

> A lo largo de los años, no sólo la fui conociendo mejor [a mi fe], sino que fui familiarizándome cada vez más con las convicciones de mis vecinos cristianos. Muchos de ellos eran buenas personas, a las cuales admiro, y de las que aprendí bondad, además de otras cosas. Y también había mucho en la doctrina cristiana que me pare-

cía igualmente atractivo. Sin embargo, pocas cosas me sacudían con mayor fuerza que la profunda e implacable hostilidad entre los protestantes y los católicos.

He estado hablando de los cristianos, porque yo soy uno de ellos, y no veo razón alguna para que finjamos ser mejores de lo que somos. Yo mismo tengo que luchar con el fuerte abrazo de los tentáculos de la falta de gracia en mi propia vida. Aunque no haya perpetuado la forma tan estricta en que fui criado, batallo a diario contra el orgullo, la crítica y el sentimiento de que tengo que buscar una forma de ganarme la aprobación de Dios. Helmut Thielicke decía que "donde el diablo logra poner huevos de cuclillo, es en los nidos piadosos . . . El sulfuroso hedor del infierno no es nada, comparado con el mal olor que se desprende de la gracia divina cuando ésta se pudre".

No obstante, lo cierto es que en todas las religiones se manifiesta una virulenta tensión de falta de gracia. He oído relatos de testigos presenciales con respecto al ritual de la danza del sol, recientemente resucitado, en el cual los jóvenes guerreros lakotas se atan garras de águila a las tetillas y, forcejeando contra una soga amarrada a un poste sagrado, se lanzan hacia fuera hasta que las garras les desgarran la carne. Entonces, entran en una especie de sauna y apilan rocas calientes al rojo vivo hasta que la temperatura se vuelve insoportable; todo con la intención de expiar sus pecados.

He observado mientras los devotos campesinos se arrastraban sobre sus ensangrentadas rodillas por las calles adoquinadas de Costa Rica, y he visto en la India a los campesinos hindúes mientras les ofrecían sacrificios a los dioses de la viruela y de las serpientes venenosas. He visitado países islámicos donde la "policía de la moral" patrulla las aceras con porras, en busca de mujeres cuya ropa los ofenda, o que se hayan atrevido a conducir un auto.

En oscura ironía, los humanistas que se rebelan contra la religión se las suelen arreglar para inventar formas peores de falta de gracia. En las universidades modernas, los activistas

de las causas "liberales" —feminismo, ambiente, multicultu-
ralismo— son capaces de manifestar un rudo espíritu de falta
de gracia. No conozco legalismo más abarcador que el del comunismo soviético, que estableció una red de espías para informar sobre toda forma falsa de pensar, mal uso de palabras
o falta de respeto a los ideales comunistas. Por ejemplo,
Solzhenitsyn pasó años en el Gulag como castigo por una
observación descuidada que hizo acerca de Stalin en una carta personal. Y no conozco inquisición más severa que la llevada a cabo por los guardias rojos de China, hasta con sus
sombreros de burro y manifestaciones orquestadas de con-
trición pública.

Hasta los mejores humanistas diseñan sistemas de falta
de gracia para reemplazar a los rechazados en la religión. Benjamín Franklin decidió que había trece virtudes, entre ellas el
silencio ("Habla solamente sobre aquello que pueda beneficiar a otros o a ti mismo; evita las conversaciones triviales"),
la frugalidad ("No hagas gastos, más que para beneficiar a
otros o a ti mismo; es decir, no desperdicies nada"), la diligen-
cia ("No pierdas el tiempo; mantente siempre ocupado en
algo útil; desentiéndete de todas las acciones innecesarias") y
la tranquilidad ("No te dejes perturbar por las cosas pequeñas, ni por los accidentes corrientes o inevitables"). Se hizo
un libro donde le dedicaba a cada virtud una página en la que
había una columna para escribir los "defectos". Escogía una
virtud diferente cada semana para trabajar en ella, anotaba a
diario todos los errores, y volvía a comenzar de nuevo cada
trece semanas, de manera que el ciclo se repitiera cuatro veces al año. Durante muchas décadas, Franklin llevó consigo
su librito, y se esforzó por lograr un ciclo de trece semanas
que estuviera limpio. A medida que iba progresando, se encontraba batallando con otro defecto más:

> Tal vez no haya ninguna de las pasiones naturales
> que sea tan difícil de someter como el *orgullo*. Disfráza-
> lo. Lucha con él. Reprímelo. Mortifícalo tanto como
> quieras. Seguirá vivo, y de vez en cuando se asomará y se
> manifestará . . . Aunque yo pudiera llegar a la conclusión

de que lo he superado por completo, es muy probable que me estuviera sintiendo orgulloso de mi humildad.

¿Será posible que estos vigorosos esfuerzos, en todas sus formas, estén en realidad poniendo al descubierto una profunda añoranza de la gracia? Vivimos en una atmósfera contaminada por los vapores de la falta de gracia. La gracia viene de fuera, en forma de don y no en forma de logro. Con cuánta facilidad se desvanece en nuestro mundo de luchas salvajes, supervivencia del mejor adaptado y feroz competencia.

La culpa misma revela el anhelo de gracia. Hay una organización de Los Ángeles que opera una "línea para disculpas", un servicio telefónico que les da a los que llaman la oportunidad de confesar las cosas malas que hayan hecho, por el costo de una llamada de teléfono. La gente que ya no cree en los sacerdotes, le confía ahora sus pecados a un contestador automático. Doscientas personas anónimas llaman cada día para dejar mensajes de sesenta segundos. Una de las confesiones más frecuentes es el adulterio. Algunos de los que llaman, confiesan haber cometido crímenes como violaciones, abusos sexuales a menores, e incluso asesinatos. Un alcohólico en recuperación dejó este mensaje: "Les quisiera pedir perdón a todas las personas que herí durante los dieciocho años que fui adicto". El teléfono suena de nuevo. "Sólo quiero decir que lo siento", dice una joven entre sollozos. Dice que acaba de causar un accidente automovilístico en el que han muerto cinco personas. "Quisiera poderles devolver la vida."

Un colega encontró en cierta ocasión al actor agnóstico W. C. Fields en su camerino leyendo la Biblia. Avergonzado, Fields cerró de golpe el libro y le explicó: "Sólo ando buscando defectos". Lo más probable es que anduviera buscando gracia.

Lewis Smedes, profesor de psicología en el Seminario Teológico Fuller, escribió todo un libro para establecer relaciones entre la vergüenza y la gracia (con el adecuado título de *Shame and Grace*, [Vergüenza y gracia]). Para él, "la culpa no era mi problema, tal como yo lo veía. Mi mayor sentimiento era una especie de masa de indignidad que no podía relacionar con ningún pecado concreto que hubiera cometido. Más que el perdón, lo que necesitaba era la sensación de que Dios me aceptaba, era mi dueño, me sostenía, me reafirmaba y nunca me soltaría, aunque no estuviera demasiado impresionado con lo que tenía en las manos."

Smedes dice a continuación que ha identificado tres fuentes comunes de vergüenza paralizadora: la cultura secular, la religión desprovista de gracia y los padres que no aceptan a sus hijos. La cultura secular nos dice que la persona debe tener buen aspecto, estar bien considerada y hacer bien las cosas. La religión desprovista de gracia nos dice que debemos seguir la letra de las normas, y que si no lo hacemos seremos rechazados para toda la eternidad. Los padres que no nos aceptan —"¿No te da vergüenza?"— nos convencen de que nunca lograremos conseguir su aprobación.

Como la gente de las ciudades, que ya no nota la contaminación del aire, nosotros sin darnos cuenta respiramos la atmósfera de la falta de gracia. Ya desde la época preescolar y la guardería, nos hacen pruebas y nos evalúan antes de clasificarnos y ponernos en una senda "avanzada", "normal" o "lenta". A partir de esos momentos, recibimos puntuaciones que indican nuestro desempeño en matemáticas, ciencias, lectura e incluso "habilidades sociales" y "ciudadanía". Cuando nos devuelven las pruebas, lo que viene destacado son los errores; no las respuestas correctas. Todo esto nos ayuda a prepararnos para el mundo real, con su incansable clasificación de las personas, la versión adulta del juego infantil del "rey de la colina".

Los militares practican la falta de gracia en su forma más pura. Todo soldado recibe un título, un uniforme, un salario y un código de conducta, y sabe con exactitud cuál es su posición con relación a todos los demás: se saluda y obedece a los superiores, y se les dan órdenes a los inferiores. Las corporaciones son más sutiles; sólo un poco más. La empresa Ford clasifica a sus empleados en una escala que va desde el uno (oficinistas y secretarias) hasta el veintisiete (presidente de la junta). Hay que llegar por lo menos al grado nueve para tener un lugar reservado donde estacionar el auto; el grado trece trae consigo gratificaciones como una ventana, plantas y un sistema de intercomunicación; las oficinas del grado dieciséis están equipadas con baño privado.

Al parecer, el funcionamiento de todas las instituciones se fundamenta en la falta de gracia y de la insistencia en que nos *ganemos* el abrirnos paso en la vida. Los departamentos de justicia, los programas de viajes frecuentes en las líneas aéreas y las compañías hipotecarias no pueden operar sobre la base de la gracia. El gobierno apenas conoce esa palabra. Un concesionario deportivo recompensa a los que pasan bien la bola, lanzan "strikes" o anotan canastas, pero no tiene lugar alguno para los que fallan. La revista *Fortune* hace una lista anual de las quinientas personas más ricas; nadie sabe ni el nombre de las quinientas más pobres.

La enfermedad llamada anorexia es producto directo de la falta de gracia: ponga en alto el ideal de las modelos delgadas y hermosas, y las adolescentes se matarán de hambre en un intento por alcanzar ese ideal. La anorexia, producto peculiar de la civilización occidental moderna, no tiene historia conocida y se presenta muy raras veces en lugares como el África moderna (donde no se admira a las mujeres delgadas, sino a las más regordetas).

Todo esto se produce en los Estados Unidos, una sociedad que se tiene por igualitaria. Otras sociedades han refinado el arte de la falta de gracia por medio de rígidos sistemas sociales basados en clases, razas o castas. En África del Sur se solía asignar a cada uno de los ciudadanos a una de estas cuatro categorías raciales: blancos, negros, de color y asiáticos (cuando los inversionistas japoneses protestaron, el gobierno inventó una nueva categoría: "blancos honorarios"). El sistema de castas de la India era un laberinto tal, que en la década de 1930 los ingleses descubrieron una nueva casta que no habían encontrado en los tres siglos que llevaban allí: estas pobres criaturas, a las que se les había asignado el papel de lavarles la ropa a los intocables, creían que contaminarían a las castas superiores con sólo dejarse ver, de manera que sólo salían por la noche y evitaban todo contacto con las demás personas.

El *New York Times* publicó hace poco una serie sobre el crimen en el Japón moderno. Su pregunta era: ¿Por qué sucede que en Estados Unidos hay en prisión quinientas diecinueve personas por cada cien mil, mientras que en el Japón sólo hay treinta y siete? En busca de respuestas, el reportero del *Times* entrevistó a un japonés que acababa de cumplir sentencia por asesinato. En los quince años que había pasado en prisión, no había recibido una sola visita. Después de salir libre, su esposa y su hijo se reunieron con él, sólo para decirle que no regresara nunca a su poblado. Sus tres hijas, ya casadas, se niegan a verlo. "Tengo cuatro nietos, creo", le dijo el hombre con tristeza; nunca había visto fotos de ellos. La sociedad japonesa ha hallado una forma de controlar el poder de la falta de gracia. Una cultura que valore el "salvar el rostro", no tiene lugar para aquéllos que acarrean desgracia.

Aun las familias, que unen a las personas por el accidente del nacimiento, y no por su actuación, respiran los contaminados vapores de la falta de gracia. Hay un cuento de Ernesto Hemingway que revela esta verdad. Un padre español decide reconciliarse con su hijo, que se ha marchado a Madrid. Lleno de remordimiento, el padre saca este anuncio en el periódico *El Liberal*: *"Paco, encuéntrame en el Hotel Montana martes mediodía. Todo perdonado. Papá."* Como Paco es un nombre frecuente en España, cuando el padre llega a aquel lugar, encuentra a ochocientos jóvenes llamados Paco, todos ellos en espera de su padre.

Hemingway conocía la falta de gracia de las familias. Sus devotos padres —sus abuelos habían asistido a la Universidad evangélica de Wheaton— detestaban su vida libertina, y al cabo de un tiempo, su madre se negó a permitirle que se presentara ante ella. Un año le envió por correo para su cumpleaños un pastel, junto con el revólver que había usado su padre para suicidarse. Otro año le escribió una carta para explicarle que la vida de una madre es como un banco. "Todos los niños que ella da a luz entran al mundo con una cuenta de banco grande y próspera, aparentemente inagotable." El hijo, siguió diciendo, va retirando cantidades sin hacer depósitos durante todos sus primeros años. Más tarde, cuando crece, tiene la responsabilidad de volver a depositar la cantidad que ha ido sacando. A continuación, la madre de Hemingway procedió a detallar todas las formas concretas en las que él debía estar haciendo "depósitos para mantener en buen estado la cuenta": flores, frutas o caramelos, el pago subrepticio de las deudas de mamá, y sobre todo, la decisión de dejar de "descuidar tus deberes para con Dios y para con tu Salvador, Jesucristo". Hemingway nunca logró superar el odio que sentía hacia su madre y hacia el Salvador de ésta.

De vez en cuando suena una nota de gracia —alta, hermosa, etérea— para interrumpir el monótono gruñido de fondo de la falta de gracia.

Un día metí la mano en el bolsillo de un pantalón en una tienda y encontré en él un billete de veinte dólares. No tenía forma de averiguar quién era su dueño original, y el gerente de la tienda me dijo que debía quedarme con él. Por vez primera, compré unos pantalones (trece dólares) y salí de la tienda con ganancias netas. Cada vez que me pongo esos pantalones, vuelvo a vivir aquella experiencia, y se la cuento a mis amigos siempre que tocamos el tema de las gangas.

Otro día, escalé una montaña de cuatro mil trescientos metros; el primero que intentaba escalar. Fue una subida brutal y agotadora, y cuando por fin volví al llano, sentí que me había ganado el derecho a una buena comida con filete, y una semana entera sin actividades aeróbicas. Cuando mi automóvil pasaba por una curva del camino, de vuelta al poblado, me encontré con un transparente lago alpino bordeado por álamos de color verde brillante, detrás de los cuales se extendía el arcoiris más hermoso que hubiera visto jamás. Saqué el auto del camino y me detuve a contemplar el paisaje en silencio por largo tiempo.

En un viaje a Roma, mi esposa y yo seguimos el consejo de un amigo y visitamos la basílica de San Pedro por la mañana temprano. "Tomen un ómnibus antes del amanecer hasta el puente que está adornado con las estatuas de Bernini", nos indicó nuestro amigo. "Esperen allí el amanecer, y entonces vayan enseguida a San Pedro, que está a unas cuantas calles de allí. Por la mañana temprano, sólo van a hallar monjas, peregrinos y sacerdotes en aquel lugar." El sol salió sobre un cielo despejado aquella mañana, tiñendo de rojo el Tíber y lanzando rayos del color de la mermelada sobre las exquisitas estatuas de ángeles talladas por Bernini. Siguiendo sus indicaciones, nos despedimos de aquella hermosa escena y caminamos a toda velocidad hacia San Pedro. Roma estaba comenzando a despertar. Así fue: éramos los únicos turistas; nuestros pasos sobre el suelo de mármol resonaron con fuerza en la basílica. Admiramos la Pietà, el altar y los diversos monumentos, y después subimos por una escalera exterior hasta alcanzar un balcón situado en la base de la inmensa cúpula diseñada por Miguel Ángel. Fue entonces cuando me di cuenta de que había una fila de doscientas personas que atravesaba toda la plaza. "El momento perfecto", le dije a mi esposa, pensando que eran turistas. Sin embargo, no eran turistas, sino un coro de peregrinos procedente de Alemania. Desfilaron, se reunieron en semicírculo directamente debajo de nosotros y comenzaron a cantar himnos. A medida que se alzaban sus voces, reverberaban alrededor de la cúpula y se mezclaban en una armonía polifónica. La media esfera de Miguel Ángel dejó de ser sólo una obra de grandeza arquitectónica para convertirse en un templo de música celestial. Aquel sonido puso a vibrar todas nuestras células. Adquirió sustancia, como si nos pudiéramos apoyar en él, o nadar en él; como si fueran los himnos los que nos sostuvieran, y no el balcón.

Por supuesto que tiene importancia teológica el que los dones inmerecidos y los placeres inesperados sean los que más gozo nos producen. La gracia se desborda. O, como dice el refrán, "la gracia sucede".

Para muchos, el amor romántico es la experiencia más cercana a la gracia pura. Por fin hay alguien que siente que yo —¡*iyo!*— soy la criatura más deseable, atractiva y sociable del planeta. Hay alguien que se desvela por las noches pensando en *mí*. Hay alguien que me perdona antes de que yo se lo pida, piensa en mí cuando se está vistiendo y ordena su vida alrededor de la mía. Hay alguien que me ama tal como soy. Pienso que es ésta la razón de que algunos escritores modernos como John Updike y Walker Percy, quienes tienen una fuerte sensibilidad cristiana, escojan para sus novelas una aventura sexual como símbolo de la gracia. Están hablando en el lenguaje que comprende nuestra cultura; la gracia como un rumor, no como una doctrina.

Entonces, aparece una película como *Forrest Gump*, acerca de un jovencito con un cociente de inteligencia bajo, que habla las trivialidades aprendidas de su madre. Este infeliz rescata a sus compañeros en Vietnam, permanece fiel a Jenny, su amiga, a pesar de la infidelidad de ésta, permanece fiel a sí mismo y a su hijo, y vive como si de veras no supiera que es el blanco de todas las bromas. Hay una escena, tan mágica con una pluma de ave, con la que comienza y termina la película; una nota de gracia tan ligera, que nadie sabe dónde se va a posar. *Forrest Gump* ha sido para los tiempos actuales lo que fue *El idiota* para la era de Dostoyevsky, y ha provocado reacciones similares. Muchos han pensado que la película es ingenua, ridícula y manipuladora. Sin embargo, otros han visto en ella un rumor de gracia que significa un profundo alivio, contrastado con la violenta falta de gracia de *Pulp Fiction* y *Natural Born Killers*. En consecuencia, *Forrest Gump* se ha convertido en la película de más éxito de sus tiempos. El mundo se muere de hambre por la gracia.

Peter Greave escribió las memorias de su vida con la lepra, enfermedad que contrajo mientras se hallaba destacado en la India. Regresó a Inglaterra casi ciego y parcialmente paralítico, para vivir en un recinto regentado por un grupo de Hermanas anglicanas. Incapaz de trabajar, y desechado por la sociedad, su amargura fue en aumento. Pensó en el suicidio. Hacía elaborados planes para escapar de aquel recinto, pero siempre se echaba atrás, porque no tenía dónde ir. Una mañana hizo algo desusado: se levantó muy temprano y se fue a caminar por el lugar. Al escuchar un ruido como de un susurro, lo siguió hasta llegar a la capilla, donde las hermanas estaban orando por los pacientes, cuyos nombres estaban escritos en las paredes. Entre aquellos nombres, encontró el suyo. De alguna forma, aquella experiencia de conexión, de relación, cambió el curso de su vida. Se sintió deseado. Se sintió agraciado.

La fe religiosa —con todos sus problemas, y a pesar de su enloquecedora tendencia a reproducir la falta de gracia— sigue viva porque nosotros sentimos la misteriosa belleza de un don inmerecido que viene de fuera en momentos inesperados. Nos negamos a creer que nuestra vida de culpa y vergüenza sólo conduzca a la aniquilación, y esperamos contra toda esperanza que haya otro lugar regido por reglas distintas. Crecemos con hambre de amor, y de una forma tan profunda que permanece sin poderse expresar, ansiamos que nuestro Hacedor nos ame.

La gracia no llegó a mí inicialmente en las formas o las palabras de la fe. Crecí en una iglesia que usaba a menudo esa palabra, pero se refería a algo distinto. La gracia, como les pasa a muchas palabras religiosas, había sido tan despojada de significado, que yo ya no podía confiar en ella.

Donde primero experimenté la gracia, fue en la música. En el colegio bíblico universitario al que asistía, era considerado un caso raro. Oraban en público por mí, y me preguntaban si no necesitaría un exorcismo. Me sentía atropellado, desordenado, confundido. Las puertas del dormitorio se cerraban con llave por la noche, pero yo tenía la suerte de vivir en la planta baja. Me escapaba por la ventana del cuarto y me metía en la capilla, donde había un gran piano Steinway de casi tres metros. En una capilla a oscuras, con excepción de una pequeña luz para leer la partitura, me sentaba todas las noches durante una hora o más a tocar sonatas de Beethoven, preludios de Chopin e improvisaciones de Schubert. Eran mis propios dedos los que ponían una especie de orden táctil en el mundo. Había confusión en mi mente, en mi cuerpo, en el mundo; pero allí sentía la existencia de un mundo escondido de belleza, gracia y prodigios, tan ligero como una nube y tan asombroso como el ala de una mariposa.

Me pasaba algo similar en el mundo de la naturaleza. Para apartarme de la presión de las ideas y de la gente, daba largas caminatas por los pinares salpicados de cornejos. Seguía los vuelos en zigzag de las libélulas junto al río, observaba las bandadas de aves que daban vueltas encima de mí, y apartaba los troncos para hallar dentro a los escarabajos iridiscentes. Me gustaba la manera segura e inevitable en que la naturaleza les daba forma y lugar a todas las cosas vivientes. Veía evidencias de que el mundo contiene grandeza, inmensa bondad y, sí, rastros de gozo.

Fue por aquellos tiempos cuando me enamoré. Me sentía como si hubiera caído de bruces en un estado de insoportable ingravidez. La tierra se inclinaba sobre su eje. En aquellos momentos, no creía en el amor romántico, pensando que era algo ideado por los humanos; un invento de los poetas italianos del siglo XIV. Estaba tan poco preparado para el amor, como lo había estado para la bondad y la belleza. De pronto, pareció como si se me hinchara el corazón, haciéndose demasiado grande para caberme en el pecho.

Estaba experimentando la "gracia común", para usar el término de los teólogos. Descubrí que es algo terrible sentirse agradecido y no tener nadie a quien darle las gracias; sentir reverencia, y no tener nadie a quien adorar. Gradualmente, muy gradualmente, regresé a la fe de mi niñez, que había desechado. Estaba experimentando el "goteo de la gracia", expresión de C. S. Lewis para hablar de lo que despierta un ansia profunda por "el aroma de una flor que no hemos hallado, el eco de una tonada que no hemos escuchado y noticias sobre un país que aún no hemos visitado nunca".

La gracia se halla en todas partes, como las lentes, que no nos damos cuenta de que están, porque estamos mirando a través de ellas. Finalmente, Dios me dio ojos para darme cuenta de la gracia que me rodeaba. Estoy seguro de que me dediqué a escribir en un intento por recuperar unas palabras que han perdido su lustre a manos de cristianos carentes de esa gracia. En mi primer trabajo con una revista cristiana, trabajé para Harold Myra, hombre bondadoso y sabio que me permitió esclarecer mi fe a mi propia velocidad, sin ostentación.

En algunos de mis primeros libros, trabajé en conjunto con el doctor Paul Brand, que había pasado gran parte de su vida en una árida y calurosa región del sur de la India, sirviendo a los enfermos de lepra, muchos de los cuales pertenecían a la casta de los intocables. En este lugar poco probable, Brand experimentó y transmitió la gracia de Dios. Con gente como él, aprendí la gracia por recibirla de otro.

Me quedaba una última piel que mudar en mi camino hacia el crecimiento en la gracia. Así fue como llegué a ver que la imagen de Dios con la que había crecido estaba lamentablemente incompleta, y llegué a conocer a un Dios que es, como dice el salmista, "misericordioso y clemente, lento para la ira, y grande en misericordia".

La gracia les llega sin costo alguno a las personas que no la merecen, y yo soy una de ellas. Recuerdo lo que era: resentido, siempre tenso y lleno de ira; un endurecido eslabón más dentro de una larga cadena de falta de gracia aprendida en la familia y en la iglesia. Ahora estoy tratando, con mis pobres esfuerzos, de tocar la tonada de la gracia. Lo hago porque sé, con mayor certeza que ninguna otra cosa, que cuanta sensación de sanidad, perdón o bondad he tenido jamás, procede únicamente de la gracia de Dios. Suspiro por el momento en que la iglesia se convierta en el caldo de cultivo donde se alimente esa gracia.

Son los hijos pródigos . . . los que recuerdan la casa de su padre. Si aquel hijo hubiera vivido con sobriedad, nunca habría pensado en regresar.

Simone Weil

CUATRO

UN PADRE ENFERMO DE AMOR

Durante una conferencia sobre religión comparada que se celebró en Inglaterra, expertos de todo el mundo debatieron sobre cuál es la creencia exclusiva de la fe cristiana, si es que hay alguna. Comenzaron a eliminar probabilidades. ¿La encarnación? Otras religiones tenían versiones diferentes de dioses que aparecían en forma humana. ¿La resurrección? También había otras religiones donde se hablaba de personas que habían regresado de entre los muertos. El debate se extendió por algún tiempo, hasta que, por casualidad, entró C. S. Lewis en el lugar. "¿A qué se debe esta algarabía?", preguntó, y como respuesta, escuchó que sus colegas estaban discutiendo sobre la contribución exclusiva del cristianismo entre las religiones del mundo. Entonces respondió: "Muy fácil. Es la gracia."

Después de alguna discusión, los miembros de la conferencia tuvieron que aceptarlo. La noción de que el amor de Dios llegue hasta nosotros sin costo alguno por nuestra parte, sin condiciones, parece ir contra todos los instintos de la humanidad. El sendero óctuple budista, la doctrina hindú del *karma*, el pacto judío y el código legal islámico ofrecen todos ellos una manera de ganarse la aprobación. Sólo el cristianismo se atreve a hacer del amor de Dios algo incondicional.

Conocedor de la resistencia que ofrecemos por naturaleza a la gracia, Jesús hablaba de ella con frecuencia. Describió un mundo repleto de la gracia de Dios, donde el sol sale sobre los buenos y los malos; donde las aves recogen gratuitamente las semillas, sin arar ni cosechar para ganárselas; donde las flores del campo brotan sin cuidado alguno en las rocosas laderas de las colinas. Como un visitante de un país extranjero, que observa lo que los naturales del país pasan por alto, Jesús veía la gracia por todas partes. Sin embargo, nunca la analizó ni la definió, y casi nunca usó la palabra. En lugar de hacerlo, comunicaba gracia por medio de unos relatos que conocemos como parábolas, y que yo me voy a tomar la libertad de trasladar a un escenario moderno.

Un vagabundo vive cerca del Mercado de Pescado de la calle Fulton, en la parte baja del este de la isla de Manhattan. El fangoso olor a pescado muerto y a entrañas casi llega a ser más fuerte que él, y detesta los camiones que llegan haciendo tanto ruido antes de que salga el sol. Pero el centro de la ciudad se llena de gente, y los policías le hacen pasar malos ratos allí. En cambio, allí junto a los muelles, a nadie le importa un hombre lleno de canas que no se mete con nadie y que duerme en un muelle de carga, debajo de un depósito de basura.

Todas las mañanas, mientras los obreros tiran anguilas y halibuts desde los camiones, gritándose entre sí en italiano, el vago se despierta y comienza a registrar los depósitos de basura que están detrás de los restaurantes de los turistas. Si comienza temprano, tiene garantizado que va a conseguir buenas cosas: el pan de ajo y las papas fritas que no se comieron anoche, un pedazo de pizza con un mordisco, un trozo de pastel de queso. Come lo que le cabe en el estómago y mete lo demás en una bolsa de papel. Las botellas y las latas las guarda en bolsas de plástico en su herrumbroso carrito de compras.

El sol de la mañana, pálido por la neblina del puerto, logra resplandecer por fin sobre los edificios que están junto al muelle. Cuando ve el billete de la lotería de la semana pasada tirado sobre un montón de lechugas marchitas, casi sigue adelante. Sin embargo, movido por la fuerza del hábito, lo recoge y se lo mete en el bolsillo. En tiempos pasados, cuando la suerte era mejor, solía comprar un billete por semana; nunca más de eso. Ya ha pasado el mediodía cuando se acuerda del billete, y va hasta el estante de los periódicos para comprobar el número. Tres cifras coinciden, y la cuarta, y la quinta . . . ¡las siete! Este tipo de cosas no le suceden a él. Los pordioseros no se ganan la lotería de Nueva York.

No obstante, es cierto. Aquel mismo día tendrá que cerrar los ojos bajo las brillantes luces de la televisión, mientras los equipos presentan al último consentido de los medios de comunicación: el vagabundo sin afeitar y de pantalones demasiado grandes que va a estar recibiendo 243.000 dólares al año durante los próximos veinte años. Una elegante joven con minifalda de cuero le pone delante un micrófono y le pregunta: "¿Cómo se siente?" Él le devuelve la mirada aturdido, mientras le llega en un soplo el olor de su perfume. Ha pasado mucho tiempo; muchísimo, sin que nadie le haya hecho esta pregunta.

Se siente como un hombre que ha estado a punto de morir de hambre, ha regresado y se está comenzando a dar cuenta de que nunca más va a volver a pasar hambre.

Un empresario de Los Ángeles decide sacar partido de la popularidad creciente que están adquiriendo las aventuras turísticas. No todos los turistas duermen en hoteles de lujo y comen en los restaurantes de costumbre cuando viajan al extranjero; algunos prefieren apartarse de la senda trillada. Así tiene la idea de fomentar el turismo alrededor de las Siete Maravillas del mundo antiguo.

Descubre que la mayor parte de estas maravillas antiguas han desaparecido sin dejar rastro, pero se están tratando de restaurar los jardines colgantes de Babilonia. Después de numerosas gestiones, el empresario logra contratar un vuelo, un ómnibus, alojamiento y un guía que promete permitir que los turistas trabajen junto a los arqueólogos profesionales. Exactamente el tipo de cosas que les encantan a los turistas aventureros. Encarga una costosa serie de anuncios de televisión y los hace presentar durante los torneos de golf, cuando hay más posibilidad de que los futuros turistas con dinero estén viendo la televisión.

Para financiar su sueño, el empresario ha conseguido un préstamo de un millón de dólares de un capitalista dispuesto a arriesgarse, calculando que después del cuarto viaje podrá cubrir los gastos de operación y comenzar a pagar el préstamo.

Sin embargo, hay una cosa que no ha calculado: dos semanas antes del viaje de inauguración, Saddam Hussein invade Kuwait, y el Departamento de Estado prohíbe todos los viajes a Iraq, que resulta ser la nación donde se hallan los antiguos jardines colgantes de Babilonia.

Pasa tres semanas angustiado, pensando en la manera de darle la noticia al capitalista. Visita los bancos y no consigue nada. Investiga un préstamo sobre la propiedad de su casa, que le va a dar sólo doscientos mil dólares, la quinta parte de lo que necesita. Por último, traza un plan que lo obliga a pagar cinco mil dólares mensuales por el resto de su vida. Redacta un contrato; incluso mientras lo hace, se da cuenta de que es algo absurdo. Cinco mil dólares mensuales no pueden cubrir ni siquiera los intereses de un préstamo de un millón. Además, ¿dónde va a conseguir los cinco mil dólares mensuales? Pero la alternativa, que es declararse en bancarrota, le destruiría su crédito. Visita la oficina del capitalista, pronuncia nerviosamente una excusa y después saca los papeles donde presenta su ridículo plan de pagos. Aunque la oficina tiene aire acondicionado, comienza a sudar.

El capitalista levanta una mano para interrumpirlo: "Un momento. ¿Qué disparate es ése que está diciendo? ¿Pagos?" Y se echa a reír. "No sea necio. Yo me dedico a especular. A veces gano, y a veces pierdo. Sabía que su plan implicaba riesgos. Sin embargo, era una buena idea, y usted no tiene culpa de que haya estallado una guerra. Olvídelo." Toma el contrato, lo rompe y lo mete en la trituradora de papeles.

Uno de los relatos de Jesús acerca de la gracia aparece en tres evangelios diferentes, en versiones ligeramente distintas. No obstante, mi versión favorita apareció en otra fuente muy distinta: el relato aparecido en el periódico *Boston Globe* en junio de 1990 sobre un banquete de bodas muy poco corriente.

Una joven entró al Hotel Hyatt, en el centro comercial de Boston, acompañada por su prometido, para encargar el banquete de bodas. Los dos revisaron el menú, escogieron vajilla y cubiertos e indicaron, por las fotos que presentaron, los arreglos florales que querían. Ambos tenían un gusto caro, y la cuenta ascendió a trece mil dólares. Después de dejar un cheque por la mitad de esa cantidad como pago inicial, la pareja se fue a casa para revisar álbumes con tarjetas de anuncio de bodas.

El día en que se habrían debido enviar por correo las tarjetas, el novio en potencia se empezó a acobardar. "No estoy seguro", dijo. "Es un compromiso muy grande. Vamos a pensarlo un poco más."

Cuando su enojada prometida regresó al Hyatt para cancelar el banquete, la Gerente de Fiestas no se pudo mostrar más comprensiva. "Señorita, lo mismo me sucedió a mí", le dijo, y le contó la historia de su propio compromiso roto. Sin embargo, acerca de la devolución del dinero, tenía malas noticias. "El contrato la obliga. Usted sólo tiene derecho a recibir mil trescientos dólares. Tiene dos posibilidades: perder el resto del pago inicial, o seguir adelante con los planes del banquete. Lo siento. De veras que lo siento."

Parecía loco, pero mientras más lo pensaba la novia abandonada, más le gustaba la idea de seguir adelante con los planes de la fiesta; no un banquete de bodas, por supuesto, sino una gran celebración. Diez años antes, aquella misma mujer había estado viviendo en un refugio para gente sin hogar. Había logrado recuperarse, había encontrado un buen trabajo y fue ahorrando una buena suma de dinero. Ahora, tuvo la loca idea de usar sus ahorros para darles una fiesta a los parias de Boston una noche en el centro de la ciudad.

Así fue como, una noche de junio de 1990, se celebró en el Hotel Hyatt del centro comercial de Boston una fiesta como nunca se había visto antes. La anfitriona cambió el menú, poniendo pollo deshuesado —"en honor del novio", dijo— y envió las invitaciones a las misiones de rescate y a los refugios para gente sin hogar. Aquella tibia noche de verano, toda aquella gente acostumbrada a arrancar de su caja pedazos de pizza a medio comer, cenó pollo *"cordon bleu"*. Los camareros del Hyatt, vestidos con sus esmoquins, les sirvieron entremeses a una serie de ancianos apoyados en muletas y en andadores de aluminio. Las mujeres sin hogar, los vagabundos y los adictos se tomaron una noche de descanso de la dura vida al aire libre en las aceras, para beber champaña, comerse un pastel de bodas de chocolate y danzar al ritmo de una gran orquesta hasta altas horas de la noche.

Una joven crece en medio de un huerto de cerezos, inmediatamente al norte de Traverse City, estado de Michigan, Estados Unidos. Sus padres, un poco anticuados, tienden a reaccionar demasiado fuerte por la anilla que se pone en la nariz, la música que escucha y el escaso corte de sus faldas. Le prohíben salir unas cuantas veces, y ella hierve por dentro. "¡Te odio!", grita cuando el padre le toca a la puerta del cuarto después de una discusión, y aquella noche lleva a cabo un plan que ha repasado muchas veces en su mente. Se fuga de casa.

Sólo ha visitado Detroit una vez anteriormente, en un viaje de ómnibus con el grupo de jóvenes de su iglesia, para ver jugar béisbol al equipo de los Tigres. Como los periódicos de Traverse City informan con sórdidos detalles sobre las bandas, las drogas y la violencia en el centro de Detroit, ella llega a la conclusión de que es probable que ése sea el último lugar donde sus padres piensen en buscarla. Tal vez California, o la Florida, pero no Detroit.

Al segundo día, conoce a un hombre que tiene el auto más grande que ella haya visto jamás. Él se ofrece a llevarla, le paga el almuerzo y le consigue un lugar donde estar. Le da unas cuantas píldoras que la hacen sentir mejor que nunca antes. Ella decide que ha estado en lo cierto todo el tiempo: sus padres han estado impidiendo siempre que se divirtiera.

Aquella buena vida continúa por un mes, dos meses, un año. El hombre del auto grande —ella lo llama "jefe"— le enseña unas cuantas cosas que les gustan a los hombres. Puesto que es menor de edad, los hombres pagan más por ella. Vive en un lujoso apartamento, y pide que le traigan las comidas al apartamento cada vez que quiere. De vez en cuando piensa en su familia allá en su casa, pero la vida de éstos le parece ahora tan aburrida y provinciana, que apenas puede creer que ella haya crecido allí.

Se asusta un poco en una ocasión en que ve su foto impresa en la parte de atrás de un cartón de leche con el titular "¿Ha visto usted a esta niña?" Pero ahora, ella tiene el pelo rubio, y con todo el maquillaje y las joyas que lleva atravesadas por todas partes, nadie va a pensar que es una niña. Además, la mayoría de sus amigos se han escapado también de sus casas, y en Detroit nadie delata a nadie.

Después de un año aparecen las cetrinas señales de la enfermedad, y la asombra la rapidez con que el jefe cambia de humor. "En estos días no se puede andar jugando", gruñe, y antes de que ella se dé cuenta, termina en la calle y sin un centavo. Aún logra hacer un par de trucos por noche, pero no le pagan demasiado, y todo el dinero se le va en mantener su hábito. Cuando entra el invierno, se tiene que ir a dormir sobre las parrillas metálicas que hay fuera de las grandes tiendas. "Dormir" no es la palabra exacta; en las noches de Detroit, una adolescente nunca puede bajar la guardia. Unas oscuras ojeras le rodean los ojos. La tos va empeorando.

Una noche, mientras está acostada y despierta, escuchando los pasos de la gente, de pronto todas las cosas de su vida le parecen distintas. Ya no se siente como una mujer de mundo. Se siente como una niña pequeña, perdida en una ciudad fría y atemorizante. Comienza a lloriquear. Tiene los bolsillos vacíos y mucha hambre. Necesita droga. Esconde las piernas debajo del cuerpo y tiembla debajo de los periódicos que ha amontonado sobre su abrigo. Algo hace saltar un recuerdo, y una sola imagen le llena la mente: se ve en Traverse City con su perro perdiguero en el mes de mayo, cuando un millón de cerezos florecen al mismo tiempo, corriendo entre las filas y filas de cerezos en flor para atrapar una pelota de tenis.

Señor, ¿por qué me fui?, se dice, y el dolor le atraviesa el corazón. *Mi perro allá en casa come mejor que yo ahora*. Está sollozando, y sabe en un instante que en el mundo no hay nada que quiera más que regresar al hogar.

Tres llamadas telefónicas, y tres conexiones con el contestador. Las dos primeras veces cuelga sin dejar mensaje, pero la tercera vez dice: "Papá, mamá, soy yo. Me estaba preguntando si podría volver a casa. Voy a tomar un ómnibus hacia allá, y llegaré alrededor de la media noche de mañana. Si ustedes no están allí, bueno, me imagino que me quedaré en el ómnibus hasta que llegue a Canadá."

Al ómnibus le toma unas siete horas hacer todas las paradas entre Detroit y Traverse City, y durante ese tiempo, ella se da cuenta de que hay fallos en su plan. ¿Y si sus padres se hallan fuera de la ciudad y no oyen su mensaje? ¿No habría debido esperar un día mas, hasta poder hablar con ellos? Y aunque estén en casa, lo más probable es que la hayan dado por muerta desde hace mucho tiempo. Les habría debido dar un poco de tiempo para superar la sorpresa.

Sus pensamientos van alternando entre estos temores y el discurso que está preparando para su padre. "Papá, lo siento. Sé que estaba equivocada. La culpa no es tuya; es toda mía. Papá, ¿me puedes perdonar?" Dice estas palabras una y otra vez, y aunque sólo está practicando, se le hace un nudo en la garganta. No le ha pedido perdón a nadie en años.

El ómnibus lleva las luces encendidas desde Bay City. Unos pequeños copos de nieve caen al pavimento gastado por miles de neumáticos, y el asfalto echa humo. Se ha olvidado de lo oscura que es la noche allí. Un ciervo atraviesa la carretera corriendo, y el ómnibus gira bruscamente. De vez en cuando, un tablero de anuncios. Una señal de carretera indica la distancia a Traverse City. *¡Dios mío!*

Cuando por fin el ómnibus entra en la terminal, mientras suenan en protesta los frenos de aire, el conductor anuncia por el micrófono con una voz cascada: "Quince minutos, señores. Es todo el tiempo que podemos estar aquí." Quince minutos para decidir su vida. Se mira en un pequeño espejo, se alisa el cabello y se limpia de los dientes la pintura de labios. Se mira las manchas de tabaco en la punta de los dedos, y se pregunta si sus padres se darán cuenta. Si es que están allí.

Entra a la terminal sin saber qué esperar. Ni una de las mil escenas que se ha imaginado en su mente la ha preparado para lo que ve. Allí, en la terminal con paredes de hormigón y sillas de plástico de Traverse City, estado de Michigan, la espera un grupo de cuarenta hermanos, hermanas, tías abuelas y abuelos, primos, una abuela y una bisabuela. Todos llevan simpáticos sombreros de fiesta y soplan silbatos; pegado con cinta adhesiva a todo lo ancho de una de las paredes de la terminal, hay un letrero hecho en computadora que dice: "¡Bienvenida a casa!"

Su padre sale de en medio del grupo que ha venido a darle la bienvenida. Ella lo mira a través de las lágrimas que brotan en sus ojos como mercurio caliente, y comienza a pronunciar el discurso aprendido de memoria: "Papá, lo siento. Yo sé . . ."

Él la interrumpe. "Cállate, hija. Ya tendremos tiempo para eso. No es momento de excusas. Vas a llegar tarde a la fiesta. En casa te está esperando un banquete."

Nosotros estamos acostumbrados a encontrar una trampa en cada promesa, pero los relatos de Jesús acerca de las extravagancias de la gracia no tienen trampas, ni enredos que nos descalifiquen para que no podamos recibir el amor de Dios. Cada uno de ellos tiene en el centro mismo un final demasiado bueno para ser cierto . . . o tan bueno que debe serlo.

Qué distintos son estos relatos a las ideas que yo tenía de niño sobre Dios: sí, un Dios que perdona, pero a regañadientes, después de hacer sufrir al penitente. Me imaginaba a Dios como una figura distante y amenazadora que prefiere el temor y el respeto al amor. En cambio, Jesús habla de un padre que se humilla en público al salir corriendo para abrazar a un hijo que ha derrochado la mitad de la fortuna familiar. No lo sermonea con solemnidad: "Espero que hayas aprendido la lección". En lugar de esto, Jesús habla del júbilo que manifiesta el padre: "Éste mi hijo muerto era, y ha revivido; se había perdido, y es hallado", y después, añade unas palabras llenas de gozo: "Y comenzaron a regocijarse".

Lo que impide el perdón no es que Dios esté renuente —"Y cuando aún estaba lejos, lo vio su padre, y fue movido a misericordia"—, sino que lo estamos nosotros. Los brazos de Dios siempre están extendidos; somos nosotros los que nos apartamos de Él.

He meditado en los relatos de gracia de Jesús lo suficiente para dejar que se vea claro su significado. Sin embargo, cada vez que me encuentro con su asombroso mensaje, me doy cuenta de la forma tan oscura en que el velo de la falta de gracia ofusca mi concepto de Dios. Un ama de casa dando saltos de júbilo porque ha encontrado una moneda perdida, no es lo que me viene a la mente de manera natural cuando pienso en Dios. Sin embargo, ésa es la imagen en la que insistió Jesús.

Al fin y al cabo, el relato del hijo pródigo aparece en un conjunto de tres relatos de Jesús: la oveja perdida, la moneda perdida y el hijo perdido, y todos ellos parecen presentar la misma idea. Todos subrayan la sensación de pérdida por parte del que ha perdido, hacen notar la emoción del encuentro, y terminan con una escena de júbilo. Al efecto, Jesús está diciendo: "¿Quieren saber cómo se siente uno cuando es Dios? Cuando uno de estos humanos de dos piernas me presta atención, me parece como si hubiera recuperado mi posesión más valiosa, que había dado por perdida." A Dios mismo le parece como el gran descubrimiento de la vida.

Aunque parezca extraño, recuperar algo puede emocionar más que descubrirlo por vez primera. Cuando alguien pierde una estilográfica de lujo y la encuentra, se siente más feliz que el día en que la consiguió. En los tiempos anteriores a las computadoras, yo perdí una vez cuatro capítulos de un libro que estaba escribiendo, cuando se me quedó mi única copia en un cajón de un cuarto de hotel. Durante dos semanas, el hotel insistió en que el personal de limpieza había tirado a la basura aquel montón de papeles. Yo estaba inconsolable. ¿Dónde iba a encontrar energía para comenzar de nuevo, cuando me había pasado meses puliendo y mejorando aquellos cuatro capítulos? Nunca encontraría las mismas palabras. Entonces, un día, una encargada de limpieza que hablaba poco inglés me llamó para decirme que no había tirado los capítulos a la basura. Créame: sentí mucho más gozo por los capítulos que aparecieron, que todo el que había sentido mientras los escribía.

Esa experiencia me permite saborear por anticipado lo que debe sentir un padre cuando recibe una llamada telefónica del FBI para informarle que la hija que le habían secuestrado hace seis meses ha sido localizada al fin, y viva. O una esposa cuando recibe una visita de parte del ejército en que alguien ha sido delegado para excusarse por la confusión: su esposo no había estado abordo del helicóptero accidentado. Todas esas imágenes nos dejan entrever solamente lo que debe sentir el hacedor del universo cuando recupera a un miembro más de su familia. Dicho con palabras de Jesús: "Así os digo que hay gozo delante de los ángeles de Dios por un pecador que se arrepiente."

La gracia es sorprendentemente personal. Henri Nouwen señala: "Dios se regocija. No porque se hayan solucionado los problemas del mundo, ni porque haya terminado todo el dolor y el sufrimiento humanos, ni porque se hayan convertido miles de personas y ahora lo estén alabando por su bondad. No; Dios se regocija porque *uno de sus hijos*, que estaba perdido, ha sido hallado."

S i centro mi atención en la ética de los personajes de las parábolas —el vagabundo de la calle Fulton, el hombre de negocios que perdió un millón de dólares, la abigarrada multitud del banquete en Boston o la prostituta adolescente de Traverse City—, obtengo un mensaje bien extraño por cierto.

Es obvio que Jesús no nos presentó las parábolas para enseñarnos a vivir. Nos las presentó, según yo creo, para corregir nuestras ideas acerca de quién es Dios, y a quién ama Él.

En la Academia de Bellas Artes de Venecia cuelga una pintura de Paolo Veronese que lo metió en problemas con la inquisición. El cuadro presenta a Jesús en un banquete con sus discípulos; hay hasta soldados romanos jugando en una esquina, un hombre con la nariz sangrante al otro lado, unos perros callejeros rondando, unos cuantos borrachos y también enanos, moros y hasta varios hunos, en evidente anacronismo. Llamado a comparecer ante la inquisición para que explicara aquellas irreverencias, Veronese defendió su cuadro demostrándoles con los evangelios que ésas eran precisamente las clases de personas con las que se mezclaba Jesús. Escandalizados, los inquisidores le hicieron cambiar el título del cuadro, y convertirlo en una escena secular en lugar de religiosa.

Por supuesto que al hacer esto, los inquisidores estaban reproduciendo la actitud de los fariseos en tiempos de Jesús. Ellos también se escandalizaban por los recaudadores de impuestos, mestizos, extranjeros y mujeres de mala reputación que andaban alrededor de Jesús. A ellos también les costaba aceptar la idea de que ésa es la gente que ama Dios. En el mismo momento en que Jesús estaba cautivando a la multitud con sus parábolas sobre la gracia, los fariseos se hallaban al borde de la multitud murmurando y rechinando los dientes. En el relato del hijo pródigo, Jesús trajo a escena de forma provocadora al hermano mayor, para que expresara su propia indignación con su padre por haber recompensado una conducta tan irresponsable. ¿Qué clase de "valores familiares" iba a comunicar su padre si hacía una fiesta en honor de

---

*   El predicador Fred Craddock decidió hacer en cierta ocasión algunos cambios en los detalles de la parábola, sólo para presentar este concepto. En un sermón, hizo que le padre le pusiera el anillo y el manto al hermano *mayor*, y entonces matara el ternero engordado para honrar sus años de fidelidad y obediencia. Una señora le gritó desde fondo de la iglesia. "¡así es como la *deberían haber escrito*."

un renegado como aquél? ¿Qué clase de virtud iba a fomentar todo aquello?"*

El evangelio no se parece en nada a lo que habríamos escrito nosotros por nuestra cuenta. Yo mismo habría esperado que se honrara al virtuoso por encima del libertino. Habría esperado tener que enderezar mi vida antes de solicitar siquiera una audiencia con un Dios santo. En cambio, Jesús habla de que Dios pasa por alto a un elegante maestro religioso para volverse en cambio a un pecador común y corriente que suplica: "Señor, ten misericordia". De hecho, a lo largo de toda la Biblia, Dios manifiesta una marcada preferencia por la gente "real", más que por la gente "buena". En palabras del propio Jesús: "Os digo que así habrá más gozo en el cielo por un pecador que se arrepiente, que por noventa y nueve justos que no necesitan de arrepentimiento".

En uno de los últimos actos anteriores a su muerte, Jesús perdonó a un ladrón que pendía de una cruz, sabiendo muy bien que aquel ladrón se había convertido movido por el miedo. El ladrón nunca estudiaría la Biblia, nunca asistiría a una sinagoga o una iglesia, y nunca haría restitución a favor de aquéllos a quienes les había hecho mal. Sencillamente, había dicho: "Jesús, recuérdame", y Jesús le prometió: "Hoy mismo vas a estar conmigo en el paraíso". Es otro sorprendente suceso que nos recuerda que la gracia no depende de lo que nosotros hayamos hecho por Dios, sino más bien de lo que Él ha hecho por nosotros.

Pregúnteles a las personas qué deben hacer para llegar al cielo, y la mayoría le contestarán: "Ser bueno". Los relatos de Jesús contradicen esa respuesta. Todo lo que debemos hacer es gritar: "¡Auxilio!" Dios acepta en su casa a todo aquél que se le acerque. De hecho, ya Él ha dado el primer paso. La mayoría de los expertos —médicos, abogados, consejeros matrimoniales— se dan un alto valor a sí mismos y esperan que los clientes acudan a ellos. Dios no es así. Søren Kierkegaard lo expresa con estas palabras:

> Cuando de un pecador se trata, Él no se conforma con estarse quieto, abrir los brazos y decirle: "Acércate";

no, sino que se pone a esperar, como esperó el padre del hijo perdido. Más bien, lo que hace no es ponerse a esperar, sino que sale a buscar, como el pastor buscó la oveja perdida, y la mujer buscó la moneda extraviada. Él va; no, Él ya ha ido, pero infinitamente más lejos que cualquier pastor o cualquier ama de casa. En realidad, recorrió el camino infinitamente largo que hay entre ser Dios y hacerse hombre, y de esa forma, salió a buscar a los pecadores.

Kierkegaard señala con esto lo que tal vez sea el aspecto más importante de las parábolas de Jesús. No se trata de unos simples relatos agradables para mantener la atención de los oyentes, ni de recipientes literarios donde poner las verdades teológicas. En realidad, eran como plantillas calcadas de la vida de Jesús sobre esta tierra. Él era el pastor que dejó la seguridad del redil para salir a la noche oscura y peligrosa del exterior. En sus banquetes recibía a los publicanos, a los réprobos y a las prostitutas. Él vino en busca de los enfermos, y no de los sanos; en busca de los injustos, y no de los justos. Y a quienes lo traicionaron —en especial los discípulos, que lo dejaron solo en sus momentos de mayor necesidad—, les correspondió como un padre enfermo de amor.

El teólogo Karl Barth, después de escribir los miles de páginas de su *Dogmática eclesiástica*, llegó a esta sencilla definición de Dios: "el que ama".

No hace mucho, hablé con un amigo pastor que estaba batallando con su hija de quince años. Él sabía que estaba usando anticonceptivos, y varias noches ni se había molestado en regresar a la casa. Los padres habían intentado diversas formas de castigo, sin resultado alguno. La hija les mentía, los engañaba y encontraba la manera de vencerlos con sus propias armas: "¡Ustedes tienen la culpa por ser tan estrictos!"

Mi amigo me dijo: "Recuerdo que estaba de pie delante de las ventanas cristaleras de mi sala de estar, mirando a la oscuridad exterior, en espera de que ella llegara a casa. Me sentía muy enojado. Quería ser como el padre del hijo pródigo, pero estaba furioso con mi hija por la forma en que nos manipulaba y retorcía el cuchillo en nuestra herida. Por supuesto, se estaba hiriendo más a sí misma que a nadie. Entonces comprendí los pasajes de los profetas donde se expresa la ira de Dios. El pueblo sabía cómo herirlo, y Dios gritaba de dolor.

"Y debo decirle que, cuando mi hija llegó a casa aquella noche, o mejor dicho, a la mañana siguiente, no había en el mundo entero nada que yo quisiera más que tomarla en mis brazos, demostrarle mi amor y decirle que yo quería lo mejor para ella. Era un padre indefenso y enfermo de amor."

Ahora, cada vez que pienso en Dios, me viene a la mente la imagen del padre enfermo de amor, que se halla a mucho distancia de aquel severo monarca que solía imaginarme. Pienso en mi amigo, de pie ante la ventana cristalera, mirando adolorido a las tinieblas de fuera. Pienso en la descripción que hace Jesús del Padre que espera, con el corazón adolorido, injuriado, y sin embargo, deseoso por encima de todo, de perdonar para comenzar de nuevo; de anunciar con gozo: "Este mi hijo muerto era, y ha revivido; se había perdido, y es hallado".

El *Réquiem* de Mozart contiene una estrofa maravillosa que yo he convertido en una oración que hago con una confianza cada vez mayor: "Recuerda, misericordioso Jesús, que soy la causa de tu viaje". Estoy seguro de que Él sí lo recuerda.

De no ser por el punto, ese punto inmóvil,
no habría danza, y sólo existe la danza.

T. S. Eliot

CINCO

LAS NUEVAS
MATEMÁTICAS
DE LA GRACIA

Cuando salió publicada en la revista *Christianity Today* una columna mía titulada "Las atroces matemáticas del evangelio", pronto supe que no todo el mundo aprecia las sátiras. Las cartas de respuesta me quemaron por dentro el buzón de correos. "¡Philip Yancey, usted no camina ni con Dios ni con Jesús!", decía un airado lector; "Esa columna es una blasfemia". Otro condenaba mis "filosofías intelectualizadas y anticristianas". Otro me calificaba de "satánico". "¿Acaso no tienen suficientes editores entre su personal para que revisen de manera que no se publiquen semejantes tonterías de principiante?", le preguntaba al editor en jefe.

Puesto que me sentía azotado, y no estaba acostumbrado a que me consideraran blasfemo, anticristiano y satánico, me dediqué en mi perplejidad a revisar aquella columna. ¿Qué estaba mal? Yo había tomado cuatro relatos, uno de cada evangelio, con una ironía evidente —o al menos así pensaba—, señalé lo absurdas que eran las matemáticas involucradas en ellos.

Lucas habla de un pastor que dejó su rebaño de noventa y nueve ovejas para lanzarse a las tinieblas en busca de una sola oveja perdida. Ciertamente, un gesto noble, pero pensemos por un momento en la aritmética que supone. Jesús dice que el pastor dejó a las noventa y nueve "en el desierto", lo cual es posible que signifique que quedaron vulnerables ante los ladrones, los lobos, o el simple impulso festivo de ir saltando hasta perderse. ¿Cómo se sentiría el pastor si regresara con el cordero perdido sobre el hombro, para encontrarse con que ahora le faltaban veintitrés de las otras?

En una escena que cuenta Juan, una mujer llamada María tomó *una libra* —el valor del sueldo de todo un año— de perfume exótico y lo derramó sobre los pies de Jesús. Piense en el desperdicio. ¿Acaso no habría bastado con una onza de perfume para lograr el mismo propósito? Hasta Judas pudo ver lo absurdo que era aquello: el tesoro que corría ahora en fragantes chorros por aquel suelo de tierra, se habría podido vender para ayudar a los pobres.

Marcos registra una tercera escena. Después de observar cómo una viuda echaba dos moneditas en el tesoro del templo, Jesús desacreditó otras contribuciones más grandes. "De cierto os digo", señaló, "que esta viuda pobre echó más que todos los que han echado en el arca". Espero que haya dicho estas palabras sin gritar, porque a los grandes donantes no les habría agradado la comparación.

La cuarta historia, del evangelio de Mateo, tiene que ver con una parábola sobre la cual he oído predicar pocos sermones, y con buena razón. Jesús habla de un agricultor que contrató a unos obreros para que trabajaran en su viña. Algunos entraron al amanecer, otros a media mañana, otros al mediodía, otros a media tarde, y por fin otros una hora antes del final de la jornada. Todo el mundo parecía satisfecho, hasta que llegó la hora de pagarles. Entonces, los leales que habían trabajado doce horas bajo un sol ardiente, supieron que los llegados al final, que no habían ni sudado siquiera, y sólo habían trabajado una hora, iban a recibir exactamente la misma paga que ellos. La acción de este amo contradice todo lo que sabemos sobre motivación de los empleados y compensación justa. Clara y llanamente, se trataba de una economía atroz.

Además de aprender con aquella columna una lección acerca de la sátira, también aprendí una importante lección acerca de la gracia. Tal vez la palabra "atroz" estuviera mal escogida, pero ciertamente, la gracia hace resonar una chillona nota de *injusticia*. ¿Por qué habrían de contar más los centavitos de una viuda que los millones de un hombre rico? Y, ¿qué patrón les iba a pagar a los advenedizos de última hora lo mismo que a sus obreros de confianza?

Poco después de escribir aquella columna, fui a ver *Amadeus* (que en latín significa "amado por Dios"), una obra que presenta a un compositor del siglo XVII tratando de comprender la mente de Dios. El devoto Antonio Salieri tiene el ardiente deseo de crear una música inmortal de alabanza, pero no tiene la aptitud necesaria. Lo pone furioso ver que Dios ha derramado en abundancia el don de genio musical más grande que haya existido jamás sobre un travieso preadolescente llamado Wolfgang Amadeus Mozart.

Mientras presenciaba la obra, me di cuenta de que estaba viendo el lado opuesto de un problema que me había preocupado por largo tiempo. El drama estaba formulando el mismo interrogante que el libro bíblico de Job, aunque a la inversa. El autor de Job se pregunta por qué Dios "castiga" al hombre más justo que hay sobre la faz de la tierra; el autor de *Amadeus* se pregunta por qué Dios "premia" a un chiquillo malcriado que no lo merece. El problema del dolor encuentra su contrapartida en el escándalo de la gracia. Una frase del drama expresa ese escándalo: "A fin de cuentas, ¿para qué sirve el hombre, sino para enseñarle unas cuantas lecciones a Dios?"

¿Por qué escogió Dios a Jacob, el conspirador, sobre Esaú, el cumplidor? ¿Por qué le concedió poderes sobrenaturales de fortaleza a un delincuente al estilo de Mozart, llamado Sansón? ¿Por qué preparar a David, un simple pastorcillo, para que fuera el rey de Israel? Y, ¿por qué concederle un sublime don de sabiduría a Salomón, fruto de un matrimonio del rey surgido del adulterio? Ciertamente, en cada una de estas historias del Antiguo Testamento retumba debajo de la superficie el escándalo de la gracia, hasta que finalmente, en las parábolas de Jesús, brota con dramático estrépito para cambiar la forma del paisaje moral.

La parábola de Jesús sobre los obreros y sus pagas flagrantemente injustas se confronta con este escándalo. En una versión judía de esta historia, que data de la misma época, los obreros contratados al final de la tarde trabajan tan duro, que el patrón, impresionado, decide concederles el sueldo de todo un día. No es así en la versión de Jesús, en la que se hace notar que el último grupo de obreros habían estado cruzados de brazos en la plaza del mercado, algo que sólo unos obreros perezosos y vagos harían durante el tiempo de la cosecha. No sólo eso, sino que estos holgazanes no hacen nada por destacarse, y los demás obreros se quedan perplejos ante la paga que reciben. ¿Qué patrón que esté cuerdo va a dar la misma paga por una hora de trabajo, que por doce?

El relato de Jesús no tiene sentido en lo económico, y ésa era su intención. Nos estaba presentando una parábola acerca de la gracia, la cual no es posible calcular como si fuera el salario de un día. La gracia no es cuestión de terminar el último o el primero; no tiene que ver con cuentas. La recibimos como un don de Dios, y no como algo que nos esforzamos por ganar, realidad que Jesús dejó clara a través de la respuesta del amo:

> Amigo, no te hago agravio; ¿no conviniste conmigo en un denario? Toma lo que es tuyo, y vete; pero quiero dar a este postrero, como a ti. ¿No me es lícito hacer lo que quiero con lo mío? ¿O tienes tú envidia, porque yo soy bueno?

Salieri, ¿sientes envidia porque yo soy generoso con Mozart? Saúl, ¿sientes envidia porque yo soy generoso con David? Y ustedes, fariseos, ¿sienten envidia porque yo les abro la puerta a los gentiles en momento tan tardío? ¿Porque honro la oración de un recaudador de impuestos por encima de la oración de un fariseo, o porque acepto la confesión de último minuto de un ladrón y lo recibo en el paraíso? ¿Los mueve todo esto a envidia? ¿Protestan ustedes acaso porque yo deje al rebaño obediente para ir a buscar a los extraviados, o porque le sirva un ternero engordado al canalla del pródigo?

El amo del relato de Jesús no les hizo trampas a los obreros que estuvieron todo el día, pagándoles a todos por el trabajo de una hora, en lugar de pagarles por doce. No; los que habían trabajado todo el día recibieron lo que se les había prometido. Su descontento nació de las escandalosas matemáticas de la gracia. No podían aceptar que el amo tuviera derecho a hacer lo que quisiera con su dinero, cuando esto significaba pagarles a unos sabandijas doce veces lo que se merecían.

Es significativo que haya tantos cristianos que estudian esta parábola y se identifican con los obreros que trabajaron todo el día, en lugar de hacerlo con los que fueron añadidos al final de la jornada. Nos gusta considerarnos obreros responsables, y la extraña conducta del amo nos asombra, de la misma forma que asombró a los primeros oyentes. Corremos el riesgo de pasar por alto el tema principal de la historia: que Dios concede dones, no salarios. A ninguno de nosotros se le paga conforme a sus méritos, porque ninguno de nosotros se acerca siquiera a la posibilidad de satisfacer las exigencias de Dios para una vida perfecta. Si se nos pagara con toda justicia, todos terminaríamos en el infierno.

Robert Farrar Capon lo expresa así: "Si se hubiera podido salvar al mundo por guardar una buena contabilidad, lo habría salvado Moisés, y no Jesús". No es posible reducir la gracia a unos principios de contabilidad aceptados por todos. En el ámbito inferior de la falta de gracia, hay unos obreros que merecen más que otros; en el ámbito de la gracia, la palabra *merecer* ni siquiera tiene aplicación.

Frederick Buechner dice:

> Los humanos están preparados para todo, menos para el hecho de que más allá de las tinieblas de su ceguera hay una gran luz. Están preparados para seguirse rompiendo la espalda arando el mismo campo hasta que las vacas vuelvan a oscuras a la casa, hasta que tropiezan con algo y hallan en ese campo un tesoro escondido lo suficientemente grande como para comprar el estado de

Texas. Están preparados para un Dios terrible en sus tratos, pero no para un Dios que da tanto por una hora de
trabajo, como por un día entero. Están preparados para
un reino de Dios del tamaño de una semilla de mostaza,
no mayor que un ojo de salamandra, pero no para el gigantesco árbol de baniano en que se convierte, con las ramas repletas de aves que cantan música de Mozart.
Están preparados para la cena de caridad en la Primera
Iglesia Presbiteriana, pero no para el banquete de bodas
del Cordero . . .

Según mi criterio, Judas y Pedro sobresalen como los más
matemáticos de los discípulos. Judas debe haber demostrado tener cierta facilidad para los números; si no, los demás
no lo habrían elegido tesorero. Pedro era riguroso con los detalles, siempre tratando de captar el significado exacto de lo
que decía Jesús. Además, los evangelios registran que en una
ocasión en que Jesús les arregló una pesca milagrosa, Pedro
sacó ciento cincuenta y tres peces grandes. ¿Quién se habría
molestado en contar aquel montón de peces dando aletazos,
sino un matemático?

Por consiguiente, estaba muy de acuerdo con la personalidad del escrupuloso apóstol Pedro el tratar de conseguir una
fórmula matemática sobre la gracia. "¿Cuántas veces perdo-
naré a mi hermano que peque contra mí?", le preguntó a Jesús. "¿Hasta siete?" Estaba errando por magnanimidad,
puesto que los rabinos de sus tiempos habían sugerido que
tres era el número máximo de veces que se podía esperar de
uno que perdonara.

"No te digo hasta siete, sino aun hasta setenta veces siete", le contestó Jesús de inmediato. Hay manuscritos donde
sólo dice "setenta y siete veces", pero poco importa si dijo setenta y siete, o si dijo cuatrocientas noventa; lo que estaba in-
dicando es que el perdón no es de ese tipo de cosas que se
cuentan con un ábaco.

La pregunta de Pedro sirvió de pie para otra de las incisi-
vas historias de Jesús, ésta acerca de un siervo que se las había

arreglado para acumular una deuda de varios millones de dólares. El hecho de que no es realista que un siervo haya podido acumular una deuda tan inmensa, subraya lo que quiere enseñar Jesús: si se confiscaban la familia del hombre, sus hijos y toda su propiedad, nada de esto iba a disminuir la deuda. Era imperdonable. Con todo, el rey, movido a compasión, canceló de pronto la deuda y dejó en libertad al siervo.

De repente, cambia la trama. El siervo al que se le acaba de perdonar agarra a un compañero que le debe unos cuantos dólares y comienza a ahogarlo. "¡Págame lo que me debes!", le exige, y lo mete en la cárcel. En una palabra, aquel codicioso siervo es un *ingrato*.

La razón por la cual Jesús presenta esta parábola con unos detalles tan exagerados se hace clara cuando Él revela que el rey representa a Dios. Por encima de todo, es esto lo que debe determinar nuestra actitud hacia los demás: una humilde conciencia de que Dios ya nos ha perdonado una deuda tan gigantesca, que junto a ella todo el daño personal que nos hagan se encoge hasta el tamaño de un hormiguero. ¿Cómo es posible que *no* nos perdonemos unos a otros, a la luz de todo lo que Dios nos ha perdonado a nosotros?

C. S. Lewis lo expresa así: "Ser cristiano significa perdonar lo inexcusable, porque Dios ha perdonado lo inexcusable en nosotros". Lewis mismo pudo medir la profundidad del perdón de Dios en un destello de revelación mientras repetía en el día de San Marcos estas palabras del Credo de los Apóstoles: "Creo en el perdón de los pecados". Sus pecados habían desaparecido; estaban perdonados. "Esta verdad apareció en mi mente con una luz tan clara, que percibí que nunca antes (y eso después de muchas confesiones y absoluciones) lo había creído de todo corazón."

Cuanto más reflexiono en las parábolas de Jesús, más me siento tentado a recuperar la palabra "atroces" para describir las matemáticas del evangelio. Creo que Jesús nos hizo estos relatos acerca de la gracia a fin de llamarnos a salir por completo de nuestro mundo de la falta de gracia y del "ojo por ojo" para entrar en el ámbito divino de la gracia infinita. Miroslav

Volf lo expresa así: "La economía de la gracia no merecida tiene primacía sobre la economía de los méritos morales".

Desde la guardería infantil se nos está enseñando a triunfar en el mundo de la falta de gracia. Al que madruga, Dios lo ayuda. No hay ganancia sin esfuerzo. Al que lo quiere celeste, que le cueste. Defiende tus derechos. Exige que te den lo que has pagado. Yo conozco estas reglas muy bien, porque vivo de acuerdo con ellas. Trabajo para ganar dinero; me gusta triunfar; insisto en mis derechos. Quiero que cada cual reciba lo que se merece; ni más, ni menos.

Sin embargo, si me decido a escuchar, voy a oír que sale del evangelio un fuerte susurro que me dice que no he obtenido lo que me merecía. Merecía el castigo y recibí el perdón. Merecía la ira y recibí amor. Merecía la cárcel del deudor y recibí a cambio un historial con el crédito limpio. Merecía graves sermones y arrepentimiento, arrastrado sobre mis rodillas; recibí un banquete —el banquete de Babette—, servido especialmente para mí.

En cierto sentido, la gracia le resuelve a Dios un dilema. No hay que leer mucho la Biblia para detectar una tensión subyacente en los sentimientos de Dios hacia la humanidad. Por una parte, nos ama; por otra, nuestra conducta le repugna. Dios suspira por ver reflejado algo de su imagen en los humanos; lo más que ve son los fragmentos de esa imagen hecha añicos. Con todo, Él no se puede dar por vencido . . . o no quiere.

Se suele citar con frecuencia un pasaje de Isaías como prueba de que Dios es un ser distante y poderoso:

Porque mis pensamientos
no son vuestros pensamientos,
ni vuestros caminos mis caminos",
dijo Jehová.

Como son más altos los cielos que la tierra,
así son mis caminos más altos que vuestros caminos,
y mis pensamientos
más que vuestros pensamientos."

Sin embargo, en el contexto, lo que Dios está describiendo en realidad es su gran deseo de perdonar. El mismo Dios que creó los cielos y la tierra tiene el poder necesario para trazar un puente sobre el gran abismo que lo separa de sus criaturas. Va a reconciliarse, va a perdonar, cualesquiera que sean los obstáculos que le pongan en el camino sus hijos pródigos. El profeta Miqueas afirma: "No retuvo para siempre su enojo, porque se deleita en misericordia".

Hay ocasiones en que las emociones en conflicto que siente Dios forcejean entre sí en una misma escena. Por ejemplo, en el libro de Oseas, Dios titubea entre los tiernos recuerdos que tiene de su pueblo y sus solemnes amenazas de juicio. "Caerá espada sobre sus ciudades", advierte sombríamente, y entonces, casi en medio de la frase, se le escapa un grito de amor:

¿Cómo podré abandonarte, oh Efraín?
¿Te entregaré yo, Israel? . . .
Mi corazón se conmueve dentro de mí,
se inflama toda mi compasión.

"No ejecutaré el ardor de mi ira", termina diciendo Dios, "porque Dios soy, y no hombre, el santo en medio de ti". Una vez más, Dios se reserva el derecho de alterar las leyes de la retribución. Aunque Israel se ha ganado por completo su repulsa, no va a recibir lo que se merece. *Dios soy, y no hombre* . . . ¿Acaso no tengo yo el derecho de hacer lo que quiera con mi propio dinero? Dios es capaz de llegar a cualquier extremo, por absurdo que sea, con tal de recuperar a su familia.

En una asombrosa parábola dramatizada, Dios le indica al profeta Oseas que se case con una mujer llamada Gomer, a fin de ilustrar su amor por Israel. Gomer le da tres hijos a Oseas, y después abandona a su familia para irse a vivir con otro hombre. Por un tiempo, se dedica a la prostitución, y durante ese período, Dios le da a Oseas una terrible orden: "Vé, ama a una mujer amada de su compañero, aunque adúltera, como el amor de Jehová para con los hijos de Israel, los cuales miran a dioses ajenos . . . ."

En Oseas, el escándalo de la gracia se convirtió en un verdadero escándalo que fue el comentario de todo el pueblo. ¿Qué pasa por la mente de un hombre cuando su esposa lo trata como Gomer trató a Oseas? Él quería matarla, y quería perdonarla. Quería divorciarse y quería reconciliarse. Sentía vergüenza y ternura por ella al mismo tiempo. Aunque fuera absurdo, y contra toda probabilidad, ganó el poder del amor. Oseas, el cornudo, el hazmerreír de la comunidad, recibió de vuelta a su esposa en casa.

Gomer no recibió lo que merecía; ni siquiera se hizo justicia con ella. Lo que recibió fue gracia. Cada vez que leo la historia de este matrimonio —o los discursos de Dios que comienzan con dureza y terminan disolviéndose en lágrimas—, me maravillo ante un Dios que se permite sufrir una humillación así, sólo para regresar a buscar más humillación. "¿Cómo podré abandonarte, oh Efraín? ¿Te entregaré yo, Israel?" Sustituya los nombres de Efraín e Israel con el suyo propio. En el corazón del evangelio se halla un Dios que se rinde deliberadamente ante el poder irresistible y tempestuoso del amor.

Siglos más tarde, un apóstol explicaría esta respuesta de Dios en términos más analíticos: "Mas cuando el pecado abundó, sobreabundó la gracia". Pablo sabía mejor que nadie de los que han vivido jamás, que la gracia nos viene sin merecerla, por iniciativa de Dios y no por la nuestra propia. Derribado al suelo en el camino a Damasco, nunca se recuperó de la sacudida de la gracia: esta palabra nunca aparece más allá de la segunda frase en todas sus epístolas. Como dice Frederick Buechner: "La gracia es lo mejor que les puede desear, porque la gracia es lo mejor que él mismo recibiera jamás".

Pablo hablaba constantemente de la gracia, porque él sabía lo que nos puede pasar si llegamos a creer que nos hemos ganado el amor de Dios. En los tiempos tenebrosos, si tal vez le fallamos miserablemente a Dios, o si sentimos sin razón alguna que nadie nos ama, estaríamos sobre un suelo poco firme. Temeríamos que Dios nos dejara de amar al descubrir la verdad acerca de nosotros. Pablo —que en cierta ocasión se llamó a sí mismo "el más grande de los pecadores"—, sabía más allá de toda duda que Dios nos ama a los humanos por ser Él quien es, y no por ser nosotros quienes somos.

Consciente del obvio escándalo de la gracia, Pablo se esfuerza por explicar la forma en que Dios ha hecho las paces con los seres humanos. La gracia nos deja perplejos, porque va contra la intuición que tenemos todos de que, cuando se presenta la injusticia, alguien tiene que pagar el precio. Un asesino no puede quedar libre sin más. Alguien que ha abusado de un niño no se puede encoger de hombros y decir: "Tuve ganas de hacerlo". Anticipándose a estas objeciones, Pablo hace notar que se ha pagado ya un precio: Dios mismo lo ha pagado. Dios entregó a su propio Hijo antes que darse por vencido con la humanidad.

Como en el banquete de Babette, la gracia no les cuesta nada a quienes la reciben, pero le cuesta todo al que la da. La gracia de Dios no es una exhibición de "bondad" por parte de un abuelo, puesto que costó el exorbitante precio que se pagó en el Calvario. "Sólo hay una ley real: la ley del universo", dice Dorothy Sayers. "Se podrá cumplir por la vía del juicio, o por la de la gracia, pero se *debe* cumplir, de una u otra forma." Al aceptar el juicio sobre su propio cuerpo, Jesús cumplió esa ley, y Dios encontró una forma de perdonar.

En la película *El último emperador*, el niño de corta edad que es ungido como último emperador de China lleva una mágica vida de lujo con mil sirvientes eunucos a su servicio. "¿Qué sucede cuando haces algo malo?", le pregunta su hermano. "Cuando hago algo malo, castigan a otro", le contesta el emperador niño. Para demostrárselo, quiebra un jarrón y golpean a uno de los sirvientes. En la teología cristiana, Jesús invirtió esa antigua pauta: cuando erraron los sirvientes, el castigado fue el rey. La gracia no cuesta nada, únicamente porque quien nos la da ha pagado Él mismo el precio.

Cuando el famoso teólogo Karl Barth visitó la Universidad de Chicago, los estudiantes y los eruditos lo rodeaban.

En una conferencia de prensa, alguien le preguntó: "Doctor Barth, ¿cuál es la verdad más profunda que usted ha aprendido en sus estudios?" Sin titubear, él respondió: "Jesús me ama; esto lo sé porque así me lo dice la Biblia". Estoy de acuerdo con Karl Barth. Entonces, ¿por qué actúo con tanta frecuencia como si me estuviera tratando de ganar ese amor? ¿Por qué me cuesta tanto aceptarlo?

Cuando el Doctor Bob Smith y Bill Wilson, los fundadores de los Alcohólicos Anónimos, concibieron su programa con sus doce pasos, acudieron a Bill D., un prominente abogado que había fracasado en ocho programas distintos de desintoxicación en el transcurso de medio año. Atado a una cama de hospital en castigo por haber atacado a dos enfermeras, Bill D. no tuvo más remedio que escuchar a sus visitantes, quienes compartieron con él la historia de su propia adicción, y la esperanza que habían descubierto recientemente a través de la fe en un poder superior.

Tan pronto como ellos mencionaron ese poder superior, Bill D. sacudió la cabeza tristemente. "No, no", les dijo. "Es demasiado tarde para mí. Sí, aún creo en Dios, pero sé muy bien que es Él quien ya no cree en mí".

Bill D. expresó lo que muchos de nosotros sentimos a veces. Cargados con tantos fracasos repetidos, la pérdida de la esperanza, la sensación de que no valemos nada, nos rodeamos de un caparazón que nos hace casi impenetrables para la gracia. Como los niños en hogares de acogida, que escogen una y otra vez regresar a la familia donde se ha abusado de ellos, nos apartamos obstinadamente de la gracia.

Yo sé responder a las cartas de rechazo procedentes de los editores de revistas y a las cartas de crítica de los lectores. Sé lo alto que se remonta mi espíritu cuando me llega un cheque por concepto de derechos de autor que es más grande de lo que esperaba, y cómo se hunde cuando el cheque es pequeño. Sé que al final del día, la imagen que tenga de mí mismo depende mayormente del tipo de mensajes que haya recibido de los demás. ¿Les caigo bien? ¿Me aman? Espero la respuesta de mis amigos, mis vecinos, mi familia; como un hombre que se muere de hambre, así espero esa respuesta.

De vez en cuando, muy de vez en cuando, palpo la verdad de la gracia. Hay momentos en los que estudio las parábolas y comprendo que se refieren *a mí*. Yo soy la oveja que el pastor ha salido a buscar, dejando atrás el rebaño; el pródigo en busca del cual su padre sigue mirando el horizonte; el siervo cuya deuda ha sido perdonada. Soy el amado de Dios.

No hace mucho, recibí en el correo una tarjeta de un amigo, y en ella sólo había seis palabras: "Yo soy el que ama Jesús". Sonreí cuando ví el remitente, porque mi extraño amigo se especializa en este tipo de lemas piadosos. Sin embargo, cuando lo llamé, me dijo que el lema procedía del autor y orador Brennan Manning. En un seminario, Manning se refirió al amigo más íntimo que Jesús tuvo en la tierra, el discípulo llamado Juan, identificado en los evangelios como "aquél al que amaba Jesús". Esto fue lo que dijo: "Si le hubieran preguntado a Juan: '¿Cuál es tu identidad primordial en la vida?', él no habría contestado: 'Yo soy uno de los discípulos, un apóstol, un evangelista, el autor de uno de los cuatro evangelios . . .', sino más bien: 'Yo soy el que ama Jesús'."

Me pregunto qué significaría que yo también llegara a una posición en que viera mi identidad primordial en la vida como la del que "ama Jesús". ¿Me vería a mí mismo de una forma muy distinta al final del día?

Los sociólogos tienen una teoría que llaman del "yo-espejo": nos convertimos en lo que la persona más importante de nuestra vida (esposa, padre, jefe, etc.) piensa que somos. ¿Cómo me cambiaría la vida si creyera de verdad las sorprendentes palabras de la Biblia acerca del amor que Dios me tiene; si me mirara en el espejo y viera lo que Dios ve?

Brennan Manning relata la historia de un sacerdote irlandés que, mientras recorre a pie una parroquia rural, ve a un anciano campesino arrodillado junto al camino, orando. Impresionado, el sacerdote le dice al hombre: "Usted debe estar muy cerca de Dios". El campesino interrumpe su oración, lo mira, piensa un momento y después sonríe mientras le dice: "Sí, yo le caigo muy bien".

Los teólogos nos dicen que Dios existe fuera del tiempo. Él creó el tiempo, como el artista que escoge el material con el que va a trabajar, y no está atado a él. Ve el futuro y el pasado en una especie de presente eterno. Si están en lo cierto en cuanto a esta cualidad de Dios, los teólogos han ayudado a explicar cómo es posible que Él pueda llamar "bienamado" a alguien tan inconstante, veleidoso y temperamental como yo. Cuando Dios contempla la gráfica de mi vida, no ve los numerosos zigzags hacia el bien y el mal, sino más bien una línea continua de bien: la bondad de su Hijo, capturada en un momento del tiempo y aplicada para toda la eternidad.

Así lo expresó John Donne, poeta del siglo XVII:

> Porque en el Libro de la Vida, el nombre de María Magdalena, a pesar de toda su ligereza, fue escrito tan pronto como el nombre de la virgen bendita, con toda su integridad; y el nombre de San Pablo, quien usó la espada contra Cristo, tan pronto como el de San Pedro, quien la sacó para defenderlo: porque el Libro de la Vida no fue escrito de manera sucesiva, palabra tras palabra y línea tras línea, sino que fue entregado ya impreso, todo al mismo tiempo.

Yo crecí con la imagen de un Dios matemático que pesaba mis obras buenas y malas en una balanza, y siempre me encontraba en falta. Por alguna razón, no había hallado al Dios de los evangelios, un Dios de misericordia y generosidad que está hallando continuamente formas de hacer añicos las implacables leyes de la falta de gracia. Dios rompe las tablas matemáticas e introduce las nuevas matemáticas de la *gracia*, la palabra más sorprendente, transformadora y de final inesperado que existe en el lenguaje.

La gracia hace su aparición de tantas formas, que me ha costado trabajo definirla. No obstante, estoy preparado para intentar algo que se parezca a una definición de la gracia con relación a Dios. *"Gracia" significa que no hay nada que poda-*

mos hacer para que Dios nos ame más: ninguna cantidad de calistenia espiritual y de renunciamiento, ni de conocimiento adquirido en cursillos y seminarios, ni de ardua labor a favor de causas justas. *"Gracia" significa también que no hay nada que podamos hacer para que Dios nos ame menos*: ninguna cantidad de racismo, orgullo, pornografía, adulterio o incluso asesinatos. La gracia significa que Dios ya nos ama tanto como un Dios infinito es capaz de amar.

Hay una cura muy sencilla para la gente que duda del amor de Dios y pone en tela de juicio su gracia: ir a la Biblia y examinar cuál es la clase de gente que Dios ama. Jacob, quien se atrevió a luchar con Él, e incluso después llevó siempre una herida procedente de aquella lucha, se convirtió en el epónimo del pueblo de Dios, "los hijos de Israel". La Biblia nos habla de un asesino y adúltero que se ganó la reputación de haber sido el rey más grande del Antiguo Testamento; un "varón conforme al corazón de Dios". Y de una iglesia cuyo líder era un discípulo que había maldecido y jurado no haber conocido nunca a Jesús. Y de un misionero reclutado de entre las filas de los torturadores de cristianos. Yo recibo la correspondencia de Amnistía Internacional, y cuando miro las fotos que envían de hombres y mujeres que han sido golpeados, aguijoneados, acuchillados, escupidos y electrocutados, me pregunto: "¿Qué clase de ser humano es capaz de hacerle esto a otro ser humano?" Entonces leo el libro de Hechos y me encuentro con el tipo de persona que ha sido capaz de todo esto, convertido ahora en un apóstol de la gracia; en un siervo de Jesucristo; en el misionero más grande que ha conocido la historia. Si Dios puede amar a una persona así, tal vez sea posible que ame a alguien como yo.

No puedo moderar mi definición de la gracia, porque la Biblia me obliga a hacerla tan amplia como sea posible. Dios es "el Dios de toda gracia", en palabras del apóstol Pedro. Y "gracia" significa que no puedo hacer nada para que Dios me ame más, y que nada de cuanto yo haga puede lograr que Él me ame menos. Significa que, a pesar de que me merezco lo opuesto, estoy invitado a ocupar mi lugar en la mesa de la familia de Dios.

Por instinto, siento que debo *hacer algo* para que me acepten. La gracia hace resonar una asombrosa nota de contradicción, de liberación, y todos los días tengo que volver a pedir en oración la capacidad necesaria para escuchar su mensaje.

Eugene Peterson hace un contraste entre Agustín y Pelagio, dos teólogos del siglo IV opuestos entre sí. Pelagio era educado, cortés, convincente y le caía bien a todo el mundo. Agustín había derrochado su juventud en la inmoralidad, tenía una extraña relación con su madre y se conseguía muchos enemigos. Sin embargo, hizo de la gracia su punto de partida y las cosas le salieron bien, mientras que Pelagio comenzaba por el esfuerzo humano y se descarriaba. Agustín buscaba apasionadamente a Dios; Pelagio trabajaba metódicamente para agradar a Dios. Peterson dice a continuación que los cristianos tenemos la tendencia de ser agustinianos en nuestra teoría, pero pelagianos en nuestra práctica. Trabajamos con obsesión por agradar a los demás, e incluso a Dios.

Cada año, en la primavera, caigo víctima de lo que diagnostican los comentaristas deportivos como la "manía de marzo". No me puedo resistir a la tentación de ver el juego final de baloncesto, en el cual los únicos sobrevivientes en un torneo de sesenta y cuatro equipos se encuentran para discutir el campeonato de la NCAA. Este juego, el más importante de todos, siempre parece reducirse a un jovencito de dieciocho años de pie sobre la línea de tiro libre, cuando sólo le queda un segundo en el cronómetro.

Rebota la pelota contra el suelo con nerviosismo. Sabe que si él falla en estos dos tiros libres, será el chivo expiatorio de su universidad y de su estado. Dentro de veinte años estará recibiendo consejería y reviviendo este momento. Si hace entrar los dos tiros, será un héroe. Su foto aparecerá en la primera página de los periódicos. Hasta podría aspirar a gobernador.

Rebota de nuevo la pelota y el otro equipo pide tiempo, para ponerlo nervioso. Sigue de pie sobre la línea, sopesando su futuro entero. Todo depende de él. Sus compañeros de equipo le dan palmadas de aliento, pero no dicen nada.

Recuerdo que un año salí del cuarto para responder una llamada telefónica en el mismo momento en que el jovencito se preparaba a tirar. La preocupación le arrugaba la frente. Se mordía el labio inferior. Le temblaba la pierda izquierda al nivel de la rodilla. Veinte mil fanáticos gritaban, agitando banderas y pañuelos para distraerlo.

La llamada telefónica se llevó más tiempo del que esperaba, y cuando volví, vi algo muy distinto. El mismo jovencito, con el cabello empapado en refresco, ahora en hombros de sus compañeros de equipo, cortaba las cuerdas de una red de baloncesto. No tenía preocupación alguna en la vida. Su sonrisa llenaba toda la pantalla.

Aquellas dos escenas —el mismo jovencito agachado en la línea de tiro libre, y después celebrando sobre los hombros de sus amigos— llegaron a simbolizar para mí la diferencia entre la falta de gracia y la gracia.

El mundo funciona basado en la falta de gracia. Todo depende de lo que yo haga. Tengo que lanzar la pelota.

El reino de Jesús nos llama a otra forma de hacer las cosas, que no depende de nuestra actuación sino de la suya. No necesitamos tener logros, sino limitarnos a seguir. Él ya ha ganado para nosotros la costosa victoria de la aceptación divina.

Cuando pienso en aquellas dos imágenes, me viene a la mente una pregunta perturbadora: ¿Cuál de estas dos escenas se parece más a mi vida espiritual?

Parte II

Romper el ciclo de la falta de gracia

SEIS

UN RELATO:
LA CADENA CONTINUA

Daisy nació en 1898, en el seno de una familia obrera de Chicago. Era la octava de diez hijos. El padre apenas ganaba lo suficiente para alimentarlos a todos, y después que se dedicó a la bebida, el dinero se hizo mucho más escaso. Daisy, que se acerca ya a los cien años de edad en el momento de escribir yo esto, se estremece aún cuando habla de aquellos días. Su padre era un "borracho malvado", dice. Ella se solía refugiar sollozando en un rincón, mientras él arrastraba a patadas a su hermano y su hermana más pequeños por todo el piso de linóleo. Lo odiaba con todo el corazón.

Un día, el padre declaró que quería que su esposa se marchara de la casa antes del mediodía. Los diez niños rodearon todos a su madre, agarrados a su falda y gritando: "¡No, no te vayas!" Pero su padre no se retractó. Abrazada a sus hermanos y hermanas en busca de apoyo, Daisy vio por el ventanal cómo su madre caminaba por la acera, con los hombros caídos y una maleta en cada mano, haciéndose cada vez más pequeña, hasta desaparecer por fin de su vista.

Algunos de los hijos terminaron reuniéndose con su madre, mientras que otros fueron a vivir con parientes. A Daisy le tocó quedarse con su padre. Creció con un fuerte nudo de amargura por dentro; un tumor de odio por lo que él le había hecho a la familia. Todos los hermanos dejaron la escuela antes de tiempo para buscarse un trabajo o enrolarse en el ejército. Después se fueron mudando a otras ciudades uno por uno. Se casaron, comenzaron una familia y trataron de dejar atrás el pasado. El padre desapareció; nadie sabía dónde, y a nadie le importaba.

Muchos años más tarde, para sorpresa de todos, el padre volvió a aparecer. Había salido del arroyo, dijo. Borracho y con frío, había acertado a entrar en una misión de rescate del Ejército de Salvación. Para que le dieran un boleto de comida, tenía que asistir primero a un culto de adoración. Cuando el orador preguntó si alguien quería aceptar a Jesús, él pensó que por educación debía pasar al frente junto con otros borrachos. Cuando la "oración del pecador" funcionó de verdad, él fue el más sorprendido de todos. Los demonios que llevaba dentro se tranquilizaron. Volvió a estar sobrio. Comenzó a estudiar la Biblia y a orar. Por vez primera en su vida, sintió que lo amaban y aceptaban. Se sintió limpio.

Y ahora, les dijo a sus hijos, los estaba buscando uno por uno, para pedirles perdón. No podía defender nada de lo que había sucedido. No podía enderezarlo. Pero lo sentía; lo sentía mucho más de lo que ellos se podían imaginar.

Los hijos, ya de mediana edad y cada cual con su propia familia, se sintieron escépticos al principio. Algunos dudaron de su sinceridad, esperando que volviera a las andadas en cualquier momento. Otros se imaginaron que pronto les pediría dinero. No pasó ninguna de las dos cosas y, con el tiempo, el padre los convenció a todos, menos a Daisy.

Mucho tiempo antes, Daisy había jurado que nunca le hablaría a su padre de nuevo; lo llamaba "ese hombre". La reaparición del padre la sacudió fuertemente, y los viejos recuerdos de sus arrebatos de borracho la inundaban mientras estaba acostada en su cama por la noche. "No es posible que deshaga todo eso sólo con decir 'lo siento' ", insistía Daisy. No quería saber nada de él.

Aunque su padre había dejado de beber, el alcohol le
había dañado el hígado sin posibilidad de curación. Se puso
muy enfermo y durante los últimos cinco años de su vida,
estuvo con una de sus hijas, una hermana de Daisy. De hecho, vivían a ocho puertas de Daisy, en la misma hilera de
casas. Daisy, fiel a su juramento, no fue ni una sola vez a
visitar a su padre moribundo, a pesar de que pasaba junto a
su casa cada vez que iba a comprar víveres o a tomar un
ómnibus.

En cambio, sí autorizó a sus hijos para que visitaran a
su abuelo. Cuando se acercaba el fin, el padre vio a una
niña pequeña que llegó hasta su puerta y entró. "Oh Daisy,
Daisy, por fin has venido", dijo llorando, y tomándola en
sus brazos. Los adultos que estaban en el cuarto no se atre-
vieron a decirle que aquella niña no era Daisy, sino su hija
Margaret. Era una alucinación misericordiosa.

Toda su vida, Daisy estaba decidida a no ser como su padre, y de hecho, nunca tocó una gota de alcohol. Sin
embargo, gobernaba su propia familia con una forma más
suave de la misma tiranía bajo la cual se había criado. Se
solía acostar en un sofá con una bolsa de hielo sobre la cabeza, y les gritaba a los niños que se callaran.

"A fin de cuentas, ¿por qué los tuve a ustedes, niños
tontos?", solía gritar. "¡Me han echado a perder la vida!"
Eran los tiempos de la Gran Depresión, y cada niño era una
boca más que alimentar. Tuvo seis en total, y los crió en la
casita de dos habitaciones donde todavía vive hoy. En un
lugar tan pequeño, siempre parecían estar unos encima de
otros. Algunas noches, los golpeaba a todos, sólo para que
entendieran una cosa: ella sabía que habían hecho algo
malo, aunque no los había atrapado.

Inflexible como el acero, Daisy nunca pedía perdón ni
perdonaba. Su hija Margaret recuerda cuando era niña, y
acudió a ella llorando para pedir perdón por algo que había
hecho. Daisy le respondió como quien dispara una bala:

"¡Imposible que estés arrepentida! Si lo sintieras de verdad, habrías comenzado por no hacerlo."

Margaret, a quien conozco muy bien, me ha contado muchas historias de falta de gracia. Toda su vida ha estado decidida a ser diferente a su madre. Sin embargo, la vida de Margaret ha tenido sus propias tragedias; unas grandes y otras pequeñas, y cuando sus cuatro hijos entraron en la adolescencia, sintió que estaba perdiendo el control sobre ellos. Entonces también quiso acostarse en el sofá con una bolsa de hielo y gritar "¡Cállense!" También quiso darles golpes sólo para que entendieran algo, o tal vez para liberar un poco de la tensión que se agazapaba dentro de ella.

Su hijo Michael, que cumplió dieciséis años en la década de los sesenta, era el que más la molestaba. Escuchaba rock and roll, usaba "gafas de anciana" y se había dejado el pelo largo. Margaret lo sacó de la casa cuando lo atrapó fumando marihuana, y él pasó a vivir en una comuna de hippies. Ella lo siguió amenazando y regañando. Lo acusó ante un juez. Lo desheredó. Intentó todo lo que se le ocurrió, pero nada resultaba con Michael. Las palabras que le lanzaba volvían a caer, inútiles, hasta que por fin un día, dijo en un arrebato de ira: "No te quiero volver a ver mientras viva". Eso sucedió hace veintiséis años, y no lo ha vuelto a ver desde entonces.

Michael es también un buen amigo mío. Durante estos veintiséis años, he intentado varias veces lograr algún tipo de reconciliación entre ambos, y todas las veces me he tenido que enfrentar de nuevo con el terrible poder de la falta de gracia. En una ocasión le pregunté a Margaret si se lamentaba de algo que le hubiera dicho a su hijo; si le habría gustado retirar algo de lo dicho. Ella se volvió hacia mí en un ardiente destello de ira, como si yo fuera el propio Michael. "No sé por qué Dios no se lo llevó hace tiempo, con todas las cosas que ha hecho", me dijo, con una mirada salvaje y terrible en los ojos.

Su insolente furia me agarró por sorpresa y me quedé mirándola por un minuto: los puños cerrados, la cara congestionada, y una serie de pequeños músculos crispados alrededor de los ojos. "¿Quieres decir que quisieras ver muerto a tu propio hijo?", le pregunté al fin. Nunca me respondió.

Michael salió de la década de los sesenta más tranquilo, con la mente embotada por el lsd. Se fue a Hawaii, donde vivió con una mujer, la dejó, probó con otra, la dejó también y después se casó. "Sue es la que vale", me dijo una vez que lo visité. "Ésta va a durar."

No duró. Recuerdo una conversación telefónica con Michael, interrumpida por esa molesta función tecnológica conocida como "llamada en espera". Se oyó un pequeño golpe en la línea y Michael me dijo: "Perdóname un segundo". Entonces me dejó por lo menos cuatro minutos con un teléfono silencioso en la mano. Cuando me volvió a hablar, se excusó. Tenía un humor más sombrío. "Era Sue", me dijo. "Estamos llegando a un acuerdo en las últimas cuestiones económicas del divorcio."

"No sabía que aún estuvieras en contacto con Sue", le dije, por decir algo.

"¡No lo estoy!", dijo él de pronto, usando casi el mismo tono que le había escuchado a su madre. "Y espero no volverla a ver más en toda mi vida."

Ambos permanecimos en silencio por un largo tiempo. Acabábamos de estar hablando de Margaret y, aunque yo no dije nada, me pareció que Michael había reconocido en su propia voz el tono de voz de su madre, que en realidad era el de la madre de ella, y se remontaba a lo que había sucedido en una casita de Chicago casi un siglo atrás.

Como si se tratara de un defecto espiritual codificado en el adn de la familia, la falta de gracia va pasando de una generación a otra, como una cadena continua.

La falta de gracia realiza su obra de manera silenciosa y letal, como un gas venenoso e indetectable. Un padre que muere sin ser perdonado. Una madre que una vez llevó a un hijo en su propio seno, y durante la mitad de la vida de ese hijo, no ha hablado con él. La toxina va haciendo daño, de generación en generación.

Margaret es una cristiana consagrada; estudia la Biblia todos los días. Una vez le hablé sobre la parábola del hijo pródigo. "¿Qué haces con esa parábola?", le pregunté. "¿Comprendes su mensaje de perdón?"

Es evidente que ella había pensado sobre este asunto, porque me contestó sin titubear que la parábola aparece en Lucas 15 como la tercera en una serie de tres: la moneda perdida, la oveja perdida y el hijo perdido. Me dijo que todo lo que pretende la del hijo pródigo es demostrar que los seres humanos son diferentes a los objetos inanimados (las monedas) y a los animales (las ovejas). "Las personas tienen libre albedrío", me dijo. "Tienen que ser moralmente responsables. Ese muchacho tenía que regresar arrastrándose sobre sus rodillas. Tenía que arrepentirse. Eso es lo que quiso decir Jesús."

Eso no es lo que quiso decir Jesús, Margaret. Los tres relatos insisten en el gozo del que halla. Cierto; el pródigo regresó a casa por decisión propia, pero está claro que el enfoque central del relato se halla en el exorbitante amor del padre: "Y cuando aún estaba lejos, lo vio su padre, y fue movido a misericordia, y corrió, y se echó sobre su cuello, y le besó." Cuando el hijo trata de arrepentirse, el padre le interrumpe el discurso que tenía preparado, para echar a andar la celebración.

En una ocasión, un misionero les leyó esta parábola a un grupo de aldeanos del Líbano que vivían en una cultura muy similar a la descrita por Jesús, y que nunca habían oído ese relato. "¿Qué les llama la atención?", les preguntó.

Había dos detalles de aquel relato que les habían llamado la atención a los aldeanos. El primero, que el hijo, al reclamar antes de tiempo su herencia, le estaba diciendo al padre: "¡Quisiera que estuvieras muerto!" Aquellos aldeanos no se podían imaginar a un patriarca que soportara un insulto así, o que aceptara las exigencias de su hijo. El segundo, que el padre corrió para recibir al hijo tanto tiempo perdido. En el Oriente Medio, los hombres de posición caminan con lentitud y solemne dignidad; nunca corren. En este relato, el padre corre, y no hay duda de que los oyentes de Jesús contuvieron la respiración al escuchar este detalle.

L a gracia es injusta, y ésta es una de las cosas más difíciles con respecto a ella. No es razonable esperar de una mujer que perdone las cosas terribles que le ha hecho su padre, sólo porque él le pida perdón muchos años después, y es totalmente injusto que una madre pase por alto los numerosos delitos cometidos por su hijo adolescente. Sin embargo, la gracia no tiene que ver nada con la equidad.

Lo que decimos de las familias, también lo podemos decir de las tribus, las razas y las naciones.

El que no puede perdonar a otro,
rompe el puente por el que deberá
pasar él mismo.

George Herbert

SIETE

UN ACTO ANTINATURAL

He relatado la historia de una familia que abarca todo un siglo de falta de gracia. En la historia del mundo hay relatos similares que abarcan muchos siglos, con unas consecuencias muchísimo peores. Si se les pregunta a uno de los adolescentes que ponen bombas en Irlanda del Norte, o a uno de los soldados que pelean con machetes en Ruanda, o a un francotirador de la antigua Yugoeslavia, por qué matan, es posible que ni lo sepan. Irlanda aún busca vengarse de las atrocidades cometidas por Oliverio Cromwell en el siglo XVII; Ruanda y Burundi se hallan sumergidas en luchas tribales que se extienden mucho más atrás de lo que nadie es capaz de recordar; Yugoeslavia está vengando recuerdos de la Segunda Guerra Mundial y tratando de evitar que vuelva a suceder lo que pasó hace seis siglos.

La falta de gracia sigue sonando, como una estática de fondo, en la vida de las familias, las naciones y las instituciones. Lamentablemente, es nuestro estado humano natural.

En cierta ocasión, compartí una comida con dos científicos que acababan de salir de la biosfera de vidrio que hay cerca de Tucson, estado de Arizona. Eran cuatro hombres y cuatro mujeres que se habían ofrecido de voluntarios para este experimento de aislamiento. Todos eran científicos reconocidos, todos habían pasado por baterías de tests psicológicos y se habían preparado, y todos habían entrado a la biosfera plenamente informados acerca de los rigores con los que se enfrentarían mientras estuvieran apartados del mundo exterior. Estos científicos me dijeron que en cuestión de meses, los ocho "bionautas" se habían dividido en dos grupos de cuatro, y durante los meses finales del experimento, estos dos grupos se negaban a hablar entre sí. Ocho personas que vivían en una burbuja dividida por el medio a causa de un muro invisible de falta de gracia.

Frank Reed, ciudadano estadounidense retenido como rehén en el Líbano, reveló al ser liberado que no le había hablado a otro de los rehenes durante varios meses, después de una pequeña discusión. La mayor parte de aquel tiempo, los dos rehenes enemistados habían estado encadenados uno al otro.

La falta de gracia hace que se resquebraje la unión entre madre e hija, padre e hijo, hermano y hermana, científicos, prisioneros, tribus y razas. Esas grietas, si no se atienden, se ensanchan, y para los abismos de falta de gracia que producen, sólo existe un remedio: el frágil puente de sogas del perdón.

Al calor de una discusión, mi esposa hizo una aguda formulación teológica. Estábamos comentando mis defectos de una manera más bien enérgica, cuando ella me dijo:"¡Me parece bastante asombroso que yo te perdone alguna de las vilezas que me has hecho!"

Puesto que estoy escribiendo acerca del perdón, y no del pecado, voy a omitir los sabrosos detalles de esas vilezas. Lo que me impresionó de su comentario fue más bien su aguda comprensión de la naturaleza del perdón. No es un dulce ideal platónico que se puede rociar por el mundo, como quien rocía un refrescante ambiental desde su depósito. El perdón es dolorosamente difícil, y mucho después de haber perdonado, la herida —mis vilezas— sigue abierta en la memoria. El perdón es un acto innatural, y mi esposa estaba protestando de su escandalosa injusticia.

Un relato del Génesis capta un sentimiento muy similar. Cuando yo era niño, y escuché la historia en la escuela dominical, no pude comprender los giros y matices que hay en el relato de la reconciliación de José con sus hermanos. En un momento, actuó con dureza, metiéndolos en la cárcel; al momento siguiente, parece haberse sentido inundado por el pesar, y salió de la habitación para llorar a lágrima viva como un borracho. Les hizo jugarretas a sus hermanos, escondiendo dinero en sus sacos de cereal, capturando a uno como rehén y acusando a otro de robarle su cáliz de plata. Durante meses, tal vez años, siguieron aquellas intrigas, hasta que por fin, no se pudo seguir conteniendo. Convocó a sus hermanos, y los perdonó de forma dramática.

Ahora veo esta historia como una descripción realista del acto innatural del perdón. Los hermanos que José luchaba por perdonar eran los mismos que lo habían atropellado, habían perpetrado planes para asesinarlo y lo habían vendido como esclavo. Por su culpa, había pasado los mejores años de su juventud pudriéndose en una mazmorra egipcia. Aunque salió de allí triunfante sobre la adversidad, y aunque ahora quería perdonar a estos hermanos con todo el corazón, no era capaz de llegar a ese punto; todavía no lo era. La herida le seguía doliendo demasiado.

Considero que Génesis 42—45 es la forma en que José les dice: "¡Me parece bastante asombroso que yo les perdone alguna de las vilezas que me han hecho!" Cuando la gracia logró por fin abrirse paso hasta José, su angustia y su amor resonaron en todo el palacio. *¿Qué es ese gemido? ¿Está enfermo el primer ministro del rey?* No; José estaba muy bien de salud. Era el sonido de un hombre que estaba perdonando.

Detrás de cada acto de perdón se halla la herida de una traición, y el dolor que deja una traición no se desvanece con facilidad. León Tolstoy pensó que le estaba dando un buen comienzo a su matrimonio cuando le pidió a Sonya, su prometida adolescente, que leyera sus diarios, donde explicaba con sórdido lujo de detalles todas sus andanzas amorosas. No quería tener secretos con ella; quería comenzar su matrimonio con un expediente limpio, perdonado. En lugar de suceder esto, la confesión de Tolstoy sembró las semillas de un matrimonio que estaría atado con lazos de odio, y no de amor.

"Cuando él me besa, siempre pienso: 'Yo no soy la primera mujer que él ha amado'", escribió Sonya Tolstoy en su propio diario. Ella le podía perdonar algunas de sus aventuras de adolescente, pero no su relación con Axinya, una campesina que seguía trabajando en las propiedades de Tolstoy.

"Uno de estos días, me voy a matar por celos", escribió Sonya después de ver el hijo de tres años de aquella campesina, que era la imagen misma de su esposo. "Si lo pudiera matar a él [a Tolstoy] y crear una nueva persona exactamente igual a como es ahora, lo haría de inmediato."

Otra anotación de su diario está fechada el 14 de enero de 1909: "Le gusta esa atrevida campesina, con su macizo cuerpo femenino y sus piernas quemadas por el sol; lo atrae hoy de manera tan poderosa como lo ha atraído hace tantos años . . ." Sonya escribió esas palabras siendo Axinya una encogida anciana de ochenta años. Durante medio siglo, el celo y la falta de perdón la habían cegado, destruyendo al mismo tiempo todo su amor por su esposo.

Contra un poder tan malévolo, ¿qué posibilidades quedan para una respuesta cristiana? El perdón es un acto innatural: Sonya Tolstoy, José y mi esposa expresaron esta verdad como por instinto.

El público y yo sabemos
lo que aprenden todos los niños en la escuela:
    al que se le hace un mal,
    responde con otro mal.

W. H. Auden, quien escribió este pensamiento, comprendía que la ley de la naturaleza no admite el perdón. ¿Perdonan las ardillas a los gatos por darles caza árbol arriba, o los delfines a los tiburones por comerse a sus compañeros de juego? Éste es un mundo donde los perros se comen unos a otros; no donde se perdonan. En cuanto a la especie humana, nuestras principales instituciones —económicas, políticas e incluso atléticas— funcionan sobre el mismo principio inflexible. El árbitro nunca anuncia: "En realidad estabas fuera de juego, pero debido a tu espíritu ejemplar, te voy a declarar dentro". O bien, ¿qué nación les responde a sus beligerantes vecinos con esta proclamación: "Tienen razón; hemos violado sus fronteras. Les rogamos que nos perdonen"?

El sabor mismo del perdón da la impresión de que algo no anda bien. Incluso después de haber hecho algo malo, queremos ganarnos el regreso a la aceptación de la persona herida. Preferimos arrastrarnos de rodillas, revolcarnos en el suelo, hacer penitencia, matar un cordero... y con frecuencia, a eso nos obliga la religión. Cuando Enrique IV, emperador del Sacro Imperio Romano Germánico, decidió pedir el perdón del papa Gregorio VII en 1077, permaneció descalzo en la nieve durante tres días en las afueras del castillo papal en un lugar de Italia. Es probable que al irse, Enrique sintiera satisfacción consigo mismo, llevando las huellas de los puntos de congelación como los estigmas de su perdón.

"A pesar de un centenar de sermones sobre el perdón, no perdonamos con facilidad, ni nos parece que sea fácil que nos perdonen a nosotros. Así descubrimos que el perdón siempre es más duro que como lo describen los sermones", escribe Elizabeth O'Connor. Alimentamos nuestras heridas, nos vamos a elaborados extremos para justificar nuestra conducta, perpetuamos pleitos de familia, nos castigamos a nosotros mismos, castigamos a los demás; todo con el fin de evitar este acto tan innatural.

En una visita a Bath, Inglaterra, vi una reacción más natural ante las injusticias. En las ruinas romanas que hay allí, los arqueólogos han descubierto diversas "maldiciones" escritas en latín sobre placas de latón o de bronce. Hace siglos, los que usaban esos baños tiraban en ellos estas oraciones como ofrendas a los dioses del baño, así como hay gente hoy que tira monedas en las fuentes para tener buena suerte. En una, alguien le pedía ayuda a una diosa en una venganza de sangre contra quien fuera que le había robado sus seis monedas. Otra decía: "Docímedes ha perdido dos guantes. Él pide que la persona que se los robó se vuelva loca y pierda los ojos en el templo donde la diosa indique."

Mientras miraba aquellas inscripciones en latín, y leía su traducción, me di cuenta de que las oraciones tenían sentido. ¿Por qué no emplear el poder de los dioses para que nos ayuden a nosotros con la justicia humana aquí en la tierra? Muchos de los Salmos expresan el mismo sentimiento, y le imploran a Dios que ayude a vengar alguna injusticia: "Señor, si no me puedes hacer delgada, entonces haz que mis amigas se vean gruesas", pedía en una ocasión la humorista Erma Bombeck. ¿Podría haber algo más humano?

En lugar de esto, dando un asombroso giro, Jesús nos ordena que digamos: "Perdónanos nuestras deudas, como también nosotros perdonamos a nuestros deudores". En el centro del Padre nuestro, con el que Jesús nos enseño a orar, se esconde el innatural acto del perdón. Los bañistas romanos les pedían a sus dioses que favorecieran la justicia humana; Jesús hizo depender el perdón de Dios de que nosotros estuviéramos dispuestos a perdonar las injusticias.

Charles Williams dice acerca del Padre nuestro: "No hay palabra en el idioma que lleve en sí una posibilidad mayor de terror, que la pequeña palabra 'como' que aparece en esa cláusula". ¿Qué hace tan aterrador ese "como"? El hecho de que Jesús ata llanamente el perdón que recibimos del Padre, al perdón que les concedamos a los demás seres humanos. Su siguiente observación no habría podido ser más explícita: "Si no perdonáis a los hombres sus ofensas, tampoco vuestro Padre os perdonará vuestras ofensas".

Una cosa es verse atrapado en un ciclo de falta de gracia con un cónyuge o un socio, y otra muy distinta verse atrapado en un ciclo así con el Dios todopoderoso. No obstante, el Padre nuestro une ambas cosas: cuando nosotros nos permitamos escapar, romper el ciclo y comenzar de nuevo, Dios se permitirá también a sí mismo escapar, romper el ciclo y comenzar de nuevo.

John Dryden escribió sobre los serios efectos de esta verdad. "Se han escrito más libelos en mi contra, que contra ningún otro hombre del presente", protestaba, y se preparaba para fustigar a sus enemigos. Sin embargo, "pensar en esto me ha hecho reflexionar con frecuencia, mientras repetía el Padre nuestro, porque está claro que la condición para el perdón que suplicamos es que les perdonemos a los demás las ofensas que nos hayan hecho; por esta razón, muchas veces he evitado cometer esa falta, aun en momentos en que ha sido notorio que me han provocado".

Dryden tenía razón para temblar. En un mundo que funciona según las leyes de la falta de gracia, Jesús pide —no; exige— una respuesta de perdón. Es tan urgente la necesidad de perdón, que va por delante de los deberes "religiosos": "Por tanto, si traes tu ofrenda al altar, y allí te acuerdas de que tu hermano tiene algo contra ti, deja allí tu ofrenda delante del altar, y anda, reconcíliate primero con tu hermano, y entonces ven y presenta tu ofrenda."

La parábola del siervo que no perdonó, termina con una escena en la cual el amo lo entrega a los carceleros para que lo torturen. "Así también mi Padre celestial hará con vosotros si no perdonáis de todo corazón cada uno a su hermano sus ofensas", dice Jesús. Habría deseado ardientemente que estas palabras no estuvieran en la Biblia, pero están, y salieron de los labios del propio Cristo. Dios nos ha concedido una capacidad terrible: al negarles el perdón a los demás, en realidad estamos decidiendo que no son dignos del perdón de Dios y, por tanto, no lo somos nosotros tampoco. De alguna forma misteriosa, el perdón divino depende de nosotros.

Shakespeare lo expresó de forma sucinta en *El mercader de Venecia*: "¿Cómo puedes esperar misericordia, si tú no tienes ninguna?"

Tony Campolo les pregunta a veces a los estudiantes de las universidades seculares qué saben acerca de Jesús. ¿Pueden recordar algo de lo que Él dijo? En claro consenso, su contestación es: "Ama a tus enemigos".* Esta enseñanza se destaca para los incrédulos con más fuerza que ninguna

---

* L. Gregory Jones observa: "Un llamado así a amar a nuestros enemigos resulta asombroso en su franco reconocimiento de que los cristianos fieles van a tener enemigos. Aunque Cristo derrotó de manera decisiva el pecado y la maldad por medio de su cruz y resurrección, la influencia del pecado y de la maldad no ha llegado popr completo a su final. Así que, al menos en un sentido, aún vivimos de *este lado* de la plenitud de la resurrección."

otra enseñanza de Cristo. Ya es bastante duro perdonar a unos hermanos malvados, como lo hizo José, pero . . . ¿a nuestros enemigos? ¿A la banda de delincuentes del barrio? ¿A los iraquíes? ¿A los traficantes de drogas que envenenan a nuestra sociedad?

Muchos moralistas preferirían estar de acuerdo con el filósofo Emanuel Kant, quien sostenía que sólo se podía perdonar a una persona si ella lo merecía. Sin embargo, la palabra *perdón* contiene la palabra *don*, o regalo. Al igual que la gracia, el perdón tiene en sí la enloquecedora cualidad de ser inmerecido, no ganado, injusto.

¿Por qué nos exige Dios un acto innatural así, que desafía todos nuestros instintos primarios? ¿Qué hace tan importante el perdón, que lo convierte en algo central para nuestra fe? A partir de mi experiencia de persona perdonada muchas veces y que de vez en cuando perdona, puedo sugerir varias razones. La primera es teológica. (Las otras razones, más pragmáticas, las voy a guardar para el próximo capítulo).

Los evangelios nos dan una franca respuesta teológica a la pregunta sobre por qué Dios nos ordena perdonar: porque así es Él. Cuando Jesús expresó por vez primera el mandato "Amad a vuestros enemigos", le añadió esta explicación: "para que seáis hijos de vuestro Padre que está en los cielos, que hace salir su sol sobre malos y buenos, y que hace llover sobre justos e injustos".

Cualquiera puede amar a sus amigos y parientes, dice Jesús: "¿No hacen también así los gentiles?" Los hijos del Padre han sido llamados a una ley superior, para que se parezcan a ese Padre que perdona. Hemos sido llamados a ser como Dios; a manifestar en nosotros el aire de familia.

Dietrich Bonhoeffer, quien tuvo que luchar con el mandato de amar a los enemigos mientras era perseguido en la Alemania nazi, llegó por fin a la conclusión de que es esta misma cualidad de "lo singular . . . lo extraordinario, lo desusado" la que distingue al cristiano de los demás. Aun cuando trabajaba por socavar el régimen, seguía el mandato de Jesús de orar por quienes nos persiguen. Escribía:

Por medio de la oración, vamos hasta nuestro enemigo, nos mantenemos junto a él, y rogamos a Dios por él. Jesús no nos promete que cuando bendigamos a nuestros enemigos y les hagamos el bien, ellos no nos van a usar y perseguir en su desprecio. Por supuesto que lo harán. Sin embargo, ni siquiera eso nos puede herir ni vencer, mientras oremos por ellos . . . Somos sustitutos que hacemos por ellos lo que no pueden hacer por sí mismos.

¿Por qué se esforzaba Bonhoeffer en amar a sus enemigos y orar por quienes lo perseguían? Sólo tenía una respuesta: "Dios ama a sus enemigos; ésa es la gloria de su amor, como sabe todo seguidor de Jesús". Si Dios nos perdonó nuestras deudas, ¿por qué no podemos nosotros hacer lo mismo?

De nuevo nos viene a la mente la parábola del siervo que no perdonó. Ese siervo tenía todo derecho a molestarse porque su consiervo le debía un poco de dinero. Según las leyes de la justicia romana, tenía derecho a meterlo en la cárcel. Jesús no discutió sobre lo que el siervo había perdido, sino que comparó esa pérdida con la de un señor [Dios] que le acababa de perdonar al siervo varios millones de dólares. Sólo la experiencia de ser perdonado es la que nos hace posible perdonar.

Tuve un amigo (fallecido ya) que trabajó como miembro del personal de la Universidad de Wheaton muchos años, durante los cuales escuchó varios miles de mensajes en los cultos diarios. Con el tiempo, la mayoría de ellos se desvanecieron hasta convertirse en algo borroso y fácil de olvidar, pero hubo algunos que se destacaron. En particular, le encantaba contar la historia de Sam Moffat, profesor del Seminario Princeton, quien había estado en China como misionero. Moffat les hizo a los estudiantes de Wheaton un cautivante relato sobre su huida de los comunistas que lo perseguían. Éstos tomaron su casa y todas sus posesiones, quemaron los edificios de la misión y mataron a algunos de sus mejores amigos. Su propia familia escapó a duras penas. Al salir de China, se llevaba consigo un profundo resentimiento contra los seguidores del presidente Mao, resentimiento que se fue ramificando dentro de él. Finalmente, les dijo a los estudiantes de Wheaton, se enfrentó con una extraña crisis de fe. "Me di cuenta", dijo Moffat, "que si no perdono a los comunistas, entonces carezco por completo de mensaje".

El evangelio de la gracia comienza y termina en el perdón. La gente escribe himnos con títulos como el de "Sublime gracia", por una razón: la gracia es la única fuerza del universo con el poder suficiente para romper las cadenas que esclavizan a las generaciones. Sólo la gracia puede derretir la falta de gracia.

Un fin de semana estuve sentado con diez judíos, diez cristianos y diez musulmanes, en una especie de grupo de encuentro dirigido por el autor y psiquiatra M. Scott Peck, quien tenía la esperanza de que aquel fin de semana pudiera llevar a alguna especie de comunidad, o al menos, al principio de una reconciliación en pequeña escala. No fue así. Aquellas personas tan cultas y bien educadas estuvieron a punto de irse a los puños. Los judíos hablaron de todas las cosas horribles que les habían hecho los cristianos. Los musulmanes hablaron de todas las cosas horribles que les habían hecho los judíos. Nosotros, los cristianos, tratamos de hablar de nuestros propios problemas, pero éstos palidecían en contraste con las historias del Holocausto y de los apuros de los refugiados palestinos, así que mayormente, nos hicimos a un lado y escuchamos mientras los otros dos grupos hacían un recuento de las injusticias de la historia.

En cierto momento, una mujer judía muy elocuente, que había estado activa en intentos anteriores por lograr una reconciliación con los árabes, se volvió hacia los cristianos y nos dijo: "Me parece que los judíos tenemos mucho que aprender de ustedes los cristianos en cuanto al perdón. No veo otra forma de salir de estos enredos. Y sin embargo, parece tan poco equitativo perdonar las injusticias! Me siento atrapada entre el perdón y la justicia."

Aquel fin de semana me volvió a la mente en una ocasión en que tropecé con estas palabras de Helmut Thielicke, un alemán que vivió todos los horrores del nazismo:

Esta cuestión del perdón no tiene nada de simple . . . Decimos: "Muy bien, si el otro está arrepentido y me pide perdón, lo voy a perdonar; entonces voy a ceder". Convertimos el perdón en una ley de reciprocidad. Y esto no funciona nunca. Porque entonces ambos nos decimos a nosotros mismos: "El otro es el que tiene que dar el primer paso". Después, vigilo como un halcón, para ver si la otra persona me hace alguna señal con los ojos, o si puedo detectar entre las líneas de su carta alguna pequeña pista que manifieste que está arrepentida. Siempre me hallo a punto de perdonar . . . pero nunca perdono. Soy demasiado justo.

Thielicke llega a la conclusión de que el único remedio es darnos cuenta de que Dios nos ha perdonado nuestros pecados, y nos ha dado otra oportunidad: la lección de la parábola del siervo que no perdonó. Romper el ciclo de la falta de gracia significa *tomar la iniciativa*. En lugar de esperar a que su prójimo diera el primer paso, era él quien debía darlo, desafiando la ley natural de la retribución y la equidad. Sólo lo hizo cuando se dio cuenta de que la iniciativa de Dios se hallaba en el corazón mismo del evangelio que él había estado predicando sin practicar.

En el centro de las parábolas de Jesús sobre la gracia, se halla un Dios que toma la iniciativa para acercarse a nosotros: un padre enfermo de amor que corre a encontrarse con el pródigo; un señor que cancela una deuda demasiado grande para que su siervo se la pueda pagar; un patrono que les paga a los obreros de última hora lo mismo que a los que han trabajado todo el día; un hombre que da un banquete y sale a los caminos y las calles en busca de unos huéspedes que no merecen serlo.

Dios hizo añicos la inexorable ley del pecado y la retribución al invadir la tierra, absorbiendo lo peor que nosotros le podíamos ofrecer, la crucifixión, para fabricar después, a partir de aquella cruel obra, el remedio para el estado caído del ser humano. El Calvario rompió el punto muerto en la relación entre justicia y perdón. Al aceptar sobre su ser inocente

todas las fuertes exigencias de la justicia, Jesús rompió para
siempre la cadena de la falta de gracia.

Como Helmut Thielicke, yo regreso con demasiada frecuencia a una lucha de "ojo por ojo" que le cierra de golpe
la puerta al perdón. *¿Por qué tengo que dar yo el primer paso?
Yo fui el ofendido.* Así que no doy el paso, y aparecen en esa
relación unas grietas que después se ensanchan. Con el tiempo, lo que hay abierto es un abismo que parece imposible de
salvar. Me siento triste, pero raras veces acepto la culpa. En
lugar de hacerlo, me justifico a mí mismo y señalo los pequeños gestos de reconciliación que hago. Mantengo un inventa-
rio mental de esos intentos, como para defenderme si alguna
vez me echan la culpa por ese abismo. Huyo del riesgo de la
gracia para refugiarme en la seguridad de la falta de gracia.

Henri Nouwen, quien define el perdón como "el amor
practicado entre gente que ama muy poco", describe el proceso que se produce:

> Yo he dicho con frecuencia: "Te perdono", pero al
> mismo tiempo que estoy diciendo esas palabras, mi co-
> razón ha permanecido airado o resentido. Aún quiero es-
> cuchar la historia que me dice que al fin y al cabo, era yo
> quien tenía razón; aún quiero oír disculpas y excusas;
> aún quiero tener la satisfacción de recibir a mi vez algún
> elogio; aunque sea que me elogien por perdonar tanto.
>
> En cambio, el perdón de Dios es incondicional; pro-
> cede de un corazón que no exige nada para sí, un corazón
> que está totalmente desprovisto de la búsqueda de sí
> mismo. Este perdón divino es el que yo tengo que practi-
> car en mi vida diaria. Me llama a seguir pasando por en-
> cima de todos mis argumentos que me dicen que
> perdonar no es sabio, ni sano, ni práctico. Me reta a pa-
> sar por encima de todas mis necesidades de recibir agra-
> decimiento y de ser elogiado. Por último, exige de mí que
> pase por encima de esa parte herida de mi corazón que se
> siente adolorida y maltratada, y que quiere permanecer
> en control de la situación, y poner unas cuantas condi-

ciones entre mi persona y la persona a la que se me pide que perdone.

Un día descubrí esta exhortación del apóstol Pablo metida entre muchas otras exhortaciones de Romanos 12. Detesta el mal, ten gozo, vive en armonía, no seas presuntuoso . . . y la lista sigue. Entonces aparece este versículo: "No os venguéis vosotros mismos, amados míos, sino dejad lugar a la ira de Dios; porque escrito está: Mía es la venganza, yo pagaré, dice el Señor".

Por fin comprendí: a fin de cuentas, el perdón es un acto de fe. Al perdonar a otra persona, estoy confiando en que Dios es mejor que yo para hacer justicia. Al perdonar, renuncio a mi propio derecho de vengarme, y dejo todos los problemas de equidad en manos de Dios, para que Él los resuelva. Dejo en sus manos la balanza que deberá hacer equilibrio entre la justicia y la misericordia.

Cuando José llegó por fin al punto de poder perdonar a sus hermanos, su dolor no desapareció, pero se desprendió de sus hombros la carga de ser su juez. Aunque el mal que me hayan hecho no desaparece cuando perdono, no me puede mantener atrapado, y queda en manos de Dios, que sabe lo que hay que hacer. Por supuesto, una decisión así tiene un riesgo: el de que Dios no trate a la persona como yo querría. (Por ejemplo, el profeta Jonás se resintió con Dios por ser más misericordioso de lo que se merecían los ninivitas.)

Nunca he encontrado que sea fácil perdonar, y pocas veces lo encuentro completamente satisfactorio. Las injusticias de las que me quejo permanecen, y las heridas siguen causando dolor. Tengo que acercarme a Dios una y otra vez, para entregarle el residuo de lo que creía haberle entregado mucho tiempo antes. Lo hago, porque los evangelios establecen una clara conexión: Dios me perdona mis deudas así como yo perdono a mis deudores. Lo contrario también es cierto: Sólo si vivo dentro de la corriente de la gracia de Dios, hallaré la fortaleza necesaria para reaccionar con gracia ante los demás.

El cese de las hostilidades entre los humanos depende de un cese de las hostilidades con Dios.

En los desiertos del corazón,
deja que brote la fuente sanadora;
en la prisión de sus días,
enséñale al hombre libre a alabar.

W. H. Auden

¿POR QUÉ PERDONAR?

En la semana anterior a la muerte de Jeffrey Dahmer en prisión, participé en una animada discusión sobre el tema del perdón. Dahmer, asesino en masa, había abusado sexualmente de diecisiete hombres jóvenes, para después matarlos, cometiendo actos de canibalismo con ellos y guardando partes de sus cuerpos en su refrigerador. Su arresto causó una conmoción en el departamento de policía de Milwaukee, cuando se supo que los oficiales no habían hecho caso de las súplicas desesperadas de un adolescente vietnamita que trató de escapar corriendo, desnudo y sangrante, del apartamento de Dahmer. Aquel jovencito también se convirtió en víctima de Dahmer, y su cuerpo fue uno de los once que se hallaron en el apartamento de éste.

En noviembre de 1994, el propio Dahmer fue asesinado, golpeado hasta morir por otro prisionero con un palo de escoba. Los noticieros televisados de aquel día incluyeron entrevistas con los afligidos parientes de sus víctimas, la mayoría de los cuales dijeron que sólo lamentaban su muerte, porque había terminado demasiado pronto con su vida. Habría debido sufrir al verse obligado a vivir más tiempo y pensar en las terribles cosas que había hecho.

Una red de televisión presentó un programa grabado unas cuantas semanas antes de la muerte de Dahmer. El entrevistador le preguntaba cómo era posible que hubiera hecho las cosas por las que lo habían declarado culpable. En aquellos momentos, él no creía en Dios, dijo Dahmer, así que le parecía que no le tendría que rendir cuentas a nadie. Comenzó con pequeños delitos, experimentó con pequeños actos de crueldad, y después sólo tuvo que seguir adelante, cada vez más lejos. No había nada que lo limitara.

Entonces, Dahmer habló de su reciente conversión religiosa. Lo habían bautizado en una pequeña piscina en la prisión, y se pasaba todo el tiempo leyendo el material religioso que le daba un ministro de una Iglesia de Cristo de aquella localidad. La cámara pasó entonces a una entrevista con el capellán de la prisión, quien afirmó que era cierto que Dahmer se había arrepentido, y que ahora era uno de los más fieles en la asistencia a sus cultos. La discusión en mi pequeño grupo tendió a dividirse entre los que sólo habían visto el programa con la noticia de la muerte de Dahmer, y los que también habían visto la entrevista que le habían hecho. El primer grupo lo veía como un monstruo, y nadie en él aceptaba el informe de que se había convertido dentro de la prisión. Los rostros profundamente angustiados de aquellos parientes de las víctimas les habían dejado una profunda impresión. Una persona dijo con toda franqueza: "Unos crímenes como ésos nunca tienen perdón. No es posible que fuera sincero."

Los que habían visto la entrevista con Dahmer no estaban tan seguros. Estaban de acuerdo en que sus crímenes eran increíblemente detestables. Sin embargo, había dado la impresión de estar contrito, aun humilde. La conversación se centró en una pregunta: "¿Hay alguien que se halle más allá de toda posibilidad de perdón?" Nadie se marchó aquella noche sintiéndose totalmente satisfecho con las respuestas.

El escándalo del perdón espera a todo aquél que acepte un cese de hostilidades moral, sólo porque alguien diga: "Lo siento". Cuando considero que me han hecho un mal, puedo fabricar un centenar de razones en contra del perdón. *Necesita aprender una buena lección. No quiero favorecer un comportamiento irresponsable. La voy a dejar que sufra un poco; le va a venir bien. Necesita aprender que las acciones tienen sus consecuencias. Yo fui el ofendido; no me toca a mí dar el primer paso. ¿Cómo lo puedo perdonar, si ni siquiera está arrepentido!* Así voy poniendo orden en mis argumentos, hasta que pasa algo que mina mi resistencia. Cuando por fin me ablando hasta el punto de conceder el perdón, parece una capitulación; un salto desde la lógica rigurosa hasta los sentimientos melosos.

¿Por qué doy ese salto? Ya he mencionado uno de los factores que me impulsan en mi condición de cristiano: es lo que se me ha ordenado, por ser hijo de un Padre que perdona. No obstante, los cristianos no tienen el monopolio del perdón. ¿Por qué tanto cristianos como no creyentes escogemos esta manera innatural de actuar? Puedo identificar por lo menos tres razones pragmáticas, y mientras más medito en esas razones para perdonar, más reconozco en ellas una lógica que no sólo es "sólida", sino que es fundamental.

En primer lugar, sólo el perdón puede detener el ciclo de culpa y dolor, rompiendo la cadena de la falta de gracia. En el Nuevo Testamento, la palabra griega más usada para hablar del perdón significa literalmente liberar, salir corriendo, librarse de algo.

Me es fácil admitir que el perdón es injusto. El hinduismo, con su doctrina del *karma*, proporciona una sensación de equidad mucho más satisfactoria. Los eruditos hindúes han calculado con precisión matemática el tiempo que le toma a la justicia de una persona librarse de toda injusticia: para un castigo que compense todas mis maldades de esta vida y de las vidas futuras, bastarían seis millones ochocientas mil encarnaciones.

El matrimonio permite dar una mirada al proceso del karma en función. Dos personas testarudas viven juntas, se sacan mutuamente de quicio, y perpetúan la lucha por el poder a base de un continuo juego de tirantez emocional. "No puedo creer que hayas olvidado el cumpleaños de tu propia madre", dice ella.

"Espera un segundo; ¿acaso no eres tú la que está a cargo del calendario?"

"No trates de pasarme la culpa a mí; no se trata de mi madre."

"Sí, pero la semana pasada te dije que me lo recordaras. ¿Por qué no lo hiciste?"

"¿Estás loco? Es tu propia madre. ¿Acaso no te puedes acordar ni siquiera del cumpleaños de ella?"

"¿Por qué? Tú tienes el deber de recordármelo."

El mismo diálogo tonto se repite y repite, digamos, unos seis millones ochocientos mil ciclos, hasta que por fin, uno de los cónyuges dice: "¡Basta! Yo voy a romper la cadena". Y la única forma de hacerlo es el perdón: *Lo siento. ¿Me puedes perdonar?*

La palabra *resentimiento* expresa lo que sucede si el ciclo se sigue repitiendo sin interrupción. Literalmente, significa "sentir otra vez": el resentimiento se aferra al pasado; lo vuelve a vivir una y otra vez; arranca las costras nuevas para que la herida nunca se sane. Sin duda, este esquema comenzó con la primera pareja que hubo sobre la tierra. "Piense en todas las riñas que deben haber tenido Adán y Eva en el transcurso de sus novecientos años de vida", escribía Martín Lutero. "Eva diría: 'Tú te comiste la manzana', y Adán le replicaría: 'Y tú me la diste'".

Dos novelas escritas por premios Nobel ilustran este esquema en un escenario moderno. En *Amor en el tiempo del cólera*, Gabriel García Márquez presenta un matrimonio que se desintegra por una pastilla de jabón. La esposa tenía la responsabilidad de mantener la casa en orden, lo cual incluía la provisión de toallas, papel higiénico y jabón en el cuarto de baño. Un día se le olvidó reemplazar el jabón, descuido que su esposo mencionó de forma exagerada ("Me he estado bañando durante casi una semana sin jabón"), y que ella negó rotundamente. Aunque resultó cierto que se le había olvidado, era su orgullo el que estaba en juego, y no quiso retractarse. Durante los siete meses siguientes, durmieron en cuartos separados y comieron en silencio.

"Aun después, siendo ya unos plácidos ancianos", escribe García Márquez, "tenían mucho cuidado de no mencionar el tema, porque las heridas, sanadas apenas, podían comenzar a sangrar de nuevo, como si se las hubieran hecho el día anterior". ¿Cómo es posible que una pastilla de jabón eche a perder un matrimonio? Porque ninguno de los cónyuges está dispuesto a decir: "Basta. Esto no puede seguir así. Lo siento. Perdóname."

El nudo de las víboras, de François Mauriac, contiene un relato similar sobre un anciano que pasa las últimas décadas —¡décadas!— de su matrimonio durmiendo en un cuarto distinto al de su esposa. Treinta años antes se había abierto entre ellos un abismo por una discusión sobre si él se había mostrado suficientemente preocupado cuando cayó enferma su hija de cinco años de edad. Ahora, ni el esposo ni la esposa están dispuestos a dar el primer paso. Todas las noches, él espera que ella se le acerque, pero ella nunca aparece. Todas las noches ella se queda despierta en su cama, esperando que él se le acerque, y él nunca aparece. Ninguno de los dos quiere romper el ciclo que comenzó años antes. Ninguno de los dos está dispuesto a perdonar.

En sus memorias sobre una familia con un funcionamiento realmente deteriorado, *The Liar's Club* [El club de los mentirosos], Mary Karr habla de un tío suyo de Texas que permaneció casado con su esposa, pero no habló con ella durante cuarenta años, después de una pelea sobre la cantidad de dinero que ella gastaba en azúcar. Un día, tomó una sierra y cortó la casa exactamente por la mitad. Clavó tablas para tapar los lados descubiertos, y movió una de las mitades hasta detrás de un raquítico bosquecillo de pinos, dentro del mismo terreno. Allí vivieron los dos, esposo y esposa, el resto de su vida en sus dos medias casas separadas.

El perdón ofrece una vía de salida. No arregla todas las cuestiones en cuanto a culpa y justicia —con frecuencia evade a propósito esas cuestiones—, pero sí permite que la relación comience de nuevo. Ésta es la forma, dice Solzhenitsyn, en que diferimos de todos los animales. No es nuestra capacidad para perdonar, sino nuestra capacidad para arrepentirnos y para perdonar, la que nos hace diferentes. Sólo los humanos pueden realizar ese acto tan totalmente innatural, que trasciende las implacables leyes de la naturaleza.

Si no trascendemos la naturaleza, permanecemos atados a las personas a las que no podemos perdonar; atenazados por ellas. Este principio se aplica incluso cuando una de las partes es totalmente inocente, y la otra totalmente culpable, porque la parte inocente va a llevar la herida hasta que pueda hallar una forma de soltarla, y el perdón es la única forma. Óscar Hijuelos escribió una vibrante novela, *Las navidades del Sr. Ives*, acerca de un hombre asfixiado por la amargura hasta que de alguna forma encuentra dentro de sí mismo las fuerzas para perdonar al criminal que ha asesinado a su hijo. Aunque Ives mismo no ha hecho nada malo, durante décadas ese asesinato lo ha mantenido prisionero de sus emociones.

Algunas veces dejo vagar mi mente y me imagino un mundo sin perdón. ¿Qué sucedería si todos los hijos se mantuvieran rencorosos contra sus padres, y en todas las familias los pleitos internos se pasaran a las generaciones futuras? Ya hablé de una familia —Daisy, Margaret y Michael— y el virus de la falta de gracia que afecta a todos sus miembros. Yo conozco, respeto y estimo a uno de ellos por separado. Sin embargo, aunque comparten casi el mismo código genético, hoy en día no se pueden sentar juntos en la misma habitación. Todos ellos me han jurado que son inocentes, pero los inocentes también sufren los resultados de la falta de gracia. "¡No quiero volver a verte mientras viva!", le gritó Margaret a su hijo. Logró lo que quería, y ahora sufre las consecuencias a diario. Veo la angustia en la forma en que se le estrechan los ojos, y las mandíbulas se le ponen tensas cada vez que yo pronuncio la palabra "Michael".

Entonces, dejo que mi imaginación vaya más allá, hasta un mundo en el cual toda antigua colonia mantenga resentimientos contra su anterior amo imperial, y toda raza odie a las demás razas, y toda tribu pelee con sus rivales como si todas las quejas de la historia se agolparan detrás de todos los contactos entre naciones, razas y tribus. Me siento deprimido cuando me imagino una escena así, porque me parece muy cercana a la historia, tal como existe ahora. Como dijera la filósofa judía Hannah Arendt, el único remedio a la inevitabilidad de la historia es el perdón; de no ser así, permaneceremos atrapados en "los aprietos de la irreversibilidad".

El hecho de no perdonar me aprisiona en el pasado y le impide la entrada a todo potencial para el cambio. De esta forma, le cedo el control a otro; a mi enemigo, y me condeno a mí mismo a sufrir las consecuencias del mal hecho. Una vez oí que un rabino inmigrante hacía una declaración asombrosa: "Antes de venir a los Estados Unidos, tuve que perdonar a Adolfo Hitler", dijo. "No quería traer a Hitler dentro de mí a mi nueva patria".

No perdonamos sólo para cumplir una ley superior de moralidad; lo hacemos por nuestro propio bien. Tal como lo señala Lewis Smedes, "la primera, y con frecuencia la única persona sanada por el perdón, es la que perdona . . . Cuando perdonamos de verdad, ponemos en libertad a un prisionero, y después descubrimos que el prisionero que hemos liberado somos nosotros mismos."

En el José de la Biblia, que había llevado dentro un resentimiento muy justificable contra sus hermanos, el perdón se desbordó en forma de lágrimas y gemidos. Éstos, como los del parto, fueron los precursores de la liberación, y por medio de ellos, José consiguió por fin su libertad. Así fue como llamó Manasés a su hijo, nombre que significa "el que hace que se olvide".

La única cosa más dura que el perdón, es su otra alternativa.

El segundo poder en importancia que tiene el perdón, es que puede aflojar la tenaza de la culpa en el propio culpable.

La culpa hace su labor corrosiva, aunque se la reprima conscientemente. En 1993, un miembro del Ku Klux Klan llamado Henry Alexander le hizo una confesión a su esposa. En 1957, él y varios miembros más del Klan habían sacado de la cabina de su camión a un camionero de raza negra, lo habían hecho caminar hasta un puente desierto, situado a gran altura sobre un río de corriente rápida, y lo habían hecho saltar gritando hacia su muerte. Alexander fue acusado del crimen en 1976 —hicieron falta cerca de veinte años para llevarlo a juicio—, se declaró inocente y un jurado formado por personas blancas lo eximió de culpa. Durante treinta y seis años insistió en que era inocente, hasta aquel día de 1993, en que le confesó la verdad a su esposa. "Ni siquiera sé lo que Dios tiene planificado para mí. Ni siquiera sé orar por mí mismo", le dijo. Pocos días más tarde moría.

La esposa de Alexander le escribió una carta a la viuda del hombre de color, pidiéndole perdón. Más tarde, fue publicada en el periódico *The New York Times*. "Henry vivió toda su vida con una mentira, y me la hizo vivir a mí también", escribió. Durante todos aquellos años, ella había creído en las protestas de inocencia de su esposo. Él no manifestó señal alguna de remordimiento hasta los últimos días de su vida; demasiado tarde para intentar una restitución pública. Sin embargo, no fue capaz de llevarse el terrible secreto a la tumba. Después de treinta y seis años de negarlo enérgicamente, aún necesitaba la liberación que sólo puede proporcionar el perdón.

Otro miembro del Ku Klux Klan, el Gran Dragón Larry Trapp, de Lincoln, estado de Nebraska, fue motivo de los grandes titulares en toda la nación en el año 1992, cuando renunció a su odio, rompió sus banderas nazis y destruyó sus numerosas cajas de literatura llena de odio. Como cuenta Kathryn Watterson en el libro *Not by the Sword* [No con espada], a Trapp lo habían conquistado el amor y el perdón de un cantor de sinagoga judío y de su familia. Aunque Trapp les había enviado venenosos panfletos que hacían burla de unos judíos de nariz prominente, y negaban la realidad del Holocausto; aunque había decidido hacer estallar una bomba en su sinagoga, la familia del cantor le respondió siempre con compasión e interés. Diabético desde su niñez, Trapp estaba confinado a una silla de ruedas y estaba perdiendo rápidamente la vista; la familia del cantor lo invitó a su hogar para cuidar de él. "Me manifestaron tanto amor, que lo único que pude hacer fue corresponderles con el mío", diría más tarde Trapp. Los últimos meses de su vida los pasó buscando el perdón de los grupos judíos, de la Asociación Nacional para el Avance de la Gente de Color y de las numerosas personas que había odiado.

En los años recientes, las audiencias de todo el mundo han presenciado un drama sobre el perdón presentado en escena en la versión musical de *Les Misérables* [Los miserables]. La comedia musical sigue a su fuente original, la extensa novela de Víctor Hugo, y cuenta la historia de Jean Valjean, prisionero francés perseguido y finalmente transformado por el perdón.

Sentenciado a una condena de diecinueve años de trabajos forzados por el crimen de robar pan, Jean Valjean se fue endureciendo gradualmente hasta convertirse en un rudo presidiario. Nadie lo podía vencer en una pelea a puños. Nadie podía quebrantar su voluntad. Por fin, Valjean se ganó su libertad. No obstante, en aquellos tiempos, los expresidiarios tenían que llevar una tarjeta de identidad, y ningún mesonero permitía que un peligroso delincuente pasara la noche en su posada. Durante cuatro días anduvo deambulando por los caminos del poblado, buscando un refugio contra la intemperie, hasta que por fin, un bondadoso obispo tuvo misericordia de él.

Aquella noche, Jean Valjean estuvo acostado en una cama excesivamente cómoda, hasta que el obispo y su hermana se durmieron. Entonces, se levantó de la cama, registró la alacena en busca de los objetos de plata de la familia y se perdió en las tinieblas.

A la mañana siguiente, tres policías tocaron a la puerta del obispo, llevando consigo a Valjean. Habían atrapado al expresidiario mientras huía con los objetos de plata robados, y estaban listos para encadenar a aquel canalla para toda la vida.

El obispo respondió de una forma que nadie esperaba; menos que nadie, Valjean.

"¡Así que aquí estás!", le dijo a Valjean. "¡Qué bueno que te veo! ¿Te habías olvidado de que te di también los candelabros? Son de plata, como lo demás, y bien valdrán unos doscientos francos. ¿Se te olvidó recogerlos?"

Jean Valjean sintió que se le abrían los ojos de sorpresa. Se quedó mirando al anciano con una expresión que no se podía describir con palabras.

Valjean no era ladrón, les aseguró el obispo a los gendarmes. "Yo le regalé estos objetos de plata."

Cuando se retiraron los gendarmes, el obispo le dio los candelabros a su huésped, que temblaba sin poder hablar. "No olvides, no olvides nunca", le dijo el obispo, "que me has prometido usar el dinero para convertirte en un hombre honrado".

El poder de aquel acto del obispo, que desafiaba todo instinto humano de venganza, cambió para siempre la vida de Jean Valjean. Un desnudo encuentro con el perdón —en especial él, que nunca se había arrepentido—, derritió las graníticas defensas de su alma. Jean conservó los candelabros como precioso recuerdo de la gracia, y desde aquel momento se dedicó a ayudar a los necesitados.

De hecho, la novela de Víctor Hugo es una parábola de dos filos sobre el perdón. Un detective llamado Javert, que no conoce más ley que la justicia, acecha sin misericordia a Jean Valjean durante las dos décadas siguientes. Mientras el perdón transforma a Valjean, al detective lo consume la sed de venganza. Cuando Valjean le salva la vida a Javert —la presa le manifiesta gracia a su cazador—, el detective siente que su mundo en blanco y negro comienza a derrumbarse. Incapaz de hacerle frente a una gracia que va contra todo instinto, y no encontrando dentro de sí un perdón correspondiente, Javert salta desde un puente al río Sena.

El perdón magnánimo, como el ofrecido por el obispo a Valjean, hace posible la transformación del culpable. Lewis Smedes explica en detalle este proceso de "cirugía espiritual":

Cuando perdonamos a alguien, estamos separando de un golpe al mal hecho y a la persona que lo hizo. Desconectamos a esa persona de su mala acción. La volvemos a crear. En un instante, la identificamos inseparablemente como la persona que nos hizo daño. En el momento siguiente, le cambiamos esa identidad. Nuestra memoria la hace de nuevo.

Ahora pensamos en ella, no como quien nos ha hecho daño, sino como una persona que nos necesita. La sentimos, no como la persona que nos alejó de sí, sino como la persona que nos pertenece. Una vez la clasificamos como una persona poderosa para el mal, pero ahora la vemos como una persona débil en sus necesidades. Hemos vuelto a crear nuestro pasado, al volver a crear a la persona cuya maldad lo había hecho doloroso.

Smedes añade muchas advertencias. El perdón no equivale al indulto, advierte: podemos perdonar a quien nos ha hecho daño, y con todo, seguir insistiendo en un justo castigo por ese daño. Sin embargo, si nos podemos elevar hasta el punto de perdonar, estaremos poniendo en marcha ese poder liberador, tanto en nosotros, como en esa persona que nos hizo daño.

Un amigo mío que trabaja en los barrios bajos de la ciudad se pregunta si tiene sentido perdonar a quienes no se han arrepentido. Este hombre ve a diario las consecuencias del mal en los abusos con los niños, las drogas, la violencia y la prostitución. "Si yo sé que algo está mal, y 'perdono' sin tratar de arreglar ese mal, ¿qué estoy haciendo?", pregunta. "Más que liberando, podría estar capacitando."

Mi amigo me ha contado historias sobre las personas con las que él trabaja, y estoy de acuerdo en que algunas de ellas parecen estar más allá de los límites del perdón. No obstante, no puedo olvidar la conmovedora escena del obispo perdonando a Jean Valjean, quien no había admitido culpa alguna. El perdón tiene su propio poder extraordinario que va más allá de la ley y de la justicia. Antes de *Les Misérables*, yo leí *El Conde de Montecristo*, una novela de Alejandro Dumas, compatriota de Víctor Hugo, donde se cuenta la historia de un hombre con quien se ha cometido una injusticia, y se venga de forma sobresaliente en los cuatro hombres que le habían hecho daño. La novela de Dumas apeló a mi sentido de la justicia; la de Víctor Hugo despertó en mí el sentido de la gracia.

La justicia tiene una clase de poder que es bueno, correcto y racional. El poder de la gracia es diferente: nada realista, transformador, sobrenatural. Reginald Denny, el conductor de camión asaltado durante los motines del centro sur de Los Ángeles, manifestó este poder de la gracia. Toda la nación contempló el video tomado desde un helicóptero mientras dos hombres destrozaban la ventana del camión con un ladrillo, lo sacaban de la cabina, lo golpeaban con una botella rota y lo pateaban hasta que se le hundió un lado de la cara. En los tribunales, sus verdugos se mostraron beligerantes y no manifestaron arrepentimiento alguno, dispuestos a no ceder. Mientras los medios noticiosos del mundo observaban, Reginald Denny, con el rostro aún hinchado y deforme, hizo caso omiso de las protestas de sus abogados, se abrió paso hasta las madres de los dos acusados, las abrazó y les dijo que los perdonaba. Las madres abrazaron a Denny, y una de ellas dijo: "Te quiero".

No sé qué efecto tendría aquella escena en los insolentes acusados, que estaban sentados a corta distancia con las esposas puestas. Lo que sí sé es que el perdón, y sólo el perdón, puede comenzar a derretir el hielo en el culpable. También sé el efecto que tiene en mí que un compañero de trabajo, o mi esposa, se me acerque sin que se lo sugieran y me ofrezca su perdón por algún mal que yo no confieso porque soy demasiado orgulloso y obstinado.

El perdón —inmerecido, no ganado— puede cortar las cuerdas para que caiga de nuestra espalda el opresivo peso de la culpa. El Nuevo Testamento presenta a un Jesús resucitado que va conduciendo de la mano a Pedro por un triple ritual de perdón. Pedro no se tuvo que pasar la vida con el aspecto culpable y avergonzado de quien ha traicionado al Hijo de Dios. No. Sobre las espaldas de pecadores transformados como éste, Cristo edificaría su iglesia.

El perdón rompe el ciclo de acusaciones y afloja el nudo estrangulador de la culpa. Estas dos cosas las realiza por medio de un notable enlace, en el que pone al que perdona del mismo lado de quien le hizo daño. Por medio de él, nos damos cuenta de que no somos tan diferentes del que nos ha hecho mal, como nos gustaría imaginarnos. "Yo también soy distinta a lo que me imagino ser. Saber esto es perdonar", dijo Simone Weil.

Al comenzar este capítulo, mencioné un pequeño grupo de discusión sobre el perdón, cuyos comentarios giraron alrededor del caso de Jeffrey Dahmer. Como muchas discusiones de este tipo, se fue alejando de los ejemplos personales hacia lo abstracto y lo teórico. Hablamos de otros crímenes horrendos, de Bosnia y del Holocausto. Casi por accidente, surgió la palabra "divorcio" y, para sorpresa nuestra, Rebecca decidió hablar.

Rebecca es una mujer callada, y en las semanas que llevábamos reuniéndonos, había abierto la boca muy pocas veces. Sin embargo, cuando se mencionó el divorcio, procedió a relatar su propia historia. Se había casado con un pastor que tenía algún renombre como dirigente de retiros. Sin embargo, descubrió que su esposo tenía un lado tenebroso. Le gustaba la pornografía, y en sus viajes a otras ciudades, buscaba prostitutas. Algunas veces le pedía perdón a Rebecca, y otras no. Al cabo del tiempo, la dejó por otra mujer llamada Julianne.

Rebecca nos contó lo doloroso que fue para ella, esposa de pastor, sufrir esta humillación. Algunos miembros de la iglesia que habían respetado a su esposo la trataron como si su desviación sexual hubiera sido culpa de ella. Destrozada, se fue apartando de todo contacto humano, incapaz de confiar en otra persona. Nunca pudo sacar de la mente a su esposo, porque tenían hijos y ella necesitaba estar en continuo contacto con él a fin de hacer los arreglos para que los visitara.

Rebecca sentía cada vez más que, a menos que perdonara a su ex-esposo, les estaría pasando una gran carga de sentimientos de venganza a sus hijos. Oró durante meses. Al principio, sus oraciones parecían tan vengativas como algunos de los Salmos: le pedía a Dios que le diera a su ex-esposo "lo que se merecía". Finalmente, llegó al punto de dejar que fuera Dios, y no ella, quien decidiera "lo que se merecía".

Una noche, Rebecca llamó a su ex-esposo para decirle, con voz temblorosa y entrecortada: "Quiero que sepas que te perdono lo que me has hecho. Y que también perdono a Julianne." Él se rió de lo que ella le decía; no estaba dispuesto a admitir que hubiera hecho nada malo. A pesar de su desaire, aquella conversación ayudó a Rebecca a superar sus sentimientos de amargura.

Pocos años más tarde, recibió una histérica llamada de Julianne, la mujer que le había "robado" a su esposo. Ella había asistido con él a una conferencia de ministros en Minneápolis, y él había salido del cuarto del hotel para ir a caminar. Al cabo de varias horas, la policía se puso en contacto con Julianne: habían arrestado a su esposo por solicitar los servicios de una prostituta.

En el teléfono, Julianne sollozaba mientras hablaba con Rebecca. "Nunca te creí", le dijo. "Me decía a mí misma que, aunque lo que tú decías fuera cierto, él había cambiado. Y ahora, esto. Me siento tan avergonzada, tan herida, tan culpable. No tengo en todo el mundo a nadie que me pueda comprender. Entonces recordé aquella noche en que tú dijiste que nos perdonabas. Pensé que tal vez tú pudieras comprender lo que yo estoy pasando. Sé que es terrible pedirte algo así, pero ¿podría ir a hablar contigo?"

De alguna forma, Rebecca encontró la valentía suficiente para invitar a Julianne a visitarla aquella misma noche. Se sentaron en su sala de estar, lloraron juntas, compartieron las historias de las traiciones recibidas, y al final oraron juntas. Julianne señala ahora aquella noche como el momento en que se convirtió en cristiana.

Nuestro grupo guardaba silencio mientras Rebecca contaba su historia. No estaba describiendo el perdón de una manera abstracta, sino en una escena casi incomprensible de enlace entre humanos: la que se robó un esposo y la esposa abandonada, arrodilladas juntas en el suelo de una sala de estar, orando.

"Durante mucho tiempo me había sentido como una tonta por haber perdonado a mi esposo", nos dijo Rebecca. "Pero aquella noche me di cuenta de cuál es el fruto del perdón. Julianne tenía razón. Yo pude comprender lo que ella estaba pasando. Y porque yo también lo había pasado, pude estar junto a ella, en lugar de ser enemiga suya. El mismo hombre nos había traicionado a ambas. Ahora era responsabilidad mía enseñarla a superar el odio, el deseo de venganza y la culpabilidad que estaba sintiendo."

En *The Art of Forgiving* [El arte de perdonar], Lewis Smedes hace la sorprendente observación de que la Biblia indica que Dios va pasando por etapas progresivas cuando perdona, de forma muy parecida a los humanos. Primeramente, descubre de nuevo la humanidad de la persona que lo ha ofendido, quitando la barrera creada por el pecado. Después, renuncia a su derecho a la venganza, decidiendo en cambio cargar el precio sobre su propio cuerpo. Por último, revisa sus sentimientos hacia nosotros, encontrando una forma de "justificarnos", de manera que cuando nos vea, lo que vea sea sus propios hijos adoptivos, con su imagen divina restaurada.

Mientras pensaba en esta observación de Smedes, me vino a la mente que el misericordioso milagro del perdón divino fue hecho posible gracias al enlace que se produjo cuando Dios vino a la tierra en Cristo. De alguna forma, Él tenía que relacionarse con esas criaturas que quería amar con tanta urgencia, pero ¿cómo? Dios no sabía por experiencia propia lo que era ser tentado a pecar, o tener un día difícil. En la tierra, viviendo entre nosotros, aprendió lo que eran esas cosas. Se puso de nuestro lado.

El libro de Hebreos hace explícito este misterio de la encarnación: "Porque no tenemos un sumo sacerdote que no pueda compadecerse de nuestras debilidades, sino uno que fue tentado en todo según nuestra semejanza, pero sin pecado". Segunda Corintios va más lejos aún: "Al que no conoció pecado, por nosotros lo hizo pecado". No se habría podido ser más explícito. Dios trazó un puente sobre el abismo; se fue totalmente de nuestro lado. Y porque lo hizo, afirma Hebreos, Jesús puede abogar a favor nuestro delante del Padre. Él ha pasado por lo que nosotros pasamos. Él nos comprende.

Los relatos de los evangelios parecen decir que el perdón tampoco le fue fácil a Dios. "Si es posible, pase de mí esta copa", dijo Jesús en su oración, al considerar el precio, mientras caía su sudor como gotas de sangre. No había otra forma. Finalmente, en una de sus últimas declaraciones antes de morir, dijo: "Perdónalos" —a todos: a los soldados romanos, a los líderes religiosos, a sus discípulos que habían huido en medio de la oscuridad, a usted, a mí—; "perdónalos, porque no saben lo que hacen". Sólo por haberse convertido en un ser humano, el Hijo de Dios pudo decir realmente: "No saben lo que hacen". Puesto que había vivido en medio de nosotros, ahora nos comprendía.

En la pesadilla de las tinieblas,
ladran todos los perros de Europa
y las naciones vivas esperan,
aisladas todas ellas en su odio.

W. H. Auden

NUEVE

LA VENGANZA

En medio de la reciente guerra de la antigua Yugoeslavia, tomé un libro que había leído varios años antes: *The Sunflower* [El girasol], por Simón Wiesenthal. Este libro relata un pequeño incidente que tuvo lugar durante la campaña de "limpieza étnica" más exitosa de este siglo; un incidente que sirve para explicar lo que impulsó a Wiesenthal a convertirse en el principal cazador de nazis y en una voz pública incansable contra los crímenes por odio. El libro se centra en el perdón, y yo acudí a él para tratar de comprender el papel que podría representar el perdón a nivel general, digamos, en la ciénaga moral que una vez fue Yugoeslavia.

En 1944, Wiesenthal era un joven polaco, prisionero de los nazis. Había visto sin poder hacer nada cómo los soldados nazis mataban a su abuela en la escalera de su casa, y obligaban a su madre a subir a un vagón de carga atestado de ancianas judías. En total, ochenta y nueve de sus parientes judíos morirían a manos de los nazis. Wiesenthal mismo intentó suicidarse sin lograrlo cuando lo capturaron.

Un hermoso día soleado, mientras el grupo de prisioneros junto a Wiesenthal se hallaba limpiando de escombros un hospital para alemanes heridos, se le acercó una enfermera. "¿Es usted judío?", le preguntó vacilante, y después le hizo señas para que la acompañara. Inquieto, Wiesenthal la siguió por una escalera hacia arriba, y después hasta el fondo de un pasillo; por fin llegaron a un cuarto oscuro y húmedo donde yacía un solitario soldado lleno de vendajes. Tenía el rostro cubierto con una gasa blanca, donde se habían hecho agujeros para la boca, la nariz y los oídos.

La enfermera desapareció, cerrando la puerta tras sí, para dejar al joven prisionero con aquella figura espectral. El herido era un oficial de las SS, y había llamado a Wiesenthal para hacerle una confesión en su lecho de muerte. "Me llamo Karl", dijo una ronca voz que brotó de algún lugar debajo de las vendas. "Tengo que hablarle de una acción terrible; tengo que decírselo a usted, porque usted es judío."

Karl comenzó su relato recordando que había sido criado en el catolicismo, y que había perdido la fe de su niñez mientras estaba en el Cuerpo Juvenil Hitleriano. Más tarde habría entrado de voluntario en las SS, y servido con distinción. Hacía poco que había regresado del frente ruso, malherido.

Mientras Karl trataba de relatar su historia, Wiesenthal hizo tres veces un gesto como para marcharse. Las tres veces, el oficial extendió una mano blanca, casi sin sangre, para tomarlo del brazo. Entonces le rogó que escuchara lo que él acababa de experimentar en Ucrania.

En el poblado de Dnyepropetrovsk, abandonado por los rusos en su retirada, la unidad de Karl cayó en unas trampas que mataron a treinta de sus soldados. En venganza, las SS reunieron a trescientos judíos, los hicieron meterse en una casa de tres pisos, la rociaron con gasolina y le tiraron granadas. Karl y sus hombres rodearon la casa con las armas listas para disparar sobre todo el que intentara escapar.

"Los gritos que salían de aquella casa eran horribles", dijo, viviendo de nuevo aquel momento. "Vi a un hombre con un niño pequeño en los brazos. Tenía la ropa en llamas. Junto a él estaba una mujer, sin duda la madre del niño. El hombre le cubrió los ojos al niño con la mano que tenía libre, y saltó a la calle. Segundos más tarde lo siguió la madre. Entonces, de las otras ventanas, cayeron cuerpos envueltos en llamas. Nosotros disparamos . . . ¡Dios mío!"

En aquellos momentos, Wiesenthal estaba sentado y guardaba silencio, dejando que hablara el soldado alemán. Karl describió después otras atrocidades, pero siguió regresando a la escena de aquel niño pequeño de pelo negro y ojos oscuros, cayendo de un edificio, convertido en blanco de práctica para los rifles de las SS. "Aquí me he quedado con mi culpa", dijo por fin:

> En las últimas horas de mi vida, usted está conmigo. No sé quién es; sólo sé que es judío, y eso me basta.
> Sé que cuanto le he contado es terrible. En las largas noches en que he estado esperando la muerte, una y otra vez he deseado hablar de todo esto con un judío, y pedirle perdón. Sólo que no sabía si quedaba aún algún judío . . . Sé que lo que le pido es demasiado para usted, pero sin su respuesta no podré morir en paz.

Simón Wiesenthal, arquitecto de poco más de veinte años de edad, en esos momentos prisionero vestido con un desmañado uniforme marcado con la amarilla estrella de David, sintió que el inmenso y aplastante peso de su raza caía sobre él. Miró por la ventana al soleado patio. Miró después al montón de vendas sin ojos que yacía en la cama. Observó que un moscardón revoloteaba zumbando alrededor del cuerpo del moribundo, atraído por el olor.

"Por fin, me decidí", escribe Wiesenthal, "y sin decir una palabra, me marché de aquel cuarto."

The Sunflower saca el perdón del campo teórico y lo lanza en medio de la historia viva. Decidí volver a leer el libro, porque el dilema al que se enfrentó Wiesenthal tiene muchos paralelos con los dilemas morales que siguen destrozando al mundo en lugares como Yugoeslavia, Ruanda y el Oriente Medio.

La primera mitad del libro de Wiesenthal cuenta la historia que acabo de resumir. La segunda mitad recoge las reacciones que tuvieron ante esa historia luminarias como Abraham Heschel, Martin Marty, Cynthia Ozick, Gabriel Marcel, Jacques Maritain, Herbert Marcuse y Primo Levi. Al final, Wiesenthal había acudido a ellos en busca de consejo, para saber si había actuado bien.

Karl, el oficial de las SS, murió poco después, sin que ningún judío lo perdonara, pero Simón Wiesenthal siguió viviendo, y fue liberado de un campamento de exterminio por tropas de los Estados Unidos. La escena que tuvo lugar en aquel cuarto de hospital lo persiguió como un fantasma. Después de la guerra, Wiesenthal visitó a la madre del oficial en Stuttgart, en la experanza de exorcizar de alguna forma el recuerdo de aquel día. En lugar de esto, la visita sólo sirvió para hacer más humano al oficial, porque la madre habló con ternura de la piadosa juventud de su hijo. Wiesenthal no se atrevió a decirle cómo había terminado.

A lo largo de los años, Wiesenthal les preguntó a muchos rabinos y sacerdotes qué habría debido hacer. Finalmente, más de veinte años después de terminada la guerra, escribió la historia y se la envió a las mentes éticas más brillantes que conocía: judíos y gentiles, católicos, protestantes e irreligiosos. "¿Qué habría hecho usted en mi lugar?", les preguntó.

De los treinta y dos hombres y mujeres que contestaron, sólo seis dijeron que Wiesenthal había cometido un error al no perdonar al alemán. Dos cristianos señalaron que la incomodidad que él seguía sintiendo era una punzada en la conciencia que sólo el perdón podía calmar. Uno de ellos, un hombre de color que había luchado en la resistencia francesa, dijo: "Puedo entender que usted se haya negado a perdonar. Esto está totalmente de acuerdo con el espíritu de la Biblia, con el espíritu de la ley antigua. Sin embargo, existe una ley nueva, la de Cristo, expresada en los evangelios. Como cristiano, creo que usted lo habría debido perdonar."

Hubo unos cuantos que respondieron con palabrería inútil, pero la mayoría de los que respondieron estuvieron de acuerdo en que Simón Wiesenthal había actuado correctamente. ¿Qué autoridad moral o legal tenía él para perdonar los crímenes perpetrados contra otros?, preguntaban. Un escritor citó al poeta Dryden: "El perdón, a los que han sido heridos pertenece".

Unos pocos entre los judíos que le respondieron, dijeron que la enormidad de los crímenes nazis había excedido toda posibilidad de perdón. Herbert Gold, autor y profesor estadounidense, declaró: "La culpabilidad por todo este horror pesa tanto sobre los alemanes de aquellos tiempos, que no hay reacción personal alguna ante él que no sea justificable". Otro dijo: "Habría sido más posible que volvieran a la vida los millones de seres inocentes que fueron torturados y asesinados, que verme yo perdonando". La novelista Cynthia Ozick respondió con violencia: "Que muera sin perdón el hombre de las SS. Que se vaya al infierno." Un escritor cristiano confesó: "Creo que yo lo habría estrangulado en su cama".

Hubo unos pocos que al hacer su comentario pusieron en duda la noción misma del perdón. Una profesora manifestó desdén por el perdón, como acto de placer sensual; el tipo de cosas que hacen los amantes después de una riña antes de volverse a meter en la cama. No cabía, dijo, en un mundo de genocidio y Holocausto. Perdona, y es muy fácil que todo se repita de nuevo.

Diez años antes, cuando leí *The Sunflower* por vez primera, me sorprendió la unanimidad casi total de las respuestas. Esperaba que fueran más los teólogos cristianos que hablaran de la misericordia. Sin embargo, esta vez, mientras volvía a leer las elocuentes respuestas a la pregunta de Wiesenthal, me sentí impresionado por la lógica terrible y cristalina de la negativa a perdonar. Ciertamente, en un mundo de atrocidades indecibles, el perdón parece algo injusto, incorrecto, irracional. Sí, las personas y las familias tienen que aprender a perdonar, pero ¿cómo se aplican unos principios tan elevados en un caso como la Alemania nazi? El filósofo Herbert Marcuse lo expresa así: "No se puede ni se debe andar por ahí, divirtiéndose en matar y torturar, para después, cuando llega el momento, limitarse a pedir el perdón y recibirlo".

¿Es excesivo esperar que los elevados ideales éticos del evangelio —en el centro de los cuales se halla el perdón— se puedan aplicar al brutal mundo de la política y de la diplomacia internacional? En un mundo así, ¿qué posibilidades tiene algo tan etéreo como el perdón? Estas preguntas me seguían persiguiendo mientras volvía a leer la historia de Wiesenthal y escuchaba incesantemente las malas noticias procedentes de Yugoeslavia.

Mis amigos judíos han hablado con admiración de la insistencia cristiana en el perdón. Yo lo he presentado como nuestra arma más fuerte para desarmar a la fuerza contraria de la falta de gracia. Y sin embargo, tal como señalara a principios de este siglo el gran erudito judío Joseph Klausner, la misma insistencia de los cristianos en estos ideales, nos deja vulnerables ante una crítica devastadora. "La religión ha defendido los valores ética e idealmente más elevados", escribe Klausner, "mientras que la política y la vida social han permanecido en el otro extremo del barbarismo y el paganismo".

Klausner sostiene que los fallos de la historia cristiana sirven de demostración a su idea de que Jesús enseñó una ética nada práctica, que no funciona en el mundo real. Menciona la inquisición española, de la cual "no se pensaba que fuera incompatible con el cristianismo". Un crítico contemporáneo podría añadir a su lista lugares como Yugoeslavia, Ruanda y sí, incluso la Alemania nazi, puesto que estos tres conflictos han tenido lugar todos en naciones consideradas cristianas.

¿Tiene alguna relevancia la insistencia cristiana en el amor, la gracia y el perdón, fuera de los pleitos familiares o los grupos de encuentro en las iglesias? En un mundo donde manda la fuerza, un ideal tan elevado como el del perdón puede parecer tan insustancial como el vapor. Stalin comprendía demasiado bien este principio cuando se burló de la autoridad moral de la iglesia, diciendo: "¿Cuántas divisiones tiene el papa?"

Para ser sincero, no sé cómo habría reaccionado yo de haberme visto en la situación de Simón Wiesenthal. ¿Podemos, debemos perdonar crímenes de los cuales no hemos sido víctimas? Karl, el oficial de las SS, se arrepintió, aclarando así su caso, pero ¿qué decir de los duros rostros que se iban alineando, casi con una sonrisa burlona, en los juicios de Nuremberg y Stuttgart? Martin Marty, uno de los cristianos cuya respuesta aparece en el libro de Wiesenthal, escribió estas líneas, con las cuales me siento tentado a estar de acuerdo: "Sólo puedo responder con el silencio. Los que no somos judíos, y en especial los cristianos, nos debemos abstener de darles consejos acerca de las experiencias del Holocausto a sus herederos durante los próximos dos mil años. Y entonces, ya no tendremos nada que decir."

Con todo, tengo que admitir que, a medida que leía las elocuentes voces que apoyan el que no se perdone, no tenía más remedio que preguntarme qué resulta más costoso; perdonar o no perdonar. Herbert Gold consideraba que "no hay reacción personal alguna ante él [el horror de la culpa alemana] que no sea justificable". Si esto es así, ¿qué tal si alguien ejecutara por venganza a todos los alemanes supervivientes? ¿Sería esto justificable?

El argumento más fuerte a favor de la gracia es su alternativa: un mundo de falta de gracia. El argumento más fuerte a favor del perdón es su alternativa: un estado permanente de no-perdón. Estoy de acuerdo en que el Holocausto crea una situación especial. ¿Qué decir entonces de otros ejemplos más contemporáneos? Mientras escribo estas líneas, casi dos millones de refugiados hutus se hallan sentados sin hacer nada en campos de refugiados dentro de las fronteras de Ruanda, rechazando todas las súplicas para que regresen a su tierra. Sus líderes les gritan a través de cuernos de toro para advertirles que no confíen en las promesas de los tutsis de que "todo ha sido perdonado". Los tutsis los van a asesinar, dicen los líderes hutus. Van a vengarse por los quinientos mil asesinatos que cometimos entre ellos.

También mientras escribo, los soldados de diferentes naciones están ayudando a mantener unidas las cuatro naciones separadas que se formaron con los pedazos de una Yugoeslavia dividida por la guerra. Como les pasa a la mayoría de los estadounidenses, las cosas que pasan alrededor de la región de los Balcanes me parecen desconcertantes, impronunciables y perversas. Sin embargo, después de volver a leer *The Sunflower*, comencé a ver a los Balcanes simplemente como el último escenario donde se representa un tema que se repite de continuo en la historia. Donde reina la falta de perdón, como señala el ensayista Lance Morrow, entra en juego una ley newtoniana: Por cada atrocidad cometida, debe haber una atrocidad igual y opuesta.

Por supuesto, los serbios son los que llevan la culpa de todo lo que le sucedió a Yugoeslavia. (Observe el lenguaje usado para describirlos en la sección de noticias de la revista *Time*, de la que se supone que sea objetiva: "Lo que ha sucedido en Bosnia sólo es penuria y barbarismo; la sucia obra de mentirosos y cínicos que manipulan prejuicios tribales, usando una propaganda de atrocidades y unas rivalidades de sangre muy antiguas para lograr el impuro resultado político de la 'limpieza étnica' ".) Atrapado en una justa —y totalmente adecuada— repugnancia ante las atrocidades de los serbios, el mundo pasa por alto un hecho: los serbios sólo están siguiendo la terrible lógica de no perdonar.

La Alemania nazi, el mismo régimen que eliminó a ochenta y nueve miembros de la familia de Simón Wiesenthal, y que provocó palabras tan duras en labios de gente refinada como Cynthia Ozick y Herbert Marcuse, incluyó a los serbios en su campaña de "limpieza étnica" durante la Segunda Guerra Mundial. Es cierto que en la década del noventa los serbios han matado a decenas de miles, pero durante la ocupación nazi del territorio de los Balcanes en la década de los cuarenta, los alemanes y los croatas mataron a centenares de miles de serbios, gitanos y judíos. El recuerdo histórico sigue vivo: en la guerra reciente hubo neonazis alemanes que se alistaron para pelear junto a los croatas, y hubo unidades del ejército croata que desplegaron desvergonzadamente banderas con la swástica y el antiguo símbolo fascista croata.

El grito de "Nunca más", el mismo que les da aliento a los supervivientes del Holocausto, es también el que inspiró a los serbios a desafiar a las Naciones Unidas, y virtualmente al mundo entero. Nunca más iban a dejar que los croatas dominaran territorios poblados por serbios. Nunca más se lo iban a permitir tampoco a los musulmanes: la última guerra que habían peleado con los musulmanes había tenido por resultado cinco siglos de dominación turca (en perspectiva histórica, un período que duró más del doble del tiempo que hace que existen los Estados Unidos).

En la lógica de la falta de perdón, no atacar al enemigo sería traicionar a los antepasados y los sacrificios que éstos hicieron. Sin embargo, hay un gran fallo en la ley de la venganza: nunca acaba de ajustar las cuentas. Los turcos se vengaron en 1389, en la batalla de Kesovo; los croatas se vengaron en la década de los cuarenta; ahora nos toca a nosotros, dicen los serbios. No obstante, un día, como seguramente saben los serbios, los descendientes de las víctimas violadas y mutiladas de hoy se alzarán para vengarse de los vengadores. Ha sido abierta la puerta de la trampa, y por ella salen volando unos murciélagos enloquecidos.

Así lo expresa Lewis Smedes:

> La venganza es la pasión por ajustar cuentas. Es un ardiente deseo de devolver tanto dolor como el que nos han hecho pasar . . . El problema de la venganza es que nunca consigue lo que quiere; nunca ajusta las cuentas. La equidad no llega nunca. La reacción en cadena iniciada por cada acto de venganza siempre sigue su curso sin que nada se lo impida. Ata tanto a la víctima como a su verdugo a una escalera mecánica ascendente de dolor. Ambos están metidos en ella sin poder salir, mientras se siga exigiendo paridad, y la escalera no se detiene nunca, ni deja que nadie se baje de ella.

El perdón será injusto —lo es por definición—, pero al menos proporciona una forma de detener el destructor monstruo de la venganza. Hoy, mientras escribo, la violencia sigue brotando, o ardiendo debajo de la superficie entre China y Taiwán, India y Paquistán, Rusia y Chechnia, Gran Bretaña e Irlanda, y en especial entre judíos y árabes en el Oriente Medio. Todas estas disputas se remontan a décadas, siglos, o en el caso de los judíos y los árabes, milenios atrás. Cada uno de los lados lucha por superar una injusticia del pasado; por arreglar algo que concibe como un daño.

El teólogo Romano Guardini ofrece este diagnóstico del fatal fallo que hay en la búsqueda de venganza: "Mientras estés enredado en la injusticia y la venganza, en el golpe y el contragolpe, la agresión y la defensa, serás arrastrado continuamente a nuevas injusticias . . . Sólo el perdón nos libera de la injusticia de los demás." Si todos siguieran el principio de justicia del "ojo por ojo", observaba Gandhi, el mundo entero terminaría ciego.

Tenemos muchas manifestaciones muy intensas de la ley del no-perdón. En las tragedias históricas de Shakespeare y de Sófocles, los cuerpos llenan el escenario. Macbeth, Ricardo III, Tito Andrónico y Electra tienen que matar y matar hasta obtener su venganza, y después vivir con el miedo de que haya sobrevivido algún enemigo para buscar la contravenganza.

El padrino, la trilogía de Francis Ford Coppola, y *Unforgiven* [Sin perdón], de Clint Eastwood, son ejemplos de esta misma ley. Vemos la ley en funcionamiento en los terroristas del Ejército Republicano Irlandés que destrozan gente en las tiendas del centro de Londres, en parte debido a atrocidades que fueron cometidas en 1649, y que a su vez habían sido ordenadas por Oliverio Cromwell para vengar una masacre de 1641. Lo vemos en Sri Lanka, en Argelia y en el Sudán, y en las repúblicas de la antigua Unión Soviética que luchan entre sí.

Sólo tienen que reconocer los crímenes que han cometido contra nosotros, les dicen los armenios a los turcos, y dejaremos de hacer estallar sus aviones y de asesinar a sus diplomáticos. Turquía se niega con obstinación. Durante la crisis de los rehenes en Irán, hubo un momento en que el gobierno iraní anunció que soltaría a todos los rehenes sin hacerles daño, si el presidente de los Estados Unidos pedía perdón por haber apoyado en el pasado al régimen opresor del Sha. Jimmy Carter, un cristiano nacido de nuevo, que sabe lo que es el perdón, y se ha ganado la merecida reputación de pacificador, se negó. No pediremos perdón, dijo. Era el honor nacional de los Estados Unidos el que estaba en juego.

"He descubierto que una palabra bondadosa con un revólver consigue más que una palabra bondadosa
sola", decía John Dillinger. Su observación ayuda a explicar la
razón de que los países pobres se gasten hoy hasta la mitad de
sus ingresos anuales en armas. En un mundo caído, la fuerza
funciona.

Helmut Thielicke recuerda su primer estudio bíblico después de convertirse en pastor de la iglesia estatal alemana.
Decidido a confiar en las palabras de Jesús de que "toda potes-
tad me es dada en el cielo y en la tierra", trató de asegurarse a
sí mismo que incluso Adolfo Hitler, entonces en el poder, no
era más que un títere que colgaba de las manos de un Dios soberano. El grupo reunido para el estudio bíblico estaba formado por dos ancianas y un organista ligeramente paralizado,
más anciano aún. Mientras tanto, afuera en la calle marchaban los relucientes batallones de los Cuerpos de Juventudes
Hitlerianas. "El reino de los cielos es como un grano de mostaza . . .", se tuvo que recordar Thielicke a sí mismo.

Aquella imagen —un puñado de santos orando dentro,
mientras fuera marchan a paso de ganso las legiones del poder— capta la forma en que me siento con frecuencia. Las armas de la fe parecen virtualmente impotentes cuando son
lanzadas contra las fuerzas de la falta de gracia. ¿Es posible
combatir contra cabezas nucleares con una honda?

No obstante, la historia muestra que la gracia tiene su
propio poder. Los grandes líderes —me vienen a la mente Lincoln, Gandhi, King, Rabin y Sadat, quienes pagaron todos
ellos el precio máximo por desafiar la ley de la falta de gracia— pueden ayudar a crear un clima nacional que lleve a la
reconciliación. ¡Qué diferente sería la historia moderna si
fuera Sadat y no Saddam el que gobernara en Iraq, o si surgie-
ra un Lincoln de las ruinas de Yugoeslavia!

Los políticos se dedican a las cosas externas: fronteras, riqueza, crímenes. El perdón auténtico se enfrenta a la maldad
que hay en el corazón de la persona, algo para lo cual la política no tiene cura. La maldad virulenta (el racismo, los odios étnicos) se extiende por la sociedad como una enfermedad que

va por el aire; basta que alguien tosa para que infecte a todos los pasajeros de un ómnibus. La cura es como una vacuna, que hay que aplicársela a las personas una por una. Cuando por fin se producen momentos de gracia, el mundo necesita hacer una pausa, guardar silencio y reconocer que ciertamente, el perdón ofrece un tipo de curación.

En 1987, una bomba del Ejército Republicano Irlandés estalló en una pequeña población al oeste de Belfast, en medio de un grupo de protestantes que se habían reunido en el Día del Veterano para honrar a los muertos en sus guerras. Murieron once personas, y sesenta y tres más quedaron heridas. Lo que hizo que este acto de terrorismo se destacara de tantos otros, fue la reacción de Gordon Wilson, uno de los heridos, metodista consagrado que había emigrado hacia el norte desde la República de Irlanda para trabajar en telas. La bomba enterró a Wilson y a su hija Marie, de veinte años de edad, bajo casi dos metros de hormigón y ladrillos. "Papá, te quiero mucho", fueron las últimas palabras pronunciadas por Marie, mientras se agarraba de la mano de su padre en espera de rescate. Sufrió fuertes heridas en la columna vertebral y en el cerebro, y murió en el hospital pocas horas después.

Más tarde, un periódico proclamaría: "Nadie recuerda lo que dijeron los políticos en aquel momento. Ninguno de cuantos escucharon a Gordon Wilson olvidará jamás lo que él confesó . . . Su gracia se alzó por encima de las pobres justificaciones de los que pusieron la bomba." Hablando desde su cama del hospital, Wilson dijo: "He perdido a mi hija, pero no guardo rencor. Las palabras de amargura no le van a devolver la vida a Marie Wilson. Voy a orar, esta noche y todas las noches, para que Dios los perdone."

Las últimas palabras de su hija fueron palabras de amor, y Gordon Wilson decidió seguir viviendo en ese plano del amor. "El mundo lloró", dijo un reportero, cuando Wilson dijo algo similar en una entrevista para la estación de radio de la BBC aquella semana.

Después de salir del hospital, Gordon Wilson dirigió una campaña para la reconciliación entre protestantes y católicos.

Los extremistas protestantes que habían planificado vengar aquel ataque decidieron, debido a la publicidad que rodeaba a Wilson, que una conducta así sería poco inteligente desde el punto de vista político. Wilson escribió un libro acerca de su hija, hizo pronunciamientos contra la violencia, y siguió repitiendo constantemente estas palabras: "Lo que importa de veras es el amor". Se reunió con el Ejército Republicano Irlandés, los perdonó personalmente por lo que habían hecho y les pidió que dejaran las armas. "Yo sé que ustedes han perdido seres queridos, tal como me ha pasado a mi", les dijo. "Pero ciertamente, ya basta. Ya se ha derramado demasiada sangre."

La República de Irlanda terminó haciendo a Wilson miembro de su Senado. Cuando murió en 1995, la República de Irlanda, Irlanda del Norte y toda Gran Bretaña honraron a este ciudadano cristiano común y corriente, que había adquirido fama por su espíritu de gracia y de perdón tan poco común. Su espíritu se destacaba por su contraste con las violentas acciones de venganza, y su vida de pacificador llegó a simbolizar las ansias de paz que tienen muchos otros cuyos nombres nunca aparecerán en los titulares.

"Bendecir a quienes han oprimido nuestro espíritu, nos han desposeído emocionalmente, o nos han inutilizado de otras formas, es la obra más extraordinaria que podrá hacer jamás uno de nosotros", escribe Elizabeth O'Connor.

Hace diez años, otro drama de perdón personal captó la veleidosa atención del mundo. El papa Juan Pablo II entró a las profundidades de la prisión de Rebibbia, en Roma, para visitar a Mehmet Alí Agca, asesino a sueldo que había tratado de matarlo y faltó poco para que lo lograra. "Te perdono", le dijo el papa.

La revista *Time*, impresionada por el suceso, le dedicó su artículo principal, en el cual escribió Lance Morrow: "Entre otras cosas, Juan Pablo quiso demostrar de qué forma es posible fundir en las acciones morales la dimensión privada y la pública de la actividad humana . . . Quiso proclamar que las grandes cuestiones son decididas, o al menos informadas, por los impulsos elementales del pecho humano: el odio o el amor". Morrow cita después un periódico de Milán: "No podremos escapar de las guerras, del hambre, de la miseria, de la discriminación racial, de la negación de los derechos humanos, y ni siquiera de los proyectiles teledirigidos, si no hay un cambio en nuestro corazón".

Añade Morrow:

La escena de Rebibbia tuvo un esplendor simbólico. Brilló en encantador contraste con lo que el mundo ha presenciado últimamente en las noticias. Durante algún tiempo, se ha ido fortaleciendo la sospecha de que la trayectoria de la historia es descendente; de que el mundo se mueve de un desorden a otro mayor; hacia las tinieblas, o si no, hacia el gran estallido final del planeta. El simbolismo de las imágenes de Rebibbia es precisamente el mensaje cristiano de que es posible redimir a las personas; de que en ellas puede dominar la luz.

El gesto de Juan Pablo brilló más aún a causa de su oscuro escenario: la pared de hormigón desnuda de una celda, el perfecto telón de fondo para la temible ley de no perdonar. A los asesinos hay que encarcelarlos o ejecutarlos; no perdonarlos. Sin embargo, durante un instante, el mensaje del perdón irradió a través de las paredes de la prisión, mostrándole al mundo una senda de transformación, no de venganza.

Por supuesto, el papa estaba siguiendo el ejemplo de aquél que no sobrevivió a un atentado contra su vida. Los tribunales amañados de Judea hallaron la forma de sentenciar con la pena capital al único hombre perfecto que haya existido jamás. Desde la cruz, Jesús pronunció su propia contrasentencia, dándole un golpe eterno a la ley de no perdonar. Es de notar que perdonó a los que no se habían arrepentido, "porque no saben lo que hacen".

Los soldados romanos, Pilato, Herodes y los miembros del Sanedrín sólo "estaban cumpliendo con su deber" —la pobre excusa utilizada más tarde para explicar Auschwitz, My Lai y el Gulag—, pero Jesús arrancó aquel revestimiento institucional para hablarle al corazón humano. Lo que ellos necesitaban era el perdón, por encima de todo lo demás. Nosotros, los que creemos en la expiación, sabemos que Jesús no sólo tenía a sus verdugos en mente cuando dijo esas palabras finales. Estaba pensando en nosotros. En la cruz, y sólo en la cruz, le puso fin a esta ley de consecuencias eternas.

¿Importa el perdón en un lugar como Yugoeslavia, donde se ha hecho tanto mal? Así debe ser; si no, la gente no tendría esperanza alguna de poder convivir. Tal como aprenden muchos niños de quienes se ha abusado, sin perdón no nos podemos liberar de las garras del pasado. Este mismo principio se aplica a las naciones.

Tengo un amigo llamado George, cuyo matrimonio ha pasado por tiempos tumultuosos. Una noche, él superó su límite máximo de resistencia. Golpeó la mesa y el suelo. "¡Te odio!", le gritó a su esposa. "¡No lo soporto más! ¡Ya he aguantado bastante! ¡No voy a seguir adelante! ¡No voy a dejar que pase! ¡No, no y no!"

Varios meses más tarde, mi amigo se despertó en medio de la noche, y oyó unos sonidos extraños que procedían del cuarto donde dormía su hijo de dos años. Salió al pasillo, se detuvo un momento junto a la puerta de su hijo, y sintió que un escalofrío le recorría la piel. No pudo ni respirar. En voz baja, aquel niño de dos años estaba repitiendo, palabra por palabra, con la inflexión precisa, la discusión entre sus padres. "Te odio . . . No lo soporto más . . . ¡No, no y no!"

George se dio cuenta de que le había legado de alguna forma a la generación siguiente su dolor, su ira y su decisión de no perdonar. ¿Acaso no es eso lo que está pasando en toda Yugoeslavia ahora mismo?

Sin el perdón, el monstruo del pasado se puede despertar en cualquier momento de su hibernación para devorar al presente. Y también al futuro.

Sólo una pequeña grieta . . . pero son las grietas las que hacen que se desplomen las cuevas.

Alexander Solzhenitsyn

DIEZ

EL ARSENAL DE LA GRACIA

Walter Wink habla sobre dos pacificadores que visitaron a un grupo de cristianos polacos diez años después de terminada la Segunda Guerra Mundial. "¿Estarían dispuestos a reunirse con otros cristianos de la Alemania Occidental?", les preguntaron. "Ellos quieren pedirles perdón por lo que le hizo Alemania a Polonia durante la guerra; para comenzar a construir una relación nueva."

Al principio, reinó el silencio. Por fin, habló uno de los polacos: "Lo que ustedes nos piden es imposible. Todas las piedras de Varsovia están manchadas con sangre polaca. ¡No podemos perdonar!"

Sin embargo, antes de que se deshiciera el grupo, recitaron juntos el Padre nuestro. Cuando llegaron a las palabras "perdona nuestras deudas así como nosotros perdonamos . . .", todos dejaron de orar. La tensión se agigantó en aquella habitación. El polaco que había hablado antes con tanta vehemencia, volvió a hablar: "Tengo que decirles que sí. No podría volver a recitar el Padre nuestro; no me podría seguir llamando cristiano, si me niego a perdonar. A lo humano, no puedo hacerlo, pero Dios nos dará su fortaleza." Año y medio más tarde, estos cristianos de Polonia y de Alemania Occidental se reunieron en Viena y entablaron lazos de amistad que perduran hasta el día de hoy.

Un libro reciente, *The Wages of Guilt* [La paga de la culpa], explora las diferencias de concepto en cuanto a las culpas de guerra de Alemania y de Japón. Los supervivientes alemanes, como los que les pidieron perdón a los polacos, tienden a aceptar la responsabilidad de los crímenes cometidos durante la guerra. Por ejemplo, cuando Willy Brandt, el alcalde de Berlín, visitó Varsovia en 1970, cayó de rodillas ante el memorial a las víctimas del gueto de Varsovia. "Este gesto . . . no había sido planificado", escribió. "Oprimido por los recuerdos de la historia reciente de Alemania, me limité a hacer lo que hace la gente cuando se le acaban las palabras."

En cambio, Japón se ha negado a reconocer culpa alguna por su papel en la guerra. El emperador Hirohito anunció la rendición del Japón con una pobre declaración que se ha hecho clásica: "La situación de la guerra se ha desarrollado de una forma tal, que no significa ventaja para el Japón", y las declaraciones de la posguerra han sido igualmente calculadas. El gobierno japonés rechazó la invitación a asistir a la conmemoración del quincuagésimo aniversario de Pearl Harbor, porque los Estados Unidos pusieron como condición para su asistencia que se presentara una disculpa. "El mundo entero es responsable de la guerra", insistió un secretario del gabinete. De hecho, hasta el año 1995, Japón no utilizó la palabra "disculpa" para hablar de sus acciones.

Hoy día, los escolares alemanes aprenden detalles sobre el Holocausto y otros crímenes nazis. Los del Japón aprenden acerca de las bombas atómicas arrojadas contra ellos, pero no acerca de la Masacre de Nanking, el brutal trato dado a los prisioneros de guerra, la vivisección de los prisioneros estadounidenses, o las "esclavas sexuales" extranjeras reclutadas para servir a los soldados japoneses. Como consecuencia, aún arde el resentimiento en países como China, Corea y las Filipinas.

No debemos llevar demasiado lejos el contraste, porque tanto el Japón como Alemania han logrado la aceptación del mundo de las naciones, señal del "perdón" internacional a su agresión. Sin embargo, Alemania ha sido recibida en sociedad total dentro de la nueva Europa, junto a sus antiguas víctimas, mientras que el Japón está negociando aún arreglos con sus cautelosos enemigos de antes. Su lentitud para pedir disculpas ha retrasado el proceso de aceptación total.

En 1990, el mundo contempló un drama de perdón representado en el escenario de la política mundial. Después de que la Alemania Oriental escogiera su parlamento en sus primeras elecciones libres, los representantes decidieron tomar las riendas del gobierno. El bloque comunista estaba cambiando cada día, Alemania Occidental estaba proponiendo el radical paso de la reunificación, y el nuevo parlamento tenía muchos asuntos de estado de gran peso que considerar. Sin embargo, como primer acto oficial, decidieron votar sobre esta extraordinaria declaración, redactada en el lenguaje de la teología, y no de la política:

> Nosotros, los primeros parlamentarios libremente elegidos de la RDA . . . en nombre de los ciudadanos de este país, admitimos la responsabilidad por la humillación, expulsión y asesinato de hombres, mujeres y niños judíos. Sentimos dolor y vergüenza, y reconocemos este peso sobre la historia alemana . . . Un sufrimiento sin medida fue infligido sobre los pueblos del mundo durante la era del nacional-socialismo . . . Les pedimos a todos los judíos del mundo que nos perdonen. Le pedimos al pueblo de Israel que nos perdone por la hipocresía y la hostilidad de la política de Alemania Oriental hacia Israel, y también por la persecución y la humillación de los ciudadanos judíos en nuestro país después de 1945.

El parlamento de la Alemania Oriental pasó esta declaración por unanimidad. Sus miembros se pusieron de pie para hacer una larga ovación, y después guardaron un momento de silencio en memoria de los judíos que habían muerto en el Holocausto.

¿Qué logró un acto como éste por parte de dicho parlamento? Ciertamente, no les devolvió la vida a los judíos asesinados, ni deshizo las monstruosas obras del nazismo. No; pero sí ayudó a aliviar el peso de culpa que había estado asfixiando a los alemanes orientales durante casi medio siglo;

cinco décadas en las cuales su gobierno había negado constantemente que necesitara perdón alguno.

Por su parte, Alemania Occidental ya se había arrepentido oficialmente de aquellas abominaciones. Además de esto, ha pagado sesenta mil millones de dólares como reparación a los judíos. El hecho de que existan relaciones entre Alemania e Israel es una asombrosa demostración de perdón internacional. La gracia tiene su propio poder, incluso en la política mundial.

Los tiempos recientes han contemplado otros dramas públicos de perdón que se han representado en naciones controladas anteriormente por los comunistas.

En 1983, antes de que cayera la cortina de hierro, y durante el período de la ley marcial, el papa Juan Pablo II visitó Polonia, donde celebró una multitudinaria misa al aire libre. Un gran gentío, organizado en grupos ordenados por sus parroquias, marchó por el puente Poniatowski para dirigirse al estadio. Inmediatamente antes de este puente, la ruta pasaba frente al edificio del Comité Central del Partido Comunista, y hora tras hora, los grupos que desfilaban fueron repitiendo al unísono: "Los perdonamos, los perdonamos", mientras pasaban junto al edificio. Algunos repetían aquel lema con una profunda sinceridad. Otros lo gritaban casi con desprecio, como diciendo: "Ustedes no son nada; ni siquiera los odiamos".

Pocos años después, Jerzy Popeiluszko, sacerdote de treinta y cinco años de edad cuyos sermones habían sacudido a Polonia, apareció flotando en el río Vístula con los ojos sacados y las uñas arrancadas. De nuevo, los católicos se tiraron a las calles, y marcharon con estandartes que decían: "Perdonamos. Perdonamos." Popeiluszko había predicado el mismo mensaje domingo tras domingo ante la multitud que llenaba la plaza frente a la iglesia: "Defiendan la verdad. Venzan al mal con el bien." Después de su muerte, lo siguieron obedeciendo y, al final, fue precisamente este espíritu triunfante de gracia el que hizo que se desplomara el régimen.

En toda la Europa oriental se sigue librando aún la lucha del perdón. ¿Debe perdonar un pastor en Rusia a los funcionarios de la KGB que lo encarcelaron y arrasaron su iglesia? ¿Deben perdonar los rumanos a los médicos y las enfermeras que encadenaban a los huérfanos enfermos a sus camas? ¿Deben perdonar los ciudadanos de la Alemania oriental a las "palomas mensajeras" —incluso profesores de seminario, pastores y cónyuges desleales— que los espiaban? Cuando Vera Wollenberg, activista a favor de los derechos humanos, supo que era su esposo el que la había entregado a la policía secreta, lo cual tuvo por consecuencia su arresto y su exilio, corrió al baño a vomitar. "No querría que nadie pasara por el infierno por el que yo he pasado", dice.

Paul Tillich definió en una ocasión el perdón como el acto de recordar el pasado para poderlo olvidar, principio que se aplica tanto a las personas individuales, como a las naciones. Aunque el perdón nunca es fácil, y puede necesitar generaciones, ¿qué otra cosa podría romper las cadenas que esclavizan a la gente a su pasado histórico?

Nunca olvidaré una escena que presencié en la Unión Soviética en octubre de 1991. Esta historia la conté en un librito que publiqué inmediatamente después de nuestra visita, pero merece que la vuelva a contar. En aquellos momentos, el imperio soviético se estaba desmoronando, Mikhail Gorbachev tenía su cargo pendiente de un hilo, y Boris Yeltsin estaba consolidando su poder día tras día. Yo acompañé a una delegación de cristianos que se reunieron con los líderes de Rusia, en respuesta a su petición de ayuda para "restaurar la moralidad" de su país.

Aunque Gorbachev y todos los funcionarios del gobierno que visitamos nos habían dado una calurosa recepción, los más antiguos de nuestro grupo nos advirtieron que esperásemos un trato diferente la noche que visitáramos el cuartel central de la KGB. Aunque las multitudes hubieran derrumbado de su pedestal la estatua de Feliks Dzerzhinsky, su fundador, que estaba en el exterior del edificio, su recuerdo seguía vivo dentro de él. Una gran fotografía de este notorio hombre colgaba aún en una pared de la sala de reuniones. Los agentes, con el rostro tan inexpresivo e impasible como sus estereotipos del cine, estaban en posición de firmes junto a la entrada de aquel auditorio con paneles de madera, mientras el general Nikolai Stolyarov, vicepresidente de la KGB, hacía su propia presentación ante nuestra delegación. Nos preparamos para enfrentar la situación.

"El que nos reunamos con ustedes aquí esta noche", comenzó diciendo el general Stolyarov, "es un giro de la trama que no habría podido concebir ni el más imaginativo de los escritores de ficción". Eso era cierto. Entonces nos sobresaltó oírlo decir: "Aquí en la URSS nos damos cuenta de que con demasiada frecuencia hemos sido negligentes en cuanto a aceptar a quienes son de la fe cristiana. Con todo, no se podrán decidir las cuestiones políticas hasta que no haya un arrepentimiento sincero; un regreso del pueblo a la fe. Ésa es la cruz que yo debo llevar. En el estudio del ateísmo científico estaba presente la idea de que la religión divide al pueblo. Ahora vemos lo opuesto: el amor a Dios sólo puede unir."

La cabeza nos daba vueltas. ¿Dónde habría aprendido la expresión "llevar la cruz"? ¿Y la otra palabra, *arrepentimiento*? ¿Estaría haciendo una buena labor aquel traductor? Miré a Peter y Anita Deyneka, expulsados de Rusia por trece años debido a su labor cristiana, y que ahora estaban comiendo galletas dulces allí, en las oficinas centrales de la KGB.

Joel Nederhood, un hombre refinado y gentil que hacía programas de radio y televisión para la Iglesia Cristiana Reformada, tenía una pregunta para Stolyarov. "General, muchos de nosotros hemos leído el informe de Solzhenitsyn sobre el Gulag. Algunos incluso han perdido allí a miembros de su familia." Su audacia tomó por sorpresa a algunos de sus colegas, y la tensión que había en aquella habitación aumentó visiblemente. "Por supuesto, su agencia es la responsable de supervisar las prisiones, incluyendo la que se halla en el sótano de este edificio. ¿Cómo responde usted a este pasado?"

Stolyarov replicó con mesura: "He hablado de arrepentimiento. Ese paso es esencial. Tal vez usted conozca la película de Abuladze que lleva ese título. No puede haber una *perestroika* sin arrepentimiento. Ha llegado el momento de arrepentirnos del pasado. Hemos quebrantado los Diez Mandamientos, y lo estamos pagando hoy."

Yo sí había visto *Arrepentimiento*, por Tengiz Abuladze, y el que Stolyarov aludiera a esa película era asombroso. La película presenta detalles de falsas acusaciones, encarcelamientos forzosos, quema de iglesias . . . los mismos actos que le habían ganado a la KGB su reputación de crueldad, sobre todo contra la religión. En la era de Stalin, se calcula que perdieron la vida unos cuarenta y dos mil sacerdotes, y el número total de sacerdotes descendió de trescientos ochenta mil a sólo ciento setenta y dos. Se clausuraron mil monasterios, sesenta seminarios, y noventa y ocho de cada cien iglesias ortodoxas.

La palabra *arrepentimiento* describe estas atrocidades desde la estratégica situación de un pueblo de provincias. En la escena más conmovedora de la película, las mujeres del poblado rebuscan en el lodo de un depósito de maderas, revisando un embarque de troncos que acaba de flotar río abajo. Tratan de encontrar mensajes de sus esposos, quienes han cortado esos troncos en un campamento de prisioneros. Una mujer halla unas iniciales talladas en la corteza y, llorando, acaricia con ternura el tronco, su único hilo de conexión con un esposo al que no puede acariciar. La película termina con una aldeana que pregunta la forma de llegar a una iglesia. Cuando le dicen que se ha equivocado de calle, contesta: "¿Para qué sirve una calle que no lleve a ninguna iglesia?"

Ahora, sentados en los cuarteles centrales estatales de la tiranía, en una habitación construida encima de los cuartos de detención donde había sido interrogado Solzhenitsyn, el vicepresidente de la KGB nos estaba diciendo algo similar. ¿Para qué sirve un camino que no lleve al arrepentimiento; a los Diez Mandamientos; a una iglesia?

La reunión tomó abruptamente un giro más personal cuando Alex Leonovich se levantó para hablar. Alex había estado sentado a la cabeza de la mesa, traduciendo para Stolyarov. Nativo de Bielorrusia, había escapado durante el reinado de terror de Stalin, y había emigrado a los Estados Unidos. Durante cuarenta y seis años había estado transmitiendo programas cristianos, interferidos con frecuencia, hacia su tierra natal. Conocía personalmente a muchos cristianos que habían sido torturados y perseguidos por su fe. Para él, estar traduciendo un mensaje de reconciliación como éste, procedente de un alto funcionario de la KGB, era algo desconcertante y casi incomprensible.

Alex, un fornido anciano, es un excelente ejemplo de la vieja guardia de guerreros que habían estado orando por más de medio siglo para que se produjera un cambio en la Unión Soviética; el mismo cambio que era evidente que nosotros estábamos presenciando ahora. Le habló lentamente y con voz suave al general Stolyarov.

"General, esta organización hizo sufrir a muchos miembros de mi familia", dijo Alex. "Yo mismo tuve que dejar la tierra que amaba. Mi tío, a quien quería mucho, fue enviado a un campamento de trabajo en Siberia y nunca regresó. General, usted dice que se arrepiente. Cristo nos enseño la forma de responderle. En nombre de mi familia; en nombre de mi tío, que murió en el Gulag, yo lo perdono."

Y entonces, Alex Leonovich, evangelista cristiano, se acercó al general Nikolai Stolyarov, el vicepresidente de la KGB, y le dio un típico abrazo de oso al estilo ruso. Mientras se abrazaban, Stolyarov le susurró algo a Alex, pero no pudimos saber hasta más tarde lo que le había dicho. "Sólo he llorado dos veces en mi vida. Una vez fue cuando murió mi madre. La otra ha sido esta noche."

"Me siento como Moisés", nos dijo Alex en el ómnibus aquella noche. "He visto la tierra prometida. Estoy listo para ir a la gloria."

El fotógrafo ruso que nos acompañaba no se mostró tan confiado. "Todo ha sido una actuación", nos dijo. "Se estaban poniendo una máscara para ustedes. Me resisto a creerlo." Sin embargo, él también titubeó, y poco tiempo después nos pidió disculpas: "Tal vez me haya equivocado. Ya no sé qué creer."

Durante las próximas décadas —y tal vez siglos—, la antigua Unión Soviética se seguirá enfrentando con cuestiones relacionadas con el perdón. Afganistán, Chechnia, Armenia, Ucrania, Latvia, Lituania, Estonia; todos estos estados tienen resentimientos contra el imperio que los dominaba. Cada uno de ellos dudará sobre sus verdaderos propósitos, como le sucedió al fotógrafo que nos acompañó al cuartel general de la KGB. Por buenas razones, los rusos no confían los unos en los otros, ni confían tampoco en su gobierno. Es necesario recordar el pasado antes de poderlo superar.

A pesar de todo esto, es posible superar a la historia, aunque sea de forma lenta e imperfecta. Se pueden romper realmente las cadenas de la falta de gracia. En los Estados Unidos hemos tenido experiencias de reconciliación a escala nacional: nuestros archienemigos en la Segunda Guerra Mundial, Alemania y Japón, son ahora dos de nuestros aliados más firmes. Más significativo aún —y de una relevancia más directa para lugares como la antigua Unión Soviética y Yugoeslavia—, es el hecho de que tuvimos una sangrienta Guerra Civil que lanzó a las familias unas contra otras, y a la nación contra sí misma.

Yo crecí en Atlanta, estado de Georgia, donde las actitudes hacia el general Sherman, quien quemó la ciudad hasta arrasarla por completo, sugieren la forma en que se deben sentir los musulmanes bosnios con respecto a sus vecinos serbios. Al fin y al cabo, fue Sherman quien introdujo en la guerra moderna las tácticas de "tierra quemada", que serían perfeccionadas en los Balcanes. Nuestra nación se las arregló para sobrevivir unida. Los sureños discuten aún los méritos de la bandera confederada y del canto "Dixie", pero últimamente no he oído hablar mucho de secesión, ni de dividir la nación en enclaves étnicos. Dos de nuestros presidentes más recientes han salido de Arkansas y Georgia, estados del sur.

Después de la Guerra Civil, los políticos y los consejeros le aconsejaron a Abraham Lincoln que castigara fuertemente al sur por todo el derramamiento de sangre que había causado. "¿Acaso no estoy destruyendo a mis enemigos cuando los convierto en amigos?", contestó el presidente, quien en lugar de hacer esto, puso en marcha un magnánimo plan de Reconstrucción. El espíritu de Lincoln guió a la nación aun después de su muerte; tal vez sea ésta la principal razón de que los Estados "Unidos" hayan sobrevivido como tales.

Más impresionantes aún son los pasos dados para la reconciliación entre la raza blanca y la negra, una de las cuales solía *ser la dueña* de la otra. Los efectos del racismo que aún perduran, demuestran que hacen falta muchos años y mucha labor ardua para deshacer las injusticias. Con todo, cada paso que dan los afroamericanos hacia su participación en la vida social como ciudadanos, implica un paso hacia el perdón. No todas las personas de color perdonan, y no todos los blancos se arrepienten; el racismo divide profundamente a la nación. Sin embargo, comparemos nuestra situación con lo que ha sucedido, digamos, en la antigua Yugoeslavia. No he visto gente con ametralladoras bloqueando los caminos de acceso a Atlanta, ni fuego de artillería cayendo sobre Birmingham.

Yo crecí racista. Aunque aún no tengo cincuenta años, recuerdo bien cuando el sur practicaba una forma perfectamente legal de *apartheid*. Las tiendas del centro de Atlanta tenían tres cuartos de baño: para hombres blancos, para mujeres blancas, y para gente de color. Las gasolineras tenían dos fuentes para beber agua: una para blancos y otra para gente de color. Los moteles y restaurantes sólo atendían a clientes blancos, y cuando el Decreto de Derechos Civiles hizo ilegal esta discriminación, hubo muchos dueños que cerraron sus establecimientos.*

Lester Maddox, elegido más tarde gobernador del estado de Georgia, fue uno de los dueños de restaurante que protes-

---

* Cuando visité el Museo del Holocausto, en Washington, D. C., me sentí profundamente conmovido por su presentación de las atrocidades nazis contra los judíos. Sin embargo, lo que más me impresionó a mí personalmente fue una sección al principio de la exhibición en la que se señalaba cómo las primeras leyes de discriminación contra los judíos —las tiendas "sólo para judíos", los bancos de los parques, los cuartos de baño y las fuentes de agua— habían tomado explícitamente como modelos a las leyes de segregación en los Estados Unidos.

taron. Después de cerrar sus puestos de pollo frito, abrió un memorial a la muerte de la libertad, donde presentaba un ejemplar de la Declaración de Derechos de la nación puesto sobre un ataúd forrado de negro. Para sostenerse, vendía garrotes y asas de hacha de tres tamaños diferentes —papá, mamá e hijo—, réplicas de los garrotes usados para golpear a las personas de color que participaban en las demostraciones a favor de sus derechos civiles. Yo compré una de aquellas asas de hacha con un dinero ganado repartiendo periódicos. Lester Maddox asistía de vez en cuando a mi iglesia (su hermana era miembro), y fue allí donde aprendí una torcida base teológica para mi racismo.

En la década del sesenta, la junta de diáconos de la iglesia movilizaba escuadrones de vigilancia que se turnaban los domingos para patrullar las entradas, no fuera a ser que algún "alborotador" de color tratara de integrarnos. Aún tengo una de las tarjetas que imprimieron los diáconos para dárselas a los manifestantes pro derechos humanos que aparecieran:

> Puesto que creemos que la motivación de su grupo es ulterior y ajena a las enseñanzas de la palabra de Dios, *no les podemos dar la bienvenida* y les pedimos respetuosamente que abandonen esta propiedad en silencio. Las escrituras NO enseñan "la hermandad entre los hombres y la paternidad de Dios". Él es el creador de todos, pero sólo es el Padre de aquéllos que han sido regenerados.
>
> Si alguno de ustedes está aquí con un sincero deseo de conocer a Jesucristo como Salvador y Señor, compartiremos gustosamente con él la palabra de Dios.
>
> (Declaración unánime del pastor y los diáconos, agosto de 1960)

Cuando el Congreso aprobó el Decreto de Derechos Civiles, nuestra iglesia fundó una escuela privada como refugio para blancos, impidiéndoles expresamente la entrada a todos los estudiantes de color. Unos cuantos miembros "liberales" se marcharon de la iglesia en protesta cuando el jardín de la infancia rechazó a la hija de un profesor de Biblia que era de color, pero la mayoría de nosotros aprobamos la decisión. Un año más tarde, la junta de la iglesia rechazó la solicitud de un estudiante del Instituto Bíblico Carver para convertirse en miembro (su nombre era Tony Evans, y se convirtió más tarde en un prominente pastor y orador).

Solíamos llamar "Martín Lucifer el Negro" a Martin Luther King Jr. Decíamos que King tenía tarjeta de identificación del partido comunista, y que era un agente marxista que sólo fingía ser ministro. Tuvo que pasar mucho tiempo antes de que pudiera valorar la fortaleza moral del hombre que, tal vez más que ninguna otra persona, evitó que estallara en el sur la guerra entre razas.

Mis compañeros blancos en la escuela y en la iglesia aclamaban los encuentros televisados de King con los jefes de policía del sur, sus perros entrenados y las mangueras de los bomberos. Poco sabíamos que al hacerlo, estábamos actuando exactamente como lo quería King en su estrategia. Él buscaba deliberadamente a personajes como el jefe de policía Bull Connor, y preparaba escenas de confrontación, aceptando golpizas, encarcelamientos y otras brutalidades, porque creía que una nación tan cómoda sólo apoyaría su causa cuando viera la maldad del racismo manifestada en su extremo más repugnante. "El cristianismo", solía decir, "siempre ha insistido en que la cruz que llevamos tiene precedencia sobre la corona que llevaremos".

King dejó escrita su lucha con el perdón en "Carta desde la cárcel de la ciudad de Birmingham". En el exterior de la cárcel había pastores sureños denunciándolo como comunista, mutitudes que gritaban: "¡Ahorquen a ese negro!", y policías que blandían sus cachiporras delante de sus partidarios, que no iban armados. King escribe que tuvo que ayunar durante varios días para alcanzar la disciplina espiritual necesaria a fin de perdonar a sus enemigos.

Al obligar al mal a salir a descubierto, King estaba tratando de tomar ventaja de las reservas nacionales de indignación moral, un concepto que mis amigos y yo no estábamos preparados para comprender. Muchos historiadores señalan un suceso como el momento concreto en el cual el movimiento alcanzó al fin la masa crítica de apoyo a la causa de los derechos civiles. Ese suceso se produjo en el puente de las afueras de Selma, estado de Alabama, cuando el jefe de policía Jim Clark soltó a sus policías contra unos indefensos manifestantes de color.

Estos miembros de la patrulla montada espolearon sus caballos y se lanzaron al galope contra la multitud que desfilaba, dando golpes con sus cahiporras, rompiendo cabezas y tirando cuerpos al suelo. Mientras los blancos que estaban a ambos lados daban gritos de regocijo y aclamaban, los patrulleros les tiraron gas lacrimógeno a los histéricos participantes del desfile. La mayoría de los estadounidenses vieron por vez primera esta escena cuando la cadena ABC interrumpió su película del domingo, *Judgment at Nuremberg* [Juicio en Nuremberg] para presentarla. Lo que vieron los televidentes, transmitido en vivo desde Alabama, tenía un horripilante parecido con lo que estaban viendo en aquella película acerca de la Alemania nazi. Ocho días más tarde, el presidente Lyndon Johnson sometía al Congreso de los Estados Unidos el Decreto de Derecho al Voto de 1965.

King había desarrollado una complicada estrategia de guerra luchada con la gracia, y no con pólvora. Nunca se negó a reunirse con sus adversarios. Se oponía a las normas, pero no a las personas. Lo más importante de todo es que contrarrestaba la violencia con la no violencia, y el odio con el amor. "No tratemos de satisfacer nuestra sed de libertad, bebiendo de la copa de la amargura y el odio", exhortaba a sus seguidores. "No debemos permitir que nuestra protesta creativa degenere en violencia física. Una y otra vez, nos debemos alzar hasta las majestuosas alturas de quien responde a la fuerza física con la fuerza del alma."

Andrew Young, ayudante de King, recuerda aquellos turbulentos días como un tiempo en el que ellos trataban de salvar "los cuerpos de los hombres negros y las almas de los hombres blancos". Su verdadera meta, afirmaba King, no era derrotar al hombre blanco, sino "despertar una sensación de vergüenza en el opresor y desafiar su falsa sensación de superioridad . . . El final es la reconciliación; el final es la redención; el final es la creación de la comunidad amada." Y eso es lo que finalmente Martin Luther King Jr. puso en movimiento, aun en racistas empedernidos como yo. El poder de la gracia desarmó mi obstinada maldad.

Hoy en día, al recordar mi niñez, siento vergüenza, remordimiento y también arrepentimiento. A Dios le tomó años abrirse paso a través de mi armadura de abierto racismo —me pregunto si en alguno de nosotros se albergan sus formas más sutiles—, y ahora veo ese pecado como uno de los más malévolos, y quizá el que deje mayor huella en la sociedad. En estos días oigo hablar mucho de los ciudadanos de segunda y de la crisis en las ciudades de los Estados Unidos. Los expertos culpan por turno a las drogas, a la decadencia de los valores, a la pobreza y a la destrucción del núcleo familiar. Me pregunto si todos estos problemas no serán consecuencia de una causa subyacente más profunda: nuestro secular pecado de racismo.

A pesar de la contaminación moral y social que significa el racismo, la nación se las arregló para permanecer unida, y la gente de todas las razas terminó uniéndose al proceso democrático, incluso en el sur. Ya hace un buen número de años que Atlanta ha estado eligiendo alcaldes de color. Y en 1976, los estadounidenses vieron la extraordinaria escena de GeorgeWallace compareciendo ante los líderes negros de Alabama para pedirles perdón por su conducta del pasado con las personas de color, disculpa que repitió por televisión a nivel de todo el estado.

La aparición de Wallace —necesitaba el voto de los negros en una reñida competencia por el puesto de gobernador— fue más fácil de comprender, que la respuesta que obtuvo. Los líderes negros aceptaron sus disculpas y los ciudadanos negros lo perdonaron, votando por él en grandes cantidades. Cuando Wallace fue a pedir disculpas a la iglesia bautista de Montgomery, desde la cual King había lanzado el movimiento de derechos civiles, entre los líderes que llegaron en esa ocasión para ofrecerle su perdón se hallaban Coretta Scott King, Jesse Jackson, y el hermano del asesinado Medgar Evers.

Hasta la iglesia de mi niñez aprendió a arrepentirse. A medida que cambiaba el vecindario, la asistencia a esa iglesia iba declinando. Hace varios años asistí a un culto y me quedé asombrado de hallar sólo unos cuantos centenares de personas esparcidas por el gran edificio que durante mi niñez solía estar repleta con unos mil quinientos asistentes. Parecía haber caído una maldición, una plaga, sobre la iglesia. Habían buscado nuevos pastores y nuevos programas, pero nada funcionaba. Aunque los líderes trataban de lograr la participación de los afroamericanos, eran pocos los vecinos que respondían.

Por último, el pastor, compañero mío de estudios desde la niñez, dio el poco acostumbrado paso de anunciar un culto de arrepentimiento. Antes del culto, les escribió a Tony Evans y al profesor de Biblia para pedirles perdón. Entonces, públicamente y con dolor, delante de diversos líderes afroamericanos, hizo un recuento del pecado de racismo, tal como se había practicado en la iglesia en el pasado. Confesó, y recibió el perdón de ellos.

Aunque pareció como si se levantara una carga de la congregación después de aquel culto, no fue suficiente para salvar a la iglesia. Pocos años más tarde, la congregación blanca se trasladó a los barrios residenciales, y hoy en día llena el edificio una dinámica congregación afroamericana, que una vez más hace temblar sus ventanales.

Elton Trueblood hace notar que la imagen que usó Jesús para describir el destino de la iglesia —"las puertas del Hades no prevalecerán contra ella"— es una metáfora sobre una maniobra ofensiva, no defensiva. Los cristianos están asaltando sus puertas, y van a vencer. No importa el aspecto que tengan las cosas en un punto dado de la historia, porque las puertas que protegen a los poderes del mal no van a soportar el asalto de la gracia.

Los periódicos prefieren centrarse en las guerras violentas: las bombas en Israel y en Londres, los escuadrones de ejecución en América Latina, el terrorismo en la India, Sri Lanka y Argelia. Éstos son los que producen las espantosas imágenes de rostros sangrantes y miembros amputados que hemos llegado a esperar en este siglo, el más violento de todos. Y sin embargo, nadie puede negar el poder de la gracia.

¿Quién puede olvidar las imágenes de las Filipinas, cuando la gente común y corriente se arrodillaba delante de los tanques de cincuenta toneladas, que se detenían bruscamente como si chocaran con un invisible escudo de oración? Las Filipinas son la única nación asiática con mayoría cristiana, y fue aquí donde las armas de la gracia vencieron a las armas de la tiranía. Cuando Benigno Aquino bajó del avión en Manila, inmediatamente antes de ser asesinado, tenía en la mano un discurso con esta cita de Gandhi: "El sacrificio voluntario de los inocentes es la respuesta más poderosa a la insolencia de la tiranía que hayan podido concebir Dios o el hombre". Aquino nunca tuvo la oportunidad de pronunciar ese discurso, pero su vida —y la de su esposa— demostraron que aquellas palabras eran proféticas. El régimen de Marcos sufrió un golpe mortal.

La guerra fría, dice el ex senador Sam Nunn, "no terminó en un infierno nuclear, sino en un resplandor de velas en las iglesias de la Europa oriental". Las procesiones a la luz de las velas en la Alemania oriental no se veían muy bien en los noticieros de la noche, pero ayudaron a cambiar la faz del planeta. Primero unos pocos centenares, después mil, después treinta mil, cincuenta mil, y por último quinientos mil —casi la población total de la ciudad— se daban cita en Leipzig para las vigilias a la luz de las velas. Después de una reunión de oración en la iglesia de St. Nikolai, la protesta pacífica marchaba por las oscuras calles cantando himnos. Los policías y soldados, a pesar de todas sus armas, parecían impotentes ante una fuerza como aquella. Finalmente, en la noche en que una marcha similar en el Berlín del Este atrajo a un millón de demostrantes, el detestado muro de Berlín se vino abajo sin que se disparara un solo tiro. A lo ancho de una calle de Leipzig apareció este letrero: *Wir danken Dir, Kirche* (Te damos las gracias, Iglesia).

Como una ráfaga de aire puro que disipara las estancadas nubes de la contaminación, se extendió la revolución pacífica por todo el planeta. Sólo en 1989, diez naciones —Polonia, Alemania Oriental, Hungría, Checoeslovaquia, Bulgaria, Rumanía, Albania, Yugoeslavia, Mongolia y la Unión Soviética— con un total de quinientos millones de habitantes, pasaron por revoluciones no violentas. En muchas de ellas, la minoría cristiana desempeñó un papel decisivo. La burlona pregunta de Stalin, "¿Cuántas divisiones tiene el papa?", obtuvo su respuesta.

Entonces, en 1994, se produjo la revolución más sorprendente de todas; sorprendente porque casi todo el mundo esperaba derramamiento de sangre. Sin embargo, África del Sur era también el lugar de origen de la protesta pacífica, puesto que fue allí donde Mohandas Gandhi, estudiando a Tolstoy y al Sermón del Monte, desarrolló su estrategia de la no-violencia (que más tarde adoptaría Martin Luther King Jr.). Con muchas oportunidades para practicar, los surafricanos habían perfeccionado el uso de las armas de la gracia. Walter Wink habla de una mujer de color que iba caminando por la calle con sus hijos, cuando un hombre blanco la escupió en la cara. Ella se detuvo y le dijo: "Gracias; y ahora, a los niños". Perplejo, el hombre no supo qué responder.

En un poblado miserable, unas mujeres de color sudafricanas se encontraron rodeadas de pronto por soldados con motoniveladoras. Los soldados anunciaron por un altavoz que los residentes tenían dos minutos para salir antes de que ellos arrasaran su poblado. Las mujeres no tenían armas, y los hombres del poblado se hallaban fuera trabajando. Conociendo las tendencias puritanas de los afrikaners de la Iglesia Reformada Holandesa, las mujeres se pusieron frente a las motoniveladoras y se quitaron toda la ropa. Los policías huyeron, y el poblado sigue en pie hasta el día de hoy.

Los noticieros apenas mencionaron el papel clave que desempeñó la fe cristiana en la revolución pacífica de África del Sur. Después de que un equipo de mediadores encabezado por Henry Kissinger había abandonado toda esperanza de convencer al Partito Inkatha de la Libertad para que participara en las elecciones, un diplomático cristiano de Kenia se reunió en privado con todos los cabecillas, oró con ellos y los ayudó a cambiar de idea. (Una brújula de un avión que misteriosamente funcionó mal, retrasó un vuelo, haciendo posible esta importante reunión.)

Nelson Mandela rompió la cadena de falta de gracia cuando salió de sus veintiséis años de prisión con un mensaje de perdón y reconciliación, y no de venganza. F. W. de Klerk mismo, elegido de la más pequeña y estrictamente calvinista de las iglesias surafricanas, sintió lo que él mismo describiría más tarde como "un fuerte sentido de llamado". Le dijo a su congregación que Dios lo estaba llamando a salvar a todo el pueblo del África del Sur, aunque sabía que eso significaría que los suyos lo rechazarían.

Los líderes negros insistieron en que de Klerk pidiera perdón por el *apartheid* racial. Él puso obstáculos, porque entre los que habían comenzado aquella política se hallaba su propio padre. Sin embargo, el obispo Desmond Tutu consideró esencial que el proceso de reconciliación en África del Sur comenzara con el perdón, y no quiso ceder. Según Tutu, "una lección que deberíamos poder enseñar al mundo, y que le deberíamos poder enseñar a los pueblos de Bosnia, Ruanda y Burundi, es que estamos listos para perdonar". Finalmente, de Klerk pidió perdón.

Ahora que la mayoría negra tiene poder político, se está pensando formalmente en cuestiones relacionadas con el perdón. El Ministro de Justicia usa un lenguaje abiertamente teológico cuando formula una norma. Nadie puede perdonar a nombre de las víctimas, dice; las víctimas tienen que perdonar ellas mismas. Y nadie puede perdonar sin una revelación plena; lo que sucedió, y quién lo hizo, se deben revelar primero. Además, los que cometieron las atrocidades deben estar de acuerdo en pedir perdón antes de que se les pueda conceder. Paso a paso, los sudafricano están recordando su pasado para perdonarlo.

El perdón no es fácil ni bien definido, como están descubriendo los surafricanos. Aunque el papa perdone al que quiso asesinarlo, no va a pedir que lo saquen de la prisión. Aunque se perdone a los alemanes, se les ponen restricciones a sus fuerzas armadas; se perdona a alguien que ha abusado de niños, pero se lo mantiene lejos de sus víctimas; se perdona el racismo sureño, pero se establecen leyes que impidan que se vuelva a producir.

Con todo, las naciones que buscan el perdón, con toda su complejidad, por lo menos pueden evitar las terribles consecuencias de su alternativa: el no-perdón. En lugar de escenas de masacres y guerra civil, el mundo recibió la agradable sorpresa de ver a los surafricanos de color en largas y serpenteantes filas que algunas veces tenían más de kilómetro y medio, *danzando* de júbilo porque por vez primera tienen la oportunidad de votar.

Porque el perdón va contra la naturaleza humana, hay que enseñarlo y practicarlo, como se practica un oficio difícil. "El perdón no es un simple acto ocasional; es una actitud permanente", decía Martin Luther King Jr. ¿Qué regalo más grande le podrían hacer al mundo los cristianos que la formación de una cultura donde se valoran la gracia y el perdón?

Los benedictinos, por ejemplo, tienen un conmovedor culto de perdón y reconciliación. Después de dar una instrucción tomada de la Biblia, los líderes les piden a todos los asistentes que identifiquen aquellas cuestiones que necesitan ser perdonadas. Entonces, los adoradores sumergen las manos en un gran tazón de cristal lleno de agua, mientras "sostienen" su queja en las unidas en forma de cuenco. Mientras oran para tener la gracia necesaria a fin de perdonar, van abriendo poco a poco las manos para "soltar" simbólicamente aquella queja. "La representación de una ceremonia como ésta con el cuerpo", dice Bruce Demarest, quien ha participado en ellas, "posee un poder transformador mayor que cuando sólo decimos las palabras 'yo perdono'". ¿Qué pasaría si los negros y los blancos de África del Sur —o de los Estados Unidos— sumergieran repetidas veces las manos en un tazón común de perdón?

En su libro *The Prisoner and the Bomb* [El prisionero y la bomba], Laurens van der Post relata sus tristes experiencias de guerra en un campamento japonés de prisioneros en Java. En aquel lugar tan poco adecuado, él llegó a esta conclusión:

> La única esperanza para el futuro se encuentra en una amplia actitud de perdón ante aquéllos que han sido nuestros enemigos. El perdón, tal como me había enseñado mi experiencia en la prisión, no era un simple sentimentalismo religioso; era una ley tan fundamental para el espíritu humano, como la ley de la gravedad. Si uno desobedecía la ley de la gravedad, se rompía el cuello; si desobedecía esta ley del perdón, se infligía una herida mortal en el espíritu y se convertía de nuevo en miembro de la cadena de presidiarios atrapados en la simple secuencia de causa y efecto de la cual la vida ha luchado por tanto tiempo y con tanta angustia por escapar.

Parte III

El olor del escándalo

UN RELATO:
UNA CASA
PARA BASTARDOS

Will Campbell creció en una granja pobre del estado de Mississippi. Amante de los libros, nunca encajó realmente con su ambiente rural. Se esforzó en sus estudios y terminó entrando en la Facultad de Divinidades de Yale. Después de graduarse, regresó al sur para predicar, y fue nombrado director de la vida religiosa en la Universidad de Mississippi. Esto sucedía a principios de la década de los sesenta, cuando los ciudadanos más correctos de ese estado se preparaban para rechazar los asaltos de los activistas en pro de los derechos civiles, de manera que, al conocer los estudiantes y el personal administrativo las ideas liberales de Campbell sobre la integración, sus responsabilidades en la universidad terminaron abruptamente.

Muy pronto, Campbell se encontró en medio del fragor de la batalla, dirigiendo campañas para inscribir a los votantes y supervisando a los jóvenes idealistas del norte que habían emigrado al sur para unirse al movimiento de derechos civiles. Entre ellos estaba un estudiante de la Facultad de Teología de Harvard llamado Jonathan Daniels, quien había respondido cuando el Doctor King convocó a sus partidarios para que acudieran a Selma. La mayoría de los voluntarios regresaron a sus lugares después del gran desfile, pero Jonathan Daniels se quedó, y Will Campbell trabó amistad con él.

La teología de Campbell estaba pasando por algunas pruebas en aquellos días. Gran parte de la hostilidad a lo que él hacía, procedía de "buenos cristianos" que se negaban a permitir que entraran en sus iglesias personas de otras razas, y que se ofendían cuando alguien se metía con las leyes que favorecían a los blancos. A Campbell le era más fácil hallar aliados entre los agnósticos, los socialistas y unos cuantos norteños piadosos.

"En diez palabras o menos, ¿cuál es el mensaje cristiano?", lo había retado un agnóstico. Su interlocutor era P. D. East, editor de periódico renegado quien veía al cristianismo como el enemigo y no podía comprender la obstinada lealtad de Will a la fe religiosa.

Nos dirigíamos a algún lugar, o regresábamos de él, cuando me dijo: "Dímelo. Diez palabras". Yo contesté: "Dios nos ama, aunque somos todos unos bastardos". No hizo comentario alguno sobre lo que pensaba de mi resumen; lo único que dijo fue, después de contar el número de palabras con los dedos: "Te di un límite de diez palabras. Si lo quieres intentar de nuevo, te quedan dos". No lo intenté de nuevo, pero él me recordaba con frecuencia lo que yo le había dicho aquel día.

Esta definición hirió a P. D. East, quien, sin que Campbell lo supiera, era realmente hijo ilegítimo, y toda su vida lo habían llamado "bastardo". Campbell había escogido la palabra, no sólo por la impresión que causaba, sino también por su precisión teológica: espiritualmente, somos hijos ilegítimos, invitados a unirnos a la familia de Dios, a pesar de nuestro origen. Mientras más pensaba Campbell en su improvisada definición del Evangelio, más le gustaba.

En cambio, P. D. East hizo pasar esta definición por una dura prueba en el día más tenebroso de la vida de Campbell; el día en que un policía de Alabama llamado

Thomas Coleman derribó a tiros a Jonathan Daniels, un amigo de Campbell que sólo tenía veintiséis años. Daniels había sido arrestado por manifestarse delante de unas tiendas de blancos. Cuando lo soltaron de la cárcel, se acercó a una tienda de víveres para hacer una llamada telefónica y pedir que lo fueran a recoger. Entonces apareció Coleman con una escopeta y se la vació en el estómago. Los perdigones hirieron a otra persona, un adolescente de color, en la espalda, dejándolo en condiciones críticas.

Campbell recoge en su libro *Brother to a Dragonfly* [Hermano de una libélula] la conversación con P. D. East aquella noche, que tuvo por consecuencia lo que Campbell recuerda como "la lección de teología más inspiradora que había tenido en su vida". P. D. East se mantuvo a la ofensiva, aun en aquel momento de dolor:

> "Sí, hermano. Vamos a ver si tu definición de la fe puede soportar la prueba." Yo había estado llamando al Departamento de Justicia, a la Unión Estadounidense para las Libertades Civiles, y a un abogado amigo en Nashville. Había hablado de la muerte de mi amigo como una parodia de la justicia, como un derrumbamiento total de la ley y el orden, y como una violación de las leyes federales y estatales. Yo había usado una serie de palabras despectivas para referirme a aquellos blancos. Había estudiado sociología, psicología y ética social, y estaba hablando y pensando en función de esos conceptos. También había estudiado teología del Nuevo Testamento.
>
> P. D. saltó como un tigre. "Venga, hermano. Hablemos de tu definición." En un determinado momento, Joe [el hermano de Will] se volvió hacia él y le dijo: "Tranquilízate, P. D. ¿No eres capaz de darte cuenta cuando alguien está molesto?" Pero P. D. no le hizo caso; me amaba demasiado para dejarme solo.

"¿Era Jonathan un bastardo?", preguntó primero. Campbell le contestó que, a pesar de haber sido uno de los hombres más bondadosos que él hubiera conocido jamás, es cierto que todos somos pecadores. En esos términos, sí, era un "bastardo".

"Muy bien. Y Thomas Coleman, ¿él también es un bastardo?" A Campbell le fue mucho más fácil responder esa pregunta. Por supuesto que el asesino era un bastardo.

Entonces P. D. le acercó su silla, le puso su huesuda mano en la rodilla y lo miró directamente a los enrojecidos ojos. "¿A cuál de estos dos bastardos te parece que Dios lo ama más?" La pregunta lo sacudió, como una flecha dirigida al corazón.

De repente, todo quedó claro. Todo. Era una revelación. El brillo de la malta que nos estábamos tomando pareció iluminarlo e intensificarlo. Caminé hasta el otro extremo de la habitación y abrí la persiana, mirando directamente al resplandor del alumbrado público. Entonces, comencé a gemir, pero mientras lloraba, también reía a ratos. Fue una experiencia extraña. Recuerdo que traté de separar la tristeza del gozo. Aquello por lo que lloraba, y aquello por lo que reía. Entonces, esto también quedó claro.

Me estaba riendo de mí mismo; de veinte años de ministerio que se habían convertido sin que yo me diera cuenta, en un ministerio de sofisticación liberal . . .

Estaba de acuerdo en que la idea de que un hombre podía entrar en una tienda donde un grupo de seres humanos desarmados están tomando refrescos y comiendo pasteles, dispararle una andanada a uno de ellos, arrancándole del cuerpo los pulmones, el corazón y los intestinos, y después volverse a otro para llenarle de perdigones la carne y los huesos, y que Dios lo pueda poner en libertad, es casi más de lo que yo puedo soportar. Sin embargo, a menos que así sean precisamente las cosas, no hay evangelio; no hay buenas nuevas. A menos que eso sea la verdad, sólo tenemos malas noticias; estamos de vuelta con la ley solamente.

Lo que Will Campbell adquirió aquella noche fue una nueva comprensión de la gracia. El libre ofrecimiento de la gracia no se extiende sólo a quienes no lo merecen, sino también a quienes en realidad se merecen *lo opuesto*. A los miembros del Ku Klux Klan, tanto como a los que desfilaban en defensa de los derechos civiles; a P. D. East, tanto como a Will Campbell; a Thomas Coleman, tanto como a Jonathan Daniels.

Este mensaje le llegó tan profundo a Will Campbell, que pasó por una especie de terremoto de gracia. Renunció a su posición en el Concilio Nacional de Iglesias, y se convirtió en lo que él llama irónicamente "un apóstol de los blancos racistas". Se compró una granja en Tennessee, y hoy pasa tanto tiempo entre los hombres del Klan y los racistas, como entre las minorías raciales y los blancos liberales. Decidió que mucha gente se estaba ofreciendo para ayudar a las minorías, pero él no conocía a nadie que les ministrara a los Thomas Colemans del mundo.

Me encanta la historia de Will Campbell, porque crecí en Atlanta entre gente que usaba nuestro racismo como distintivo de honor. En breve, me encanta la historia de Will Campbell porque hubo un tiempo en que yo me parecía más a Thomas Coleman que a Jonathan Daniels. Nunca maté a nadie, pero ciertamente sí odié. Me reí cuando el KKK quemó una cruz en el patio delantero de la primera familia de color que se atrevió a aventurarse en nuestro vecindario. Y cuando mataban a norteños como Jonathan Daniels, mis amigos y yo nos encogíamos de hombros y decíamos: "Se lo tienen bien merecido, por bajar hasta acá sólo para agitar y causar problemas".

Cuando llegó el momento en que me vi tal como era en realidad, un racista digno de lástima, un hipócrita que me disfrazaba con el evangelio mientras vivía el anti-evangelio; cuando llegó ese momento, me tuve que agarrar como

quien se está ahogando a la promesa de la gracia para gente
que se merece lo opuesto. Gente como yo.

La falta de gracia trata de regresar a veces, queriendo
hacer que crea que mi persona, ahora iluminada, es moralmente superior a las de esos blancos ignorantes y racistas
que aún no han visto la luz. Sin embargo, yo conozco la
verdad; *"que siendo aún pecadores*, Cristo murió por nosotros"*. Sé que me encontré cara a cara con el amor de Dios
estando en mis peores momentos, no los mejores, y que
esa asombrosa gracia salvó a un miserable como yo.

*Y aquí, en el polvo y la tierra; sí, aquí
aparecen los lirios de su amor.*

George Herbert

NO SE ADMITEN EXCÉNTRICOS

Sólo una vez me he atrevido a predicar un sermón para niños. Aquel domingo me llevé conmigo una sospechosa bolsa de compras llena de olores y de extraños movimientos, y durante el culto de la mañana, invité a todos los niños de la iglesia para que subieran conmigo a la plataforma, donde les fui revelando gradualmente el contenido de la bolsa.

Primero saqué varios paquetes de chicharrones de cerdo a la barbacoa (el bocado favorito del entonces presidente George Bush) para írnoslos comiendo. Después, saqué una serpiente de juguete y una gran mosca de goma, causando chillidos entre mis jóvenes oyentes. Entonces probamos veneras. Por último, para gran deleite de los niños, metí con cuidado la mano en la bolsa y saqué una langosta viva. La llamamos Larry, y Larry nos respondió blandiendo amenazadoramente sus tenazas.

El encargado de la limpieza en la iglesia tuvo que trabajar más tiempo del debido aquel día, y yo también, porque después de descender los niños de la plataforma, me dediqué a la tarea de explicarles a sus padres por qué Dios había prohibido en el pasado todas aquellas comidas. Las leyes levíticas del Antiguo Testamento prohibían expresamente todas aquellas cosas que habíamos comido, y ningún judío ortodoxo se habría atrevido a tocar nada del contenido de mi bolsa. "¿Qué tenía Dios en contra de las langostas?", fue el título de mi sermón.

Juntos, buscamos un fascinante pasaje del Nuevo Testamento: el relato de la visión del apóstol Pedro en el techo de una casa. Pedro había subido al techo a orar, y comenzó a sentir hambre. Su mente divagó y él cayó en un éxtasis. Entonces se presentó ante él una repugnante escena. Una gran sábana descendió del cielo, repleta de mamíferos, reptiles y aves "inmundos". Hechos 10 no entra en más detalles, pero podemos hallar en Levítico 11 una buena pista de las especies que habría allí: cerdos, camellos, conejos, buitres, cuervos, búhos, lechuzas, cigüeñas, murciélagos, hormigas, escarabajos, osos, lagartijas, zorrillos, comadrejas, ratas, serpientes.

¡Qué asco, Simón! Ni lo toques. ¡Vete a lavar las manos enseguida!, le habría oído decir sin duda a su madre. ¿Por qué? *Porque nosotros somos distintos; por eso. Nosotros no comemos cerdo. Es un animal sucio, inmundo. Dios nos dijo que ni lo tocáramos.* Para Pedro, como para todo judío de Palestina, aquellas comidas eran más que desagradables; eran tabú; abominables, incluso. "Tenéis que detestarlas", les había dicho Dios.

Si durante el transcurso del día, Pedro acertaba a tocar un insecto muerto, se lavaba y sus ropas quedaban impuras hasta el atardecer, además de no poder visitar el templo en ese estado. Supongamos que una salamandra o una araña caía del techo a una cazuela de barro: tenía que tirar lo que ésta tenía dentro, y hacerla añicos.

En cambio ahora, aquellos objetos de contrabando descendían en una sábana, mientras una voz celestial le ordenaba: "Levántate, Pedro. Mata y come."

Pedro le recordó a Dios sus propias reglas. "¡Por supuesto que no, Señor!", fue su protesta. "Nunca he comido nada impuro ni incierto."

La voz le replicó: "No llames tú impuro nada que Dios haya hecho puro". La escena se repitió dos veces más, hasta que Pedro, estremecido en lo más profundo de su ser, descendió por la escalera para encontrarse con la siguiente sacudida del día: un grupo de gentiles "inmundos" que querían unirse al grupo de los seguidores de Jesús.

Los cristianos de hoy, que disfrutan de las costillas de cerdo, las veneras, las ostras en su concha y las langostas, tal vez se pierdan con facilidad la fuerza de esta escena que transcurrió en un techo hace tantos años. Por su valor como impresión, el paralelo más cercano que se me puede ocurrir sería que, en medio de una convención de los bautistas del sur en el Estadio de Texas, descendiera sobrenaturalmente al campo de juego un bar bien provisto, mientras una estruendosa voz les exige a aquellos abstemios: "¡Beban!"

Me puedo imaginar la reacción: "¡Por supuesto que no, Señor! Nosotros somos bautistas. Nunca hemos tocado esa cosa." Ése era el tipo de convicción que tenía Pedro contra las comidas impuras.

Aunque haya ampliado la dieta de la iglesia en sus principios, el incidente de Hechos 10 no me proporciona una respuesta para mi pregunta original: "¿Qué tenía Dios en contra de las langostas?" Para saberlo, necesito ir al libro de Levítico, donde Dios explica esta prohibición: "Porque yo soy Jehová vuestro Dios, vosotros por tanto os santificaréis, y seréis santos, porque yo soy santo". La breve explicación ofrecida por Dios da mucha amplitud para las interpretaciones, y los estudiosos han debatido por largo tiempo las razones que existían detrás de esta razón.

Algunos han señalado los beneficios de las leyes levíticas para la salud. La prohibición contra el cerdo hizo desaparecer la amenaza de la triquinosis, y la prohibición contra los mariscos mantuvo a los israelitas a salvo de los virus que se encuentran a veces en las ostras y los mejillones. Otros observan que muchos de los animales prohibidos se alimentan de carroña. Otros hacen observar que hay ciertas leyes que parecen dirigidas contra las costumbres de los vecinos paganos de los israelitas. Por ejemplo, es posible que la prohibición de cocer un cabrito en la leche de su madre fuera hecha para impedir que los israelitas imitaran los ritos mágicos de encantamiento que tenían los cananeos.

Todas estas explicaciones tienen sentido, y ciertamente es posible que arrojen luz sobre la lógica que motivó la curiosa lista de Dios. Sin embargo, no es posible explicar el porqué de la prohibición de ciertos animales. ¿Por qué la langosta? ¿O qué decimos de los conejos, que no son un riesgo para la salud, y comen hierba, no carroña? ¿Y por qué entraron en la lista los camellos y los asnos, los animales de trabajo tan corrientes en el Oriente Medio? Está claro que estas leyes parecen tener algo de arbitrarias.*

¿Qué tenía Dios en contra de la langosta? El escritor judío Herman Wouk dice que "correcto" sería el mejor equivalente del vocablo hebreo *kosher*, que ha guiado las costumbres judías hasta el presente. Levítico juzga que algunos animales son "correctos" o adecuados, y otros no lo son. La antropóloga Mary Douglas va más lejos, haciendo observar que en todos los casos, Dios prohíbe animales que manifiestan una anomalía. Puesto que los peces tienen aletas y escamas, las conchas y las anguilas no son aceptables. Las aves deben volar, de manera que el emú y el avestruz no son aceptables. Los animales de tierra deben caminar en cuatro patas, no arrastrase por el suelo como la serpiente. El ganado doméstico, las ovejas y las cabras rumian y tienen las pezuñas hendidas; por consiguiente, así deben ser todos los mamíferos que se pueden comer. El rabino Jacob Neusner se hace eco de su argumento: "Si yo tuviera que decir en pocas palabras qué es lo que hace impuro a algo, diría que es una cualidad que, por una u otra razón, es anormal".

Después de estudiar las diversas teorías, he obtenido un principio general que, según me parece, expresa la esencia de

---

* Por supuesto, todas las sociedades tienen hábitos de alimentación arbitrarios, y todas las culturas hacen una distinción entre animales "limpios" e "inmundos". Los franceses comen carne de caballo; los chinos comen carne de perro y de mono; los italianos comen aves canoras; los neozelandeses comen canguro; los africanos comen insectos y los caníbales comen gente. A los estadounidenses nos parecen repugnantes la mayoría de estas costumbres, porque nuestra sociedad tiene su propia lista de comidas aceptables. La lista de los vegetarianos es mucho más corta.

las leyes del Antiguo Testamento sobre la impureza: No se admiten excéntricos. La dieta de los israelitas excluía escrupulosamente todos los animales anormales o "excéntricos", y el mismo principio se aplicaba también a los animales "limpios" usados en el culto. Ningún adorador podía llevar al templo un animal lisiado o defectuoso, porque Dios quería lo impecable del rebaño. Desde Caín en adelante, el pueblo tenía que seguir las precisas indicaciones de Dios, o arriesgarse a ver rechazada su ofrenda. Dios exigía perfección; Él se merecía lo mejor. No se admitían excéntricos.

El Antiguo Testamento les aplica una clasificación similar, aunque mucho más desconcertante, a las personas. Recuerdo haber asistido en una iglesia de Chicago a un culto durante el cual el pastor, Bill Leslie, dividió el santuario para que se pareciera al templo de Jerusalén. Los gentiles se podían reunir en el balcón, que recibió el nombre de atrio de los gentiles, pero no podían entrar en la parte principal del santuario. Las mujeres judías podían entrar en la parte principal, pero sólo en la zona de las mujeres. Los hombres laicos judíos tenían una zona espaciosa cercana al frente, pero ni siquiera ellos se podían acercar a la plataforma, reservada sólo para los sacerdotes.

El fondo de la plataforma, donde se hallaba el altar, Bill lo llamó Lugar Santísimo. "Imagínense una cortina de cerca de treinta centímetros de grueso que separa esta zona", dijo. "Sólo un sacerdote entraba en ella, un día al año —el día santo del Yom Kippur— e incluso él tenía que llevar un cordel atado al tobillo. Si hacía algo incorrecto y moría dentro, los otros sacerdotes lo tenían que sacar tirando de la soga. No se atrevían a entrar al Lugar Santísimo, donde vivía Dios."

A nadie, ni siquiera a la persona más piadosa, se le habría ocurrido meterse al Lugar Santísimo, puesto que el castigo era la muerte segura. La arquitectura misma les recordaba a los israelitas que Dios estaba separado, era otro; era *santo*.

Piense en el paralelo moderno de una persona que le quiera enviar un mensaje al presidente de los Estados Unidos.

Cualquier ciudadano le puede escribir al presidente, o enviar-
le un telegrama o un mensaje por el correo electrónico. Sin
embargo, aunque viajara a Washington, D. C., e hiciera fila
junto a los turistas en la Casa Blanca, no tendría la esperanza
de que va a conseguir una cita personal con el presidente.
Aunque le hable a uno de los secretarios, o tal vez, consiga
con la ayuda de su senador una reunión con un funcionario
del gabinete, ningún ciudadano común y corriente espera que
va a poder entrar sin más en la Oficina Oval para presentar
una petición. El gobierno funciona bajo el principio de la jerarquía, y aparta del público a sus funcionarios más altos de
acuerdo a un estricto protocolo. De manera similar, en el
Antiguo Testamento había una escalera jerárquica que sepa-
raba al pueblo de su Dios; ésta no estaba fundada en el prestigio, sino en la "limpieza" o "santidad".

Una cosa es clasificar de inmundos a los animales, y otra
muy distinta es hacerlo con las personas, pero las leyes del
Antiguo Testamento no tuvieron reparos en tomar este paso:

> Ninguno de tus descendientes por sus generaciones,
> que tenga algún defecto, se acercará para ofrecer el pan
> de su Dios. Porque ningún varón en el cual haya defecto
> se acercará; varón ciego, o cojo, o mutilado, o sobrado, o
> varón que tenga quebradura de pie o rotura de mano, o
> jorobado, o enano, o que tenga nube en el ojo, o que ten-
> ga sarna, o empeine, o testículo magullado.

En resumen, los que tenían algún daño en el cuerpo o en
la línea familiar (los bastardos) no reunían los requisitos: no
se admitían excéntricos. Las mujeres en su menstruación, los
hombres que habían tenido recientemente una emisión noc-
turna, las mujeres que habían dado a luz, las personas con enfermedades de la piel o llagas purulentas, todo el que hubiera
tocado un cadáver; todas esas personas eran declaradas cere-
monialmente inmundas.

En esta era de la corrección política, una clasificación tan
atrevida de las personas, basada en el sexo, la raza, e incluso
la salud corporal, parece casi inconcebible; sin embargo, éste
era el ambiente que definía el judaísmo. Todos los días, los

hombres judíos comenzaban sus oraciones de la mañana dándole gracias a Dios "por no haberme hecho gentil . . . por no haberme hecho esclavo . . . por no haberme hecho mujer".

En Hechos 10 se ven con claridad las consecuencias de una actitud así; "la mortal lógica de la política de pureza", como la describe el teólogo croata Miroslav Volf. Cuando Pedro, bajo presión, aceptó por fin visitar la casa de un centurión romano, se presentó a sí mismo diciendo: "Vosotros sabéis cuán abominable es para un varón judío juntarse o acercarse a un extranjero". Sólo les estaba haciendo aquella concesión después de perder la discusión con Dios en el techo de aquella casa.

Pedro continúa: "Pero a mí me ha mostrado Dios que a ningún hombre llame común o inmundo". Se estaba produciendo una revolución de la gracia; una revolución que Pedro comprendía a duras penas.

Antes de escribir *The Jesus I Never Knew* [El Jesús que nunca conocí], me pasé varios meses investigando el fondo cultural de la vida de Jesús. Aprendí a apreciar el ordenado mundo del judaísmo en el siglo I. Admito que la clasificación de las personas irritaba mi sensibilidad de estadounidense —parecía un modelo formal de falta de gracia, un sistema de castas religiosas—, pero al menos, los judíos habían encontrado un lugar para grupos como las mujeres, los extranjeros, los esclavos y los pobres. Otras sociedades los trataban mucho peor.

Jesús apareció en la tierra en los mismos momentos en que Palestina estaba pasando por un avivamiento religioso. Los fariseos, por ejemplo, habían establecido normas precisas para permanecer limpio: nunca entrar en la casa de un gentil, nunca comer con pecadores, no hacer trabajo alguno en el día de reposo, lavarse las manos siete veces antes de comer. Así fue como al esparcirse el rumor de que Jesús podía ser el Mesías tanto tiempo esperado, los judíos piadosos se sintieron más escandalizados que emocionados. ¿Acaso no había tocado a personas inmundas, como los que sufrían de lepra? ¿Acaso no había permitido que una mujer de mala reputación le enjugara los pies con su cabello? Cenaba con los recaudadores de impuestos —uno de ellos se había unido al grupo de los doce que formaba su círculo íntimo—, y su laxitud en cuanto a las reglas de la limpieza ritual y la observancia del día de reposo era notoria.

No sólo eso; Jesús había pasado deliberadamente a territorio gentil y se había relacionado con gentiles. Había elogiado a un centurión romano por tener más fe que nadie en Israel, y se había ofrecido a entrar en la casa del centurión para sanar a su siervo. Había sanado a un mestizo samaritano que estaba leproso, y había sostenido una larga conversación con una mujer samaritana, para consternación de sus discípulos, quienes sabían que "judíos y samaritanos no se tratan entre sí". Aquella mujer, rechazada por los judíos a causa de su raza, rechazada por sus vecinas a causa de su serie de matrimonios, se convirtió en la primera "misionera" nombrada por Jesús y la primera persona a la que Él le reveló abiertamente su identidad como Mesías. Finalmente, Jesús culminó su estancia en la tierra encomendándoles a sus discípulos la "Gran Comisión", el mandato de llevarles el evangelio a los inmundos gentiles "en toda Judea, en Samaria, y hasta lo último de la tierra".

La manera en que Jesús trataba a la gente "inmunda" dejaba consternados a los de su misma nación y, al final, contribuyó a hacer que lo crucificaran. Básicamente, Jesús anuló el amado principio del Antiguo Testamento de que no se admitían excéntricos, reemplazándolo con una nueva norma de gracia: "Todos somos excéntricos, pero Dios nos ama de todas formas".

Los evangelios sólo recogen una ocasión en que Jesús recurrió a la violencia: la purificación del templo. Blandiendo un látigo, derribó las mesas y las bancas, y sacó a los mercaderes que vendían en los puestos que tenían allí. Tal como he dicho, la propia arquitectura del templo era expresión de la jerarquía judía: los gentiles sólo podían llegar hasta el atrio exterior. A Jesús le molestaba que los mercaderes hubieran convertido la zona de los gentiles en un bazar del oriente, saturado con los balidos de los animales y las discusiones sobre precios, una atmósfera que difícilmente podría conducir a la adoración. Marcos relata que, después de la purificación del templo, los jefes de los sacerdotes y los maestros de la ley "buscaban cómo matarle". En un sentido muy real, Jesús había sellado su destino con su airada insistencia en que los gentiles tenían el derecho de acercarse a Dios.

Escalón por escalón, Jesús desmanteló la escala jerárquica que había marcado el acercamiento a Dios. Invitó al banquete de Dios a los hombres con defectos, a los pecadores, los extranjeros y los gentiles; ¡los inmundos!

¿Acaso no había profetizado Isaías sobre un gran banquete al que serían invitadas todas las naciones? A lo largo de los siglos, la exaltada visión de Isaías se había nublado de tal forma, que algunos grupos restringían la lista de invitados a los judíos que no tenían defectos físicos. En un contraste directo a esto, la versión que da Jesús del gran banquete presenta al anfitrión enviando mensajeros a las plazas y las calles para invitar "a los pobres, los mancos, los cojos y los ciegos".*

El hijo pródigo, el relato más memorable de Jesús, termina igualmente con la escena de un banquete, donde presenta como héroe a un inútil que ha manchado la reputación de la familia. Esto es lo que quiere señalar Jesús: los que todos consideran indeseables son infinitamente deseables para Dios, y cuando uno de ellos regresa a Él, hay fiesta. Todos somos excéntricos, pero Dios nos ama de todas formas.

Otra parábola famosa, la del buen samaritano, provocaba a sus oyentes originales al presentar a dos profesionales de la

---

* El Antiguo Testamento contiene numerosas indicaciones de que Dios siempre había tenido el plan de extender su "familia" más allá de la raza judía para abarcar a gente de toda tribu y nación. En una encantadora ironía, Pedro recibió la visión de los animales inmundos en Jope, el mismo puerto de mar por el cual Jonás había tratado de escapar del mandato de Dios para que les llevara su mensaje a los paganos de Nínive.

religión que dieron un rodeo para no encontrarse con el que
había sido víctima del robo, por no estar dispuestos a arriesgarse a la contaminación con aquello que parecía un cadáver.
Jesús hizo héroe de esta historia a un despreciado samaritano, decisión tan sorprendente para aquellos oyentes suyos,
como lo sería que un rabino de los tiempos actuales contara
una historia donde elogiara a un combatiente de la OLP.

También en sus contactos sociales, Jesús derribó las categorías judías de "puro" e "inmundo". Por ejemplo, Lucas 8 recoge en rápida sucesión tres incidentes que, tomados juntos,
deben haber confirmado las inquietudes de los fariseos acerca
de Él. Primeramente, Jesús va por barco hasta una región po-
blada por gentiles, sanando a un hombre desnudo y mandán-
dole ir de misionero a su pueblo de origen. Después vemos a
Jesús tocado por una mujer que tiene una hemorragia desde
hace doce años, un "problema femenino" que impide que
vaya a adorar y que, sin duda, le ha causado gran vergüenza.
(Los fariseos enseñaban que estas enfermedades se producían
a causa del pecado de la persona; Jesús los contradijo directamente). Desde aquel lugar, Jesús se dirige al hogar de un gobernante de la sinagoga cuya hija acaba de morir. "Inmundo"
ya a causa del loco gentil y de la mujer con la hemorragia,
ahora Jesús entra a una recámara y toca un cadáver.

Las leyes de Levítico protegían contra el contagio: el contacto con una persona enferma, un gentil, un cadáver, ciertos
tipos de animales, o incluso con el moho y los hongos, podía
contaminar a una persona. Jesús invirtió el proceso: en lugar
de contaminarse, Él fue quien sanó a la otra persona. El loco
desnudo no contaminó a Jesús; fue él quien quedó sano. La
infeliz mujer con el flujo de sangre no avergonzó a Jesús, ni lo
hizo inmundo; fue ella la que se marchó sanada. La niña de
doce años que había muerto tampoco contaminó a Jesús, sino
que fue resucitada.

En el enfoque tomado por Jesús, yo no veo una abolición,
sino un cumplimiento de las leyes del Antiguo Testamento.
Dios había "santificado" la creación, separando lo sagrado de
lo profano; lo puro de lo impuro. Jesús no anuló este principio

de santificación, sino que cambió su fuente. Nosotros mismos podemos ser agentes de la santidad de Dios, puesto que Dios habita ahora en nosotros. En medio de un mundo impuro, podemos caminar como lo hizo Jesús, buscando formas de ser fuentes de santidad. Los enfermos y tullidos no son para nosotros puntos álgidos de contaminación, sino depósitos en potencia de la misericordia divina. Nosotros estamos llamados a extenderles esa misericordia; a ser portadores de la gracia, no evitadores del contagio. Al igual que Jesús, podemos ayudar a hacer puro lo "impuro".

A la iglesia le tomó algún tiempo adaptarse a este drástico cambio; de no haber sido así, Pedro no habría necesitado la visión del techo. De igual manera, la iglesia necesitó un empujón sobrenatural antes de llevarles el evangelio a los gentiles. El Espíritu Santo se lo dio con todo gusto, enviando a Felipe primeramente a Samaria, y después llevándolo a un camino desierto donde se encontró con un extranjero, un hombre de color, y además considerado impuro bajo las normas del Antiguo Testamento (por ser eunuco, tenía los testículos dañados). Pocos momentos más tarde, Felipe bautizaba al primer misionero enviado al África.

El apóstol Pablo, quien fuera al principio uno de los más renuentes ante el cambio —un "fariseo de fariseos" que le había dado gracias a Dios todos los días por no ser gentil, esclavo ni mujer—, terminó escribiendo estas revolucionarias palabras: "Ya no hay judío ni griego; no hay esclavo ni libre; no hay varón ni mujer; porque todos vosotros sois uno en Cristo Jesús". La muerte de Jesús, afirmaba, había echado abajo las barreras del templo, desmantelando los muros divisorios de hostilidad que habían separado a los humanos en categorías. La gracia se había abierto paso.

En estos tiempos, en que el tribalismo causa masacres en el África, en que las naciones vuelven a trazar las fronteras basadas en la procedencia étnica, en que el racismo en los Estados Unidos se burla de los grandes ideales de esta nación, en que las minorías y los grupos de todas clases cabildean para hacer valer sus derechos, no conozco ningún mensaje del Evangelio más poderoso que éste, el mensaje que hizo que mataran a Jesús. Los muros que nos separaban unos de otros, y a todos de Dios, han quedado demolidos. Todos somos excéntricos, pero Dios nos ama de todas formas.

Han pasado casi veinte siglos desde que Dios iluminó al apóstol Pedro sobre un techo. En ese tiempo, han cambiado muchas circunstancias (a nadie le preocupa ahora que la iglesia pierda sus características judías). Sin embargo, el cambio introducido por Jesús tiene importantes consecuencias para todos los cristianos. La revolución de la gracia iniciada por Jesús me afecta a mí profundamente, al menos de dos formas.

En primer lugar, afecta mi acceso a Dios. En el mismo culto en el que Bill Leslie dividió el santuario de una forma proporcionalmente similar a la del templo judío, los miembros de la congregación hicieron una pequeña representación. Varios solicitantes se acercaron a la plataforma para presentarle un mensaje al sacerdote; por supuesto, las mujeres tuvieron que confiar en sus representantes masculinos. Algunos le trajeron sacrificios al sacerdote, para que él se los presentara a Dios. Otros hicieron peticiones concretas: "¿Le podría hablar a Dios acerca de mi problema?", le preguntaban. Cada vez, el "sacerdote" subía a la plataforma, realizaba los ritos que estaban prescritos y le sometía la petición a Dios dentro del Lugar Santísimo.

De repente, en medio de la ceremonia, una joven llegó corriendo por el pasillo, haciendo caso omiso de los límites señalados para su sexo, con una Biblia abierta en el libro de Hebreos. "¡Oigan, cualquiera de nosotros le puede hablar directamente a Dios!", proclamó. "Escuchen esto."

> Por tanto, teniendo un gran sumo sacerdote que traspasó los cielos, Jesús el Hijo de Dios, retengamos nuestra profesión . . . Acerquémonos, pues, confiadamente al *trono de la gracia*.

"Y ahora oigan esto:"

> Así que, hermanos, teniendo libertad para entrar en el Lugar Santísimo por la sangre de Jesucristo, por el ca-

mino nuevo y vivo que él nos abrió a través del velo, esto es, de su carne, y teniendo un gran sacerdote sobre la casa de Dios, acerquémonos . . ."

"Cualquiera de nosotros puede entrar en el Lugar Santísimo", dijo antes de salir corriendo del escenario. "¡Todos nos podemos llegar directamente a Dios!"

En su sermón, el pastor habló del notable cambio del "acercamiento de Dios". Sólo hay que leer Levítico y después pasar a Hechos para sentir ese sísmico cambio. Mientras que los adoradores del Antiguo Testamento se purificaban ellos mismos antes de entrar al templo, y le presentaban sus ofrendas a Dios por medio de un sacerdote, en Hechos los seguidores de Dios (la mayoría de ellos, buenos judíos), se reunían en hogares privados y se dirigían a Dios con el informal trato de *Abbá*. Éste era un término familiar de afecto, como "papá" y, antes de Jesús, a nadie se le habría ocurrido aplicarle una palabra así a Yahvé, el Señor soberano del Universo. Después de Él, se convirtió en la palabra de uso corriente entre los primeros cristianos cuando se dirigían a Dios en oración.

Anteriormente tracé un paralelo con un visitante de la Casa Blanca. Ningún visitante, dije, podía pensar que iba a entrar sin más en la Oficina Oval para ver al presidente sin tener cita. Hay excepciones. Durante el gobierno de John F. Kennedy, algunas veces los fotógrafos captaban una encantadora escena. Sentados alrededor del escritorio del presidente, vestidos con sus trajes grises, los miembros del gabinete están discutiendo asuntos de trascendencia mundial, como la crisis de misiles en Cuba. Mientras tanto, John-John, entonces un pequeñín de sólo dos años, se encarama en el inmenso escritorio, ignorante por completo del protocolo de la Casa Blanca y de los gravosos asuntos de estado. John-John sólo estaba visitando a su papá, y algunas veces, para delicia de éste, se metía en la Oficina Oval sin tocar siquiera a la puerta.

Éste es el tipo de accesibilidad tan asombroso que lleva en sí la palabra *Abbá* de Jesús. Dios podrá ser el Señor soberano del Universo, pero por medio de su Hijo, se ha vuelto tan accesible como cualquier padre humano cariñoso. En Romanos

8, Pablo hace más cercana aún la imagen de esa intimidad. El Espíritu de Dios vive dentro de nosotros, dice, y cuando no sabemos cómo debemos orar, "el Espíritu mismo intercede por nosotros con gemidos indecibles".

No tenemos que acercarnos a Dios por medio de una escala jerárquica, ni con ansiedad por cuestiones de limpieza. Si el reino de Dios tuviera a la entrada un cartel que dijera "No se admiten excéntricos", ninguno de nosotros entraría. Jesús vino para demostrar que un Dios perfecto y santo recibe las peticiones de ayuda de una viuda con dos blancas, y de un centurión romano, y de un miserable publicano, y de un ladrón en una cruz. Sólo tenemos que clamar "Abbá" o, si falta esto, sencillamente gemir. Así de cercano ha llegado a estar Dios.

La segunda forma en que me afecta la revolución de Jesús se centra en la forma en que debemos considerar a la gente "diferente". El ejemplo de Jesús me hace hoy sentir culpable, porque me doy cuenta de un sutil movimiento en dirección contraria. A medida que se deshace la sociedad y aumenta la inmoralidad, oigo los llamados de algunos cristianos a manifestar menos misericordia y más moralidad; llamados que tratan de llevarnos de vuelta al estilo del Antiguo Testamento.

Hay una frase usada tanto por Pedro, como por Pablo, que se ha convertido en una de mis imágenes favoritas del Nuevo Testamento. Debemos administrar, o "dispensar" la gracia de Dios, dicen ambos apóstoles. Esta imagen me trae a la mente uno de aquellos "atomizadores" antiguos que usaban las mujeres antes del perfeccionamiento de la técnica de los rociadores. Se aprieta una perilla de goma, y salen disparadas pequeñas gotas de perfume por los finos agujeros del otro extremo. Unas cuantas gotas bastan para todo un cuerpo; si se aprieta la perilla unas cuantas veces, cambia la atmósfera del cuarto. Así es como debería funcionar la gracia, me parece. No convierte al mundo entero, ni a toda una sociedad, pero sí enriquece la atmósfera.

Ahora me preocupa que la imagen de los cristianos que prevalece haya cambiado del atomizador de perfume a otro rociador diferente: el usado por los exterminadores de insectos. *¡Allá va una cucaracha!* Aprieta y rocía; aprieta y rocía. *¡Allá hay una mancha de mal!* Aprieta y rocía; aprieta y rocía. Algunos cristianos que yo conozco, han asumido el papel de "exterminadores morales" en la sociedad infestada de maldad que los rodea.

Comparto una honda preocupación por nuestra sociedad. Sin embargo, me siento sacudido por el poder alternativo de la misericordia, tal como lo manifestó Jesús, quien vino para los enfermos y no para los sanos; para los pecadores y no para los justos. Jesús nunca favoreció el mal, pero sí estuvo siempre listo para perdonarlo. De alguna forma se ganó la reputación de amar a los pecadores; reputación que sus seguidores se hallan en peligro de perder hoy. Dorothy Day lo expresa de esta forma: "En realidad, sólo amo a Dios tanto como amo a la persona a quien amo menos".

Me doy cuenta de que se trata de cuestiones difíciles, y por esta razón, se merecen un capítulo para ellas solas.

"*¿Acaso no dice la Biblia que debemos
amar a todo el mundo?*"
"*¡Ah, la Biblia! Por supuesto que dice
muchísimas cosas; pero tampoco a
nadie se le ocurre hacerlas.*"

Harriet Beecher Stowe,
La cabaña del tío Tom

Ojos sanados
por la gracia

Cada vez que me sentía aburrido, llamaba a mi amigo Mel White. No conocía a nadie que viviera con mayores bríos ni con mayor desenfado. Había viajado por todo el mundo, y me entretenía con sus cuentos: cuando buceó con scuba entre las barracudas del Caribe, o cuando caminó sobre los desechos de paloma acumulados durante un milenio para filmar una puesta de sol desde encima de un minarete en Marruecos, o cuando atravesó el Atlántico en el *Queen Elizabeth II* como huésped de un famoso productor de televisión, o cuando entrevistó a los supervivientes de la secta de Jim Jones después de la masacre de Guyana.

Generoso al máximo, Mel era el blanco perfecto para cualquier vendedor ambulante. Si estábamos sentados en un café al aire libre, y pasaba una señora vendiendo flores, le compraba un ramo, sólo para ver cómo le brillaban los ojos a mi esposa. Si un fotógrafo se ofrecía a tomarnos una foto por un precio increíblemente alto, Mel aceptaba de inmediato. "Es un recuerdo", decía cuando nosotros poníamos objeciones. "A los recuerdos no se les puede poner un precio." Sus chistes y sus ocurrencias mantenían muertos de risa al mesero, al *maître* y a la cajera.

Cuando vivíamos en el centro de Chicago, Mel nos solía visitar cuando iba de camino hacia Michigan, donde trabajaba como consultor en películas cristianas. Salíamos a comer, visitábamos una galería de arte, caminábamos por las calles, veíamos una película y caminábamos por el borde del lago hasta alrededor de la media noche. Entonces, a las cuatro de la mañana, Mel se despertaba, se vestía y escribía furiosamente en su máquina durante cuatro horas, produciendo un documento de treinta páginas que le entregaría aquella misma tarde a su cliente de Michigan. Cuando lo poníamos en un taxi con rumbo al aeropuerto, mi esposa y yo nos sentíamos agotados, pero felices. Más que ninguna otra persona que conocíamos, Mel nos hacía sentir plenamente vivos.

Había muchos homosexuales en el vecindario donde vivíamos, en especial en la Avenida Diversey (llamada "Perversey" por la gente del lugar). Recuerdo haberle hecho un chiste acerca de ellos a Mel. "¿Sabes la diferencia entre un homosexual y un nazi?", le dije una vez mientras caminábamos por la Avenida Diversey. "Sesenta grados", y dejé caer la mano del rígido saludo nazi para hacer una imitación con la muñeca caída.

"Siempre se pueden reconocer los homosexuales que hay por aquí", añadió mi esposa. "Tienen algo especial. Yo siempre los reconozco."

Habíamos sido amigos durante cinco años, cuando recibí una llamada de Mel, pidiéndome que me encontrara con él en el Hotel Marriott, cerca del aeropuerto O'Hare. Llegué allí en el momento acordado, y después permanecí sentado solo allí en el restaurante durante hora y media, leyendo el periódico, el menú, el dorso de las bolsas de azúcar, y todo cuanto pude encontrar. Mel no aparecía. En el momento en que me levantaba para marcharme, irritado por aquel inconveniente, entró apresuradamente Mel. Me dio disculpas; estaba temblando. Había ido a un Hotel Marriott equivocado, y después se había visto envuelto en un inmenso atascamiento de tráfico de los de Chicago. Sólo le quedaba una hora antes de tomar su avión. ¿Me podía sentar con él un poco más para ayudarlo a calmarse? "Por supuesto."

Sacudido por los sucesos de aquella mañana, Mel parecía acosado y distraído; a punto de llorar. Cerró los ojos, respiró hondo varias veces y comenzó nuestra conversación con unas palabras que nunca olvidaré: "Philip, tal vez ya te hayas dado cuenta de que soy homosexual".

Aquel pensamiento nunca me había pasado por la mente. Mel tenía una esposa abnegada y amorosa, y dos hijos. Era profesor del Seminario Fuller, pastoreaba una Iglesia Evangélica del Pacto, hacía películas y escribía libros cristianos que eran éxitos de librería. ¿Mel, homosexual? ¿Acaso es musulmán el papa?

Por aquellos tiempos, a pesar del vecindario en el que vivía, no conocía una sola persona homosexual. No sabía nada de su subcultura. Hacía bromas acerca de ella y relataba cuentos acerca del desfile de Orgullo Homosexual (que marchaba por mi calle) con mis amigos de los barrios residenciales, pero no tenía conocidos que fueran homosexuales; mucho menos, amigos. La idea misma me repugnaba.

Ahora estaba oyendo que uno de mis mejores amigos tenía un lado secreto del que no conocía nada. Me arrellané en mi asiento, respiré hondo varias veces yo también, y le pedí a Mel que me contara su historia.

No estoy violando la intimidad de Mel cuando relato su historia, porque él ya la ha hecho pública en su libro *Stranger at the Gate: To be Gay and Christian in America* [Un extraño a la puerta: ser homosexual y cristiano en Estados Unidos]. En el libro menciona su amistad conmigo, y también habla de algunos de los cristianos conservadores con los que había trabajado anteriormente como escritor fantasma: Francis Schaeffer, Pat Robertson, Oliver North, Billy Graham, W. A. Criswell, Jim y Tammy Faye Bakker, Jerry Falwell. Ninguno de ellos sabía nada acerca de la vida secreta de Mel cuando trabajaban juntos, y es comprensible que algunos se sientan molestos con él ahora.

Tengo que aclarar que no me interesa en absoluto profundizar en las cuestiones teológicas y morales que rodean a la homosexualidad, a pesar de lo importantes que son. Escribo sobre Mel, por una sola razón: mi amistad con él ha sometido a una dura prueba mi concepto de la forma en que la gracia debe afectar a mi actitud hacia las personas "distintas", aun cuando esas diferencias sean serias y tal vez imposibles de resolver.

Con Mel aprendí que la homosexualidad no es la ligera decisión por un estilo de vida que yo había supuesto sin más que era. Según él explica en su libro, había sentido inclinaciones homosexuales desde la adolescencia, había hecho serios intentos por reprimir esas inclinaciones, y siendo adulto, había buscado ardientemente una "cura". Había ayunado y orado; lo habían ungido con aceite para pedir su sanidad. Había pasado por ritos de exorcismo dirigidos por protestantes, y también por católicos. Se había alistado en una terapia de aversión que le hacía saltar el cuerpo con una descarga eléctrica cada vez que se sentía estimulado con fotos de hombres. Durante un tiempo, los tratamientos con sustancias químicas lo habían dejado drogado y apenas coherente. Por encima de todo, Mel quería con desesperación *no* ser homosexual.

Recuerdo una llamada telefónica que me despertó una noche muy tarde. Sin molestarse en presentarse, Mel me dijo con voz desanimada: "Estoy en el balcón de un quinto piso, que da al océano Pacífico. Tienes diez minutos para decirme por qué no debo saltar." No se trataba de un truco para atraer mi atención; poco antes, Mel había estado a punto de tener éxito en un sangriento intento de suicidio. Le supliqué, utilizando cuanto argumento personal, existencial y teológico podía pensar en mi estado semidormido. Gracias a Dios, Mel no saltó.

Recuerdo también una triste escena pocos años antes, en los cuales Mel me trajo recuerdos de su amante homosexual. Me entregó un jersey azul y me pidió que lo tirara al fuego del hogar. Había pecado, y ahora se había arrepentido, me dijo, y estaba dejando atrás esa vida para volver a su esposa y su familia. Nos regocijamos y oramos juntos.

Recuerdo otra triste escena, en la que Mel destruyó su tarjeta de miembro del Club de Baños de California. Una misteriosa enfermedad se había comenzado a manifestar entre la población homosexual de California, y centenares de hombres homosexuales estaban desapareciendo de la escena del club de baños. "No estoy haciendo esto por miedo a la enfermedad, sino porque sé que es lo correcto", me dijo Mel. Tomó una tijera y cortó la dura tarjeta de plástico.

Mel pasaba por fuertes cambios entre la promiscuidad y la fidelidad. Algunas veces actuaba como un adolescente inundado de hormonas, y otras como un sabio. "He aprendido a distinguir entre la aflicción virtuosa y la aflicción culpable", me dijo una vez. "Ambas son reales; ambas son angustiosas, pero la segunda es mucho peor. La aflicción virtuosa, como la que sienten las personas célibes, conoce lo que le falta, pero no conoce lo que ha perdido. La aflicción culpable nunca deja de conocer." Para Mel, la aflicción culpable era la conciencia continua de que si él se decidía a hacer pública su homosexualidad, perdería su matrimonio, su carrera y su ministerio, y muy posiblemente su fe.

A pesar de estos sentimientos de culpa, Mel terminó llegando a la conclusión de que sólo tenía dos opciones: la locura o la cordura. Los intentos por reprimir sus apetitos homosexuales y vivir en un matrimonio heterosexual, o en un celibato homosexual, creía él, lo llevarían con seguridad a la locura. (En aquellos momentos, estaba acudiendo a un psiquiatra cinco veces por semana, a cien dólares por sesión). La cordura, decidió, significaba hallar un compañero homosexual y abrazar su identidad homosexual.

La odisea de Mel me confundía y me perturbaba. Mi esposa y yo permanecíamos despiertos muchas noches durante largas horas, hablando con él acerca de su futuro. Juntos, revisábamos todos los pasajes bíblicos relevantes, y su posible significado. Mel seguía preguntando por qué los cristianos destacaban todas las referencias a las uniones de un mismo sexo, mientras pasaban por alto otras formas de conducta mencionadas en los mismos pasajes.

A petición suya, asistí a la primera marcha homosexual en Washington, en 1987. No fui como uno de los que desfilaban; ni siquiera como periodista, sino como amigo de Mel. Él quería tenerme cerca mientras iba pasando por algunas de las decisiones que tendría que tomar.

Se habían reunido para la marcha alrededor de trescientos mil homosexuales, y había una minoría con la clara intención de impresionar al público con unos atuendos que ningún noticiero de la noche podía televisar. Aquel día de octubre estaba frío, y unas nubes grises dejaban caer gotas de lluvia sobre las columnas de personas que desfilaban por la capital.

Mientras veía el desfile, directamente ante la Casa Blanca, pude observar un airado enfrentamiento. Unos policías montados a caballo habían formado un círculo de protección alrededor de un pequeño grupo de contrarios a los manifestantes que, gracias a sus cartelones anaranjados con gráficas descripciones del fuego del infierno, se las habían arreglado para atraer a la mayoría de los fotógrafos de la prensa. A pesar de que los superaban en una proporción de quince mil a uno, estos manifestantes cristianos les estaban gritando lemas incendiarios a los homosexuales del desfile.

"¡Degenerados, váyanse a sus casas!", les gritaba su líder por un micrófono, y los otros repetían: "¡Degenerados, váyanse!¡Degenerados, váyanse! . . ." Cuando se cansaban de ese lema, cambiaban a "Vergüenza les debería dar". Entre uno y otro lema, el líder lanzaba pequeños sermones llenos de azufre acerca de que Dios reserva las llamas más ardientes del infierno para los sodomitas y otros pervertidos.

"SIDA, SIDA, es lo que se merecen", era el último lema en el repertorio de estos manifestantes, y el que gritaban con mayor ardor. Acabábamos de ver un triste desfile de varios centenares de personas con el SIDA: muchos en silla de ruedas, con un cuerpo demacrado como el de los supervivientes de los campos de concentración. Mientras escuchaba este lema, no podía comprender cómo alguien le podía desear un destino así a otro ser humano.

Por su parte, los manifestantes homosexuales les contestaban de distintas formas a los cristianos. Los camorristas les tiraban besos, o les contestaban: "¡Fanáticos, fanáticos! ¿No les da vergüenza?" Un grupo de lesbianas hizo que la prensa se riera un poco al gritarles al unísono a sus oponentes: "¡Queremos sus esposas!"

Entre los que desfilaban, había por lo menos tres mil que se identificaban a sí mismos con diversos grupos religiosos: el movimiento católico de "Dignidad", el grupo episcopal "Integridad", e incluso unos cuantos mormones y adventistas del séptimo día. Más de mil marchaban bajo el estandarte de la Iglesia Comunitaria Metropolitana (ICM), una denominación que profesa tener una teología mayormente evangélica, con excepción de su posición acerca de la homosexualidad. Este último grupo tuvo una conmovedora respuesta para los asediados manifestantes cristianos: se reunieron, se volvieron de frente a ellos, y cantaron: "Cristo me ama; Cristo me ama . . . La Biblia dice así".

Las abruptas ironías que había en aquella escena de enfrentamiento me impresionaron. Por una parte estaban los cristianos defendiendo la doctrina pura (ni siquiera el Concilio Nacional de Iglesias ha aceptado como miembro a la denominación de la ICM). Por otra parte estaban los "pecadores", muchos de los cuales admitían abiertamente que practicaban la homosexualidad. Sin embargo, el grupo más ortodoxo escupía odio, mientras que el otro grupo cantaba sobre el amor de Jesús.

Durante aquel fin de semana en Washington, Mel me presentó a muchos de los líderes de los grupos religiosos. No recuerdo haber asistido nunca a tantos cultos en un fin de semana. Para mi sorpresa, la mayoría de los cultos usaban los himnos y el orden de culto de los evangélicos comunes y corrientes, y no oí nada dudoso en la teología que se predicaba desde los púlpitos. "La mayoría de los cristianos homosexuales son bastante conservadores en su teología", me explicó uno de los líderes. "Recibimos tanto odio y tanto rechazo de parte de la iglesia, que no tenemos razón alguna para molestarnos en absoluto con ella, a menos que creamos realmente que el evangelio es cierto." Oí numerosas historias personales que apoyaban su afirmación.

Todos los homosexuales que entrevisté podían contar horripilantes historias de rechazo, odio y persecución. La mayoría habían sido insultados y golpeados tantas veces, que habían perdido la cuenta. La mitad de los que entrevisté habían sido desheredados por sus familias. Algunos de los pacientes de SIDA habían tratado de hacer contacto con su familia, de la que estaban apartados, para informarles sobre su enfermedad, pero nunca habían recibido respuesta. Un hombre, después de diez años de separación, fue invitado a su casa de Wisconsin para la cena del día de Acción de Gracias. Su madre lo sentó separado de la familia, con mesa aparte, platos de cartón y utensilios de plástico.

Algunos cristianos dicen: "Sí, debemos tratar con compasión a los homosexuales, pero al mismo tiempo les debemos dar un mensaje de juicio". Después de todas estas entrevistas, comencé a comprender que todos los homosexuales han oído de la iglesia el mensaje de juicio; una y otra vez, y nada más que juicio. Los homosexuales con mayor inclinación teológica entre los que entrevisté, interpretan de manera distinta los pasajes bíblicos sobre la homosexualidad. Algunos de ellos me dijeron que se habían ofrecido a sentarse para discutir estas diferencias con expertos conservadores, pero ninguno había aceptado.

Me fui de Washington con la cabeza dando vueltas. Había asistido a cultos atestados de gente, marcados por el fervor en el canto, la oración y los testimonios, orientados todos alrededor de lo que la iglesia cristiana siempre ha enseñado que es pecado. También pude darme cuenta de que mi amigo Mel cada vez se acercaba más a una decisión que yo sabía que sería moralmente equivocada: divorciarse de su esposa y perder su ministerio para comenzar una espantosa vida nueva repleta de tentaciones.

Me vino a la mente que mi propia vida habría sido mucho más sencilla si nunca hubiera conocido a Mel White. Pero él

era amigo mío; ¿cómo lo debía tratar? ¿Qué me indicaría la
gracia que hiciera? ¿Qué haría Jesús?

Después de que Mel descubrió su situación, y se publicó su
historia, sus antiguos colegas y jefes lo trataron con frial-
dad. Famosos cristianos que lo habían recibido, habían trabajado con él y hecho centenares de miles de dólares con su
trabajo, de pronto se apartaron de él. En un aeropuerto, se encontró con un importante líder cristiano que él conocía muy
bien, y le extendió la mano. El hombre frunció el ceño, le viró
la espalda y ni siquiera le quiso dirigir la palabra. Cuando salió el libro de Mel, algunos de los cristianos con los que él había trabajado convocaron conferencias de prensa para
denunciarlo, negando que hubieran mantenido una estrecha
relación con él en el pasado.

Durante un tiempo, los programas de entrevistas por radio y los de televisión como *60 Minutos* estuvieron muy interesados en tener a Mel. A los medios de comunicación
seculares les encantaba el ángulo de un homosexual furtivo
trabajando para líderes de la derecha religiosa, y sondeaban
sus relatos acerca de celebridades evangélicas en busca de
chismes. Mientras aparecía en esos programas, Mel tenía noticias acerca de muchos cristianos. "Prácticamente en todos
los programas en los que he aparecido", me decía, "alguien ha
llamado para decir que yo soy una abominación, y que se me
debería tratar de acuerdo con las leyes de Levítico; es decir,
que me deberían apedrear hasta morir".

Sencillamente porque Mel me mencionaba en su libro, yo
también oí hablar a estos cristianos. Un hombre me incluyó
una copia de una carta que le había escrito a Mel, y que terminaba así:

> Oro de veras para que un día usted se arrepienta ge-
> nuinamente, anhele de verdad la liberación del pecado
> que lo esclaviza y renuncie a las falsas enseñanzas de la
> supuesta "iglesia homosexual". Si no lo hace, afortuna-
> damente usted va a recibir lo que se merece: una eterni-

dad en el infierno, reservada para todos los que son esclavos del pecado y se niegan a arrepentirse.

Cuando yo le contesté al que había escrito esta carta, le pregunté si en realidad había querido decir "afortunadamente", y él me contestó con una larga carta repleta de citas bíblicas, para afirmar que eso era lo que había querido decir.

Yo comencé a proponerme conocer a otros homosexuales de nuestro vecindario, entre ellos algunos que procedían de un fondo cristiano. "Yo aún creo", me dijo uno. "Me encantaría ir a la iglesia, pero cada vez que he tratado de hacerlo, alguien propaga rumores acerca de mí, y de pronto todo el mundo me deja solo." Después añadió una escalofriante observación: "En mi condición de homosexual, he descubierto que me es más fácil conseguir sexo por las calles, que un abrazo en la iglesia".

Me relacioné con otros cristianos que han querido tratar a los homosexuales de una forma amorosa. Barbara Johnson, por ejemplo, es una escritora cristiana de categoría que supo primero que su hijo era homosexual, y después que la iglesia no sabía cómo manejar aquella realidad. Ella comenzó una asociación llamada "Ministerio de la Espátula" (por aquello de "Pegué un estallido tal, que hubo que rasparme del techo con una espátula") para ministrarles a otros padres que estuvieran en su situación. Convencida de que la Biblia la prohíbe, Bárbara se opone a la práctica homosexual y siempre deja esto en claro. Sencillamente, está tratando de formar un refugio para otras familias que no lo hallan en su iglesia. Las circulares de Bárbara están llenas de historias de familias que han quedado desgarradas, y después se han vuelto a unir dolorosamente. "Son nuestros hijos; nuestras hijas", dice Bárbara. "No nos podemos contentar con cerrarles la puerta."

Hablé también con Tony Campolo, destacado orador cristiano que se opone a la práctica homosexual, al mismo tiempo que admite que la orientación homosexual es algo muy arraigado y casi imposible de cambiar. El ideal que propone es el del celibato sexual. En parte a causa del ministerio de su esposa en la comunidad homosexual, Tony ha sido difamado por otros cristianos, lo cual ha tenido por consecuencia la cancelación de numerosas conferencias. En una convención, un grupo que protestaba distribuyó copias de una supuesta correspondencia entre Tony y los líderes de la Nación Homosexual. La carta era falsa, y formaba parte de una campaña para desprestigiarlo.

Para gran sorpresa mía, aprendí mucho acerca del trato que recibe la gente "diferente" con Edward Dobson, graduado de la Universidad Bob Jones, quien fuera mano derecha de Jerry Falwell, y fundador del *Fundamentalist Journal* [Periódico fundamentalista]. Dobson dejó la organización de Falwell para tomar un pastorado en Grand Rapids, Michigan, y mientras estaba allí, se interesó en el problema del SIDA en su ciudad. Pidió reunirse con algunos de los líderes homosexuales de la ciudad y ofreció los servicios de los miembros de su iglesia.

Aunque las creencias de Dobson en cuanto a lo errónea que es la práctica homosexual no han cambiado, él se sintió obligado a acercarse en amor cristiano a la comunidad homosexual. Los activistas homosexuales se sintieron escépticos, por llamarlo de alguna forma. Conocían la reputación de Dobson como fundamentalista, y a ellos como a tantos homosexuales, la palabra "fundamentalista" les trae a la mente una gente parecida a los manifestantes que yo vi en Washington, D. C.

Con el tiempo, Ed Dobson se ganó la confianza de la comunidad homosexual. Comenzó a animar a su congregación para que consiguiera regalos de Navidad destinados a personas con VHI positivo y les ofreciera medios prácticos de atención a los enfermos y moribundos. Muchos de ellos no habían conocido a un homosexual nunca antes. Unos pocos se negaron a cooperar. Sin embargo, poco a poco, ambos grupos se comenzaron a ver el uno al otro bajo una nueva luz. Una persona homosexual se lo expresó así a Dobson: "Nosotros comprendemos cuál es su posición, y sabemos que no están de acuerdo con nosotros. Pero aun así, nos manifiestan el amor de Jesús, y eso es lo que nos atrae."

Para muchos pacientes de SIDA de Grand Rapids, la palabra *cristiano* tiene ahora una connotación muy distinta a la que tenía hace unos pocos años. Esta experiencia de Dobson ha demostrado que los cristianos pueden tener una firme posición acerca de la conducta moral, y con todo, manifestar amor. Ed Dobson me dijo en una ocasión: "Si al morir yo, alguien se levantara en mi funeral sólo para decir: 'Ed Dobson estimó a los homosexuales', yo me sentiría orgulloso".

Entrevisté también al Doctor C. Everett Koop, quien era entonces el Jefe Médico del Servicio de Salud Pública de los Estados Unidos. Las credenciales de Koop como evangélico son impecables. Fue él, trabajando junto a Francis Schaeffer, quien ayudó a movilizar a la comunidad cristiana conservadora para que entrara en la lucha política en las cuestiones a favor de la vida.

En su papel como "el médico de la nación", Koop visitaba pacientes de SIDA. Al ver aquellos cuerpos esqueléticos, demacrados y cubiertos de llagas moradas, comenzó a sentir una profunda compasión por ellos, como médico y como cristiano. Él había jurado cuidar a los débiles y desamparados, y no había grupo más débil y desamparado en toda la nación.

Durante siete semanas, Koop sólo les habló a diversos grupos religiosos, entre los que estaban la iglesia de Jerry Falwell, la Convención Nacional de Medios de Difusión Religiosos, grupos conservadores dentro del judaísmo, y católicos romanos. En esos discursos, que pronunció vestido con todo su uniforme del Servicio de Salud Pública, Koop reafirmó la necesidad de abstinencia sexual y de monogamia en el matrimonio, pero añadió: "Yo soy el Jefe Médico de heterosexuales y homosexuales por igual; de jóvenes y ancianos, de personas morales e inmorales". En ellos exhortaba a los demás cristianos diciendo: "Aunque odien el pecado, deben amar al pecador".

Koop expresó siempre su aborrecimiento personal por la promiscuidad sexual —usaba constantemente la palabra "sodomía" al referirse a los actos homosexuales—, pero como Jefe Médico de la nación, cabildeó a favor de los homosexuales y se preocupó por ellos. Apenas lo podía creer en una ocasión cuando les habló a doce mil homosexuales en Boston, y éstos comenzaron a gritar: *¡Koop! ¡Koop! ¡Koop! ¡Koop!* "El apoyo que proporcionan es increíble, a pesar de lo que yo digo acerca de sus prácticas. Supongo que se deba a que soy la persona que supo decir: 'Yo soy el Jefe Médico de todos, e iré a su encuentro allí donde estén. Además, he pedido que se les tenga compasión, y que haya voluntarios que vayan a cuidarlos.' " Koop nunca cedió en cuanto a sus creencias —aun hoy insiste en seguir usando la palabra "sodomía", que tiene tanta carga emocional—, pero ningún cristiano evangélico obtiene una acogida más calurosa que él entre los homosexuales.

Por último, con los padres de Mel White aprendí algo muy importante acerca de la gente "diferente". Un equipo de una red de televisión filmó un segmento en el cual entrevistaban a Mel, a su esposa, sus amigos y sus padres. Es asombroso que la esposa de Mel lo siguiera apoyando y diciendo grandes cosas de él después del divorcio; hasta escribió el prólogo de su libro. A los padres de Mel, cristianos conservadores y respetadas columnas de su comunidad (el padre de Mel ha sido alcalde de su ciudad), les costó más aceptar la situación. Después de que Mel les expuso su situación, pasaron por varias etapas de conmoción y de negación.

Hubo un instante en que el entrevistador de televisión les preguntó frente a la cámara a los padres de Mel: "Ustedes saben lo que están diciendo otros cristianos de su hijo. Dicen que es una abominación. ¿Qué piensan de eso?"

"Bueno", le respondió la madre con una voz dulce y temblorosa, "tal vez sea una abominación, pero sigue siendo nuestro orgullo y nuestro gozo".

Esas palabras se me han quedado grabadas, porque he llegado a considerarlas como una desgarradora definición de la gracia. He llegado a comprender que la madre de Mel White expresó la forma en que Dios nos ve a todos nosotros. En cierto sentido, todos somos abominación para Él —*Todos pecaron, y están destituidos de la gloria de Dios*— y sin embargo, contra toda lógica, Dios nos ama de todas formas. La gracia declara que aún somos el orgullo y el gozo de Dios.

Paul Tournier escribía acerca de un amigo que se estaba divorciando:

> No puedo aprobar su curso de acción, porque el divorcio es siempre una desobediencia a Dios. Estaría traicionando mis creencias si le escondiera esto a él. Sé que siempre hay una solución distinta al divorcio en los conflictos matrimoniales, si realmente estamos dispuestos a buscarla, dejando que Dios nos guíe. Con todo, sé que esta desobediencia no es peor que la difamación, la mentira, el gesto de orgullo del cual soy culpable todos los días. Las circunstancias de nuestra vida son diferentes, pero la realidad de nuestros corazones es la misma. Si yo me hallara en su lugar, ¿actuaría diferente a él? No tengo idea. Por lo menos sé que necesitaría amigos que me amaran sin reservas, tal como soy, con todas mis debilidades, y que confiaran en mí sin juzgarme. Sin duda, si él se divorcia, se va a ver metido en dificultades mayores que las de hoy. Necesitará aún más de mi afecto, y ésta es la seguridad que le debo dar.

Mel White me llamó en medio de una de sus campañas como activista. Estaba ayunando en una casa móvil en Colorado Springs, estado de Colorado, un lugar fuerte del conservadurismo, apodado "terreno cero" por los activistas pro derechos de los homosexuales. Dentro de la casa móvil, Mel tenía desplegada la correspondencia "de ataque a los homosexuales" enviada por diversas organizaciones cristianas de Colorado Springs. Él les estaba pidiendo a los líderes cristianos del lugar que desistieran de la retórica incendiaria, porque en muchos lugares del país, los crímenes de odio contra los homosexuales se habían vuelto epidémicos.

Estaba pasando una semana difícil. Un comentarista de la radio local le había hecho algunas amenazas veladas, y por la noche había gente que daba vueltas con su auto alrededor de la casa móvil, sonando la bocina para impedir que se durmiera.

"Un reportero está tratando de juntarnos a todos de una vez por todas", me dijo Mel por teléfono. "Ha invitado a los de línea dura de ACT UP, y algunas ministras lesbianas de la ICM, además de varios ejecutivos de lugares como Enfoque a la familia y los Navegantes. No sé lo que va a suceder. Tengo hambre, estoy agotado y siento miedo. Necesito que estés allí."

Así que fui. Mel es la única persona que conozco, que pueda reunir semejante grupo. En la misma sala se hallaban personas de la derecha política y de la izquierda, y la tensión que había en el aire era palpable. Recuerdo muchas cosas de aquella noche, pero una se destaca sobre todas. Cuando Mel me pidió que hablara acerca de algunas de las cuestiones, me presentó como amigo suyo y habló un poco sobre nuestra historia juntos. Terminó diciendo: "Yo no sé cómo siente Philip acerca de todos los aspectos del tema de la homosexualidad, y para decirles la verdad, tengo miedo de preguntárselo. Pero sí sé cómo se siente con respecto a mí: me estima."

Mi amistad con Mel me ha enseñado mucho acerca de la gracia. En la superficie, esta palabra podrá parecer una expresión breve de la borrosa tolerancia del liberalismo: ¿no podemos contentarnos con llevarnos bien? Sin embargo, la gracia es diferente. Llevada hasta sus raíces teológicas, incluye un elemento de sacrificio de sí mismo; un precio.

Yo he visto a Mel manifestar un espíritu de gracia una y otra vez hacia los cristianos que lo insultan. Una vez le pedí ver un poco de la correspondencia de odio que le llega de los cristianos, y apenas pude revisar aquellas cartas. Sus páginas estaban manchadas de odio. En el nombre de Dios, los que las habían escrito hacían llover maldiciones, vulgaridades y amenazas. Yo tenía ganas de protestar: "Esperen; Mel es mi amigo. Ustedes no lo conocen." Sin embargo, para los que habían escrito las cartas, Mel era una etiqueta —¡*pervertido!*—, y no una persona. Conociendo a Mel, comprendo mejor los peligros de los que Jesús habló de forma tan tajante en el Sermón del Monte: lo rápido que acusamos a los demás de asesinato, y no hacemos caso de nuestra propia ira; o de adulterio, y descuidamos nuestra propia lujuria. La gracia muere cuando se convierte en un "nosotros contra ellos".

He leído también algunas de las cartas que Mel recibió como respuesta a su libro *Stranger at the Gate*. La mayoría procedían de personas homosexuales, y se limitaban a contar una historia. Al igual que Mel, muchos de los que habían escrito aquellas cartas, habían intentado suicidarse. Al igual que Mel, muchos sólo habían recibido rechazos por parte de las iglesias. Se vendieron ochenta mil libros, y hubo cuarenta y un mil respuestas de lectores. ¿Podría estar diciendo algo esta proporción acerca del hambre de gracia que hay en la comunidad homosexual?

He observado a Mel mientras se trataba de abrir paso en una nueva carrera. Perdió toda su antigua clientela, sus ingresos disminuyeron en un setenta y cinco por ciento, y se tuvo que trasladar de una casa de lujo a un apartamento. En su condición de Ministro de Justicia para la denominación ICM, pasa ahora gran parte de su tiempo hablándoles a pequeños grupos de hombres y mujeres homosexuales en sus iglesias; grupos que, por decirlo bondadosamente, no hacen nada para alimentar la vanidad del orador.

La idea misma de una "iglesia homosexual" me parece insólita. He conocido homosexuales célibes que no practican, y que están desesperados por encontrar otra iglesia que los reciba, pero no han encontrado ninguna. Me siento triste porque las iglesias a las que asisto se están perdiendo los dones espirituales de estos cristianos, y también porque me da la impresión de que la denominación ICM se centra excesivamente en las cuestiones sexuales.

Entre Mel y yo existen profundas diferencias. No puedo aprobar muchas de las decisiones que ha tomado. "Tal vez un día nos encontremos en los lados opuestos de una manifestación", predijo él hace varios años. "Entonces, ¿qué le pasará a nuestra amistad?"

Recuerdo un difícil enfrentamiento que se produjo en un café de la cadena Red Lion Inn cuando yo acababa de regresar de Rusia. Estaba arrebatado con tantas noticias sobre la caída del comunismo, sobre la nueva apertura con respecto a Cristo en casi una tercera parte del mundo, sobre las increíbles palabras que había escuchado directamente de labios de Gorbachev y de la KGB. Me parecía un raro momento de gracia en un siglo que ha conocido tan poca.

En cambio, Mel tenía una agenda totalmente distinta. "¿Puedes apoyar mi ordenación?", me preguntó. En aquellos momentos, la homosexualidad, por no decir la sexualidad misma, estaba muy lejos de mi mente. Estaba pensando en la caída del marxismo, el final de la guerra fría, la emancipación del Gulag.

"No", le dije a Mel después de pensarlo un momento. "Basado en tu historia personal y en lo que leo en las epístolas, no me parece que reúnas los requisitos. Si tuviera que votar sobre tu ordenación, votaría que no."

Hicieron falta meses para que nuestra amistad se recuperara de aquella conversación. Yo le había respondido con sinceridad, de improviso, pero a Mel le pareció un rechazo directo y personal. Trato de ponerme en su lugar, de comprender lo que debe significar para él seguir siendo amigo de una persona que escribe para la revista *Christianity Today* y que representa a la iglesia evangélica instituida que lo ha hecho sufrir tanto. Le sería muy fácil rodearse de partidarios que piensen como él.

Francamente, me parece que nuestra amistad requiere de mucha más gracia por parte de Mel, que por la mía.

Puedo predecir el tipo de cartas que recibiré como reacción ante esta historia. La homosexualidad es un punto tan candente, que atrae respuestas apasionadas de ambos lados. Los conservadores me bombardearán por mimar a un pecador, y los liberales me atacarán por no apoyar su posición. Repito de nuevo que no estoy hablando sobre mi punto de vista en cuanto a la conducta homosexual, sino sobre mis actitudes hacia los homosexuales. He utilizado el ejemplo de mi relación con Mel White —evadiendo deliberadamente algunas de las cuestiones— porque para mí, ha significado una intensa y continua prueba sobre la forma en que la gracia me llama a tratar a la gente "diferente".

Estas diferencias profundas, en cualquier ámbito, forman una especie de encrucijada de la gracia. Algunos tendrán que luchar con la forma de tratar a los fundamentalistas que los han herido en el pasado. Will Campbell se dio a la tarea de reconciliarse con los blancos intolerantes y los miembros del Ku Klux Klan. Otros batallan con la arrogancia y la estrechez de miras de los liberales "políticamente correctos". Los blancos deben lidiar con las diferencias entre ellos y los afroamericanos, y viceversa. Los negros de los barrios pobres también deben resolver unas complicadas relaciones con los judíos y los coreanos.

Un asunto como el de la homosexualidad es un caso especial, debido a que la diferencia se centra en una cuestión moral, y no transcultural. Durante la mayor parte de la historia, la iglesia ha considerado de manera abrumadora que la conducta homosexual es un grave pecado. Entonces la pregunta se convierte en ésta: "¿Cómo tratamos a los pecadores?"

Pienso en los cambios que han tenido lugar dentro de la iglesia evangélica durante mi vida en cuanto al tema del divorcio, una cuestión de la cual Jesús habla con toda claridad. Hoy en día, a las personas divorciadas no se las evita, ni se las echa de las iglesias, se las escupe o se les grita. Aun los que consideran que el divorcio es un pecado, han llegado a aceptar a los pecadores, y tratarlos con consideración, e incluso con amor. Hay otros pecados sobre los cuales la Biblia también habla con claridad —por ejemplo, la codicia—, que no parecen ser obstáculo alguno. Hemos aprendido a aceptar a la persona sin aprobar su conducta.

Al estudiar la vida de Jesús, me he convencido de que cuantas barreras tengamos que superar al tratar a la gente "diferente" no se pueden comparar con lo que superó un Dios santo —que habitaba en el Lugar Santísimo, y cuya presencia hacía que salieran fuego y humo de la cima de los montes, llevando la muerte a cuanta persona inmunda anduviera cerca—, cuando descendió para reunirse con nosotros en el planeta Tierra.

Una prostituta, un acaudalado explotador, una mujer poseída por demonios, un soldado romano, un samaritano con las llagas abiertas y otra samaritana con maridos en serie; me maravillo de que Jesús se haya ganado la reputación de ser "amigo de pecadores" como éstos. Helmut Thielicke escribe:

Jesús tuvo poder para amar a las prostitutas, los abusadores y los rufianes... Sólo pudo hacer esto, porque vio más allá de la inmundicia y la costra de degeneración; porque sus ojos captaron el original divino escondido en todo sentido, en *todo* ser humano... Primeramente y por encima de todo, Él nos da unos ojos nuevos . . .

Cuando Jesús amaba a alguien cargado de culpa y lo ayudaba, veía en él a un hijo descarriado de Dios. Veía en él a un ser humano a quien su Padre amaba, y por quien se angustiaba, porque iba por mal camino. Lo veía como Dios lo había diseñado originalmente, y había querido que fuera, y por consiguiente veía, más allá de la superficie de mugre y suciedad, al verdadero hombre que había debajo. Jesús no *identificaba* a la persona con su pecado, sino que veía en ese pecado algo ajeno, algo que en realidad no le pertenecía, y de lo cual la iba a liberar para devolverla a su verdadera personalidad. Jesús podía amar a los seres humanos, porque los amaba atravesando su capa de lodo.

Seremos abominaciones, pero seguimos siendo el orgullo y el gozo de Dios. Todos los que estamos en la iglesia, necesitamos "ojos sanados por la gracia" para ver el potencial que hay en otros con respecto a la misma gracia que Dios ha derramado con tanta abundancia sobre nosotros. "Amar a una persona", decía Dostoyevsky, "significa verla como Dios quería que fuera".

El novelista católico cree que podemos destruir nuestra libertad con el pecado; el lector moderno cree, me parece, que ésa es la forma de adquirirla. No hay mucha posibilidad de entendimiento entre ambos.

Flannery O'Connor

ESCAPATORIAS

Robert Hughes, historiador y crítico de arte, cuenta de un convicto sentenciado a cadena perpetua en una isla de seguridad máxima situada frente a la costa de Australia. Un día, sin provocación alguna, se volvió contra otro preso y lo golpeó hasta matarlo. Las autoridades embarcaron al asesino de vuelta al continente para juzgarlo, y allí hizo un relato franco y frío de su crimen. No mostró señal alguna de arrepentimiento, y negó haber tenido algún tipo de resentimiento contra la víctima. "Entonces, ¿por qué?", le preguntó el desconcertado juez. "¿Qué motivo lo impulsó?"

El prisionero contestó que estaba harto de vivir en la isla, lugar notorio por su brutalidad, y no veía razón alguna para seguir viviendo. "Sí, sí, comprendo todo eso", le dijo el juez. "Puedo ver las razones por las que usted se querría ahogar en el océano. Pero, ¿asesinar? ¿Por qué asesinar?"

"Bueno, me imagino que sea algo como esto", dijo el prisionero. "Yo soy católico. Si me suicido, me voy de cabeza al infierno. Pero si asesino a alguien, puedo regresar aquí a Sidney, y confesarme con un sacerdote antes de la ejecución. De esa forma, Dios me va a perdonar."

La lógica de aquel prisionero australiano era la exactamente opuesta a la del príncipe Hamlet, quien no quiso matar al rey mientras éste oraba en la capilla, no fuera a ser que se le perdonaran sus malas obras y se fuera derecho al cielo.

Todo el que escribe acerca de la gracia se debe enfrentar con las evidentes escapatorias que la rodean. En el poema de W. H. Auden llamado "For the Time Being" [Por el momento presente], el rey Herodes capta en su astucia las consecuencias lógicas de la gracia: "Todos los bandidos van a alegar: 'A mí me gusta cometer crímenes. A Dios le gusta perdonarlos. En realidad, el mundo está admirablemente organizado.' "

Admito voluntariamente que hasta este punto he presentado una imagen que corresponde a un solo lado de la gracia. He presentado a Dios como un padre enfermo de amor, y ansioso por perdonar, y a la gracia como una fuerza con la suficiente potencia para romper las cadenas que nos atan, y lo suficientemente misericordiosa para superar las profundas diferencias que hay entre nosotros. El que se describa la gracia con unos términos tan amplios pone nerviosa a la gente, y concedo que he ido resbalando hasta el borde mismo del peligro. Lo he hecho, porque creo que el Nuevo Testamento también lo hace. Veamos esta acertada observación del grande y experimentado predicador Martyn Lloyd-Jones:

> De esta forma, está claro que en cierto sentido, el mensaje de la "justificación por la fe solamente" puede ser peligroso, y lo mismo sucede con el mensaje de que la salvación se produce enteramente por gracia . . .
>
> Esto es lo que les diría a todos los predicadores: Si su predicación sobre la salvación no ha sido malentendida en ese sentido, entonces será mejor que examinen de nuevo sus sermones, y se aseguren de que están predicando realmente la salvación que se les ofrece en el Nuevo Testamento al impío, al pecador, a los que son enemigos de Dios. Esta clase de elemento peligroso se encuentra en la verdadera presentación de la doctrina de la salvación.

La gracia lleva en sí el aroma del escándalo. Cuando alguien le preguntó al teólogo Karl Barth qué le habría dicho a Adolfo Hitler, él contestó: "Jesucristo murió por tus pecados". ¿Los pecados de Hitler? ¿Los de Judas? ¿Acaso es que la gracia no tiene límites?

Dos gigantes del Antiguo Testamento, Moisés y David, asesinaron, y Dios los siguió amando. Tal como he mencionado, otro hombre que había dirigido una campaña de torturas llegó a ser un modelo de misioneros que nunca ha sido igualado. Pablo nunca se cansaba de describir este milagro del perdón: "Habiendo yo sido antes blasfemo, perseguidor e injuriador; mas fui recibido a misericordia porque lo hice por ignorancia, en incredulidad. Pero la *gracia* de nuestro Señor fue más abundante con la fe y el amor que es en Cristo Jesús. Palabra fiel y digna de ser recibida por todos: que Cristo Jesús vino al mundo para salvar a los pecadores, de los cuales yo soy el primero."

Ron Nikkel, quien dirige la Fraternidad Internacional de Prisiones, tiene una charla modelo que les dirige a los presos en todo el mundo. "No sabemos quién va a llegar al cielo", dice. "Jesús indicó que un buen número de personas recibirán una sorpresa: 'No todo el que me dice: Señor, Señor, entrará en el reino de los cielos'. Lo que sí sabemos es que algunos ladrones y asesinos estarán allí. Jesús le prometió el cielo al ladrón de la cruz, y el apóstol Pablo fue cómplice de asesinato." He observado la expresión que hay en las caras de los presos en lugares como Chile, Perú y Rusia, cuando entienden lo que les está diciendo Ron. A ellos, el escándalo de la gracia les parece demasiado bueno para ser cierto.

Cuando Bill Moyers filmó un programa especial de televisión sobre el himno "Sublime gracia", su cámara siguió a Johnny Cash hasta las entrañas de una prisión de máxima seguridad. "¿Qué significa para usted este canto?", les preguntó Johnny a los prisioneros después de cantar el himno. Un hombre que estaba preso por intento de asesinato le contestó: "Yo fui diácono, hombre de iglesia, pero nunca supe lo que era la gracia hasta que vine a parar a un lugar como éste".

En una conversación con un amigo al que llamaré Daniel, pude comprender la posibilidad de "abusar de la gracia" en toda su fuerza. Un día me encontré, a altas horas de la noche, sentado en un restaurante, escuchando a Daniel mientras él me confiaba que había decidido abandonar a su esposa después de quince años de matrimonio. Había hallado a otra más joven y bonita; alguien que "lo hacía sentirse vivo, como no se había sentido en años". Entre él y su esposa no había incompatibilidades fuertes. Sencillamente, quería un cambio, como el hombre al que le entran ganas de tener un auto de un modelo más nuevo.

Daniel, que era cristiano, conocía bien las consecuencias personales y morales de lo que estaba a punto de hacer. Su decisión de marcharse les causaría un daño permanente a su esposa y a sus tres hijos. Aun así, dijo, la fuerza que lo atraía como un poderoso imán hacia aquella mujer más joven, era demasiado fuerte para resistirla.

Escuché su relato con tristeza y angustia, hablando poco, mientras trataba de asimilar la noticia. Entonces, durante los postres, dejó caer la bomba: "En realidad, Philip, tengo mi agenda. La razón por la que te quería ver esta noche era para hacerte una pregunta que me ha estado molestando. Tú estudias la Biblia. ¿Crees que Dios puede perdonar algo tan terrible como lo que yo estoy a punto de hacer?

La pregunta de Daniel quedó tirada sobre la mesa, como una serpiente viva, y yo me tuve que tomar tres tazas de café antes de atreverme a darle una respuesta. En aquel intervalo, pensé larga y laboriosamente acerca de las repercusiones de la gracia. ¿Cómo podría convencer a mi amigo para que no cometiera un terrible error, si él llegaba a saber que el perdón estaba a la vuelta de la esquina? O, como en el sombrío relato australiano de Robert Hughes, ¿qué puede impedir que un convicto asesine, si sabe de antemano que se le va a perdonar?

La gracia tiene una "trampa" que debo mencionar ahora. En palabras de C. S. Lewis, "San Agustín dice que 'Dios da donde encuentra manos vacías'. El hombre que tenga las manos llenas de paquetes, no podrá recibir ningún regalo." En otras palabras, la gracia hay que recibirla. Lewis explica que eso que yo he llamado "abuso de la gracia" surge de una confusión entre disculpar y perdonar: "Disculpar un mal sólo es pasarlo por alto, tratarlo como si fuera un bien. En cambio, el perdón hace falta aceptarlo, así como se lo ha ofrecido, para que sea completo, y el hombre que no admite tener culpa, no puede aceptar perdón alguno."

En resumen, esto es lo que le dije a mi amigo Daniel. "¿Que si Dios te puede perdonar? Por supuesto. Tú conoces la Biblia. Dios usa a los asesinos y los adúlteros. Vamos, si los líderes de la iglesia del Nuevo Testamento fueron un par de granujas llamados Pedro y Pablo. El perdón es un problema *nuestro*, no de Dios. Lo que tenemos que pasar para cometer el pecado, nos distancia de Dios —cambiamos en el acto mismo de la rebelión— y no hay garantía de que vayamos a regresar. Tú me preguntas ahora sobre el perdón, pero ¿lo vas a querer más tarde, en especial sabiendo que comprende el arrepentimiento?

Varios meses después de nuestra conversación, Daniel tomó su decisión y dejó a su familia. Aún estoy por ver evidencias de arrepentimiento. Ahora, tiende a racionalizar su decisión como una forma de escapar de un matrimonio que no era feliz. A la mayoría de sus antiguos amigos los ha tachado de "demasiado estrechos de miras y críticos", y busca en cambio a gente que celebra su recién hallada liberación. En cambio, a mí Daniel no me parece muy liberado. El precio de la "libertad" ha significado volverles la espalda a quienes más lo amaban. También me dice que Dios ya no forma parte de su vida ahora. "Tal vez más tarde", me dice.

Dios se tomó un gran riesgo al anunciar por adelantado el perdón, y el escándalo de la gracia comprende un traslado de ese riesgo a nosotros.

"Ciertamente es un mal estar lleno de defectos", dijo Pascal, "pero es un mal mayor aún estar lleno de ellos y no estar dispuesto a reconocerlos".

Los seres humanos se dividen en dos tipos: no los culpables y los "justos", como piensa mucha gente, sino más bien, dos clases de personas culpables. Hay gente culpable que reconoce sus errores, y hay gente culpable que no los reconoce; estos dos grupos se encuentran en una escena que aparece en Juan 8.

El incidente tiene lugar en los atrios del templo, donde Jesús está enseñando. Un grupo de fariseos y maestros de la ley interrumpen aquel "culto", arrastrando hasta allí a una mujer atrapada en adulterio. Según las costumbres, la han desnudado hasta la cintura como señal de su vergüenza. Aterrada, indefensa, humillada en público, la mujer se encoge delante de Jesús, cubriéndose con los brazos los pechos desnudos.

Por supuesto, para el adulterio hacen falta dos, pero allí está la mujer, sola delante de Jesús. (¿La atraparon en la cama con un fariseo?) Juan aclara que los acusadores tienen menos interés en castigar un delito, que en tenderle una trampa a Jesús, y es una trampa muy astuta. La ley de Moisés decreta la muerte por apedreamiento como pena por el adulterio, pero las leyes romanas les prohíben a los judíos llevar a cabo ejecuciones. ¿Obedecerá Jesús a Moisés, o a Roma? ¿O bien, Él que es tan famoso por su misericordia, hallará alguna forma de sacar a esta adúltera del apuro? Si lo hace, deberá desafiar la ley de Moisés ante una multitud reunida en los mismos atrios del templo. Todos los ojos están fijos en Jesús.

En ese momento tan cargado de tensión, Jesús hace algo único: se inclina y escribe con el dedo en el suelo. De hecho, ésta es la única escena de los evangelios que presenta a Jesús escribiendo. Para estas únicas palabras escritas, escogió como medio un poco de arena, sabiendo que las pisadas, el viento o la lluvia las borrarían pronto.

Juan no nos dice lo que Jesús escribió en la arena. En su película sobre la vida de Jesús, Cecil B. DeMille lo presenta escribiendo los nombres de diversos pecados: adulterio, asesinato, orgullo, codicia, lujuria. Cada vez que Jesús escribe una palabra, se retiran unos cuantos fariseos más. Esta interpretación de DeMille, como todas las demás, es una conjetura. Sólo sabemos que en aquel momento cargado de peligro, Jesús se detiene, guarda silencio y escribe palabras en el suelo con el dedo. El poeta irlandés Seamus Heaney comenta que Jesús "se toma su tiempo, en todos los sentidos posibles de esta frase", captando la atención de todos, y creando una ruptura de significado entre lo que va a suceder y lo que sus oyentes quieren que suceda.

Sin duda, los oyentes ven dos categorías de actores en este drama: la mujer culpable, atrapada en su delito, y los "justos" acusadores que son, al fin y al cabo, profesionales de la religión. Cuando Jesús habla por fin, destruye por completo a una de estas categorías: "El que de vosotros esté sin pecado sea el primero en arrojar la piedra contra ella", dice.

De nuevo se inclina para escribir, tomándose más tiempo aún, y uno por uno, los acusadores se van escabullendo.

Entonces, Jesús se endereza y se dirige a la mujer, que se ha quedado sola frente a Él. "Mujer, ¿dónde están los que te acusaban? ¿Ninguno te condenó?"

"Ninguno, Señor", responde ella.

Y a esta mujer, arrastrada en medio del terror hacia lo que esperaba que fuera su ejecución, Jesús le concede la absolución: "Ni yo te condeno; vete, y no peques más".

De esta forma, y con un brillante golpe, Jesús reemplaza las dos categorías que se daban por seguras, justos y culpables, por dos categorías diferentes: pecadores que lo admiten y pecadores que lo niegan. La mujer sorprendida en adulterio no tuvo más remedio que admitir su culpa. Mucho más problemáticas eran las personas como los fariseos, que negaban o reprimían su culpa. Ellos también necesitaban tener las manos vacías para la gracia. El Doctor Paul Tournier expresa este esquema en el lenguaje de la psiquiatría: "Dios borra la culpa consciente, pero trae a la conciencia la culpa reprimida".

La escena de Juan 8 me estremece, porque yo, por naturaleza, me identifico más con los acusadores que con la acusada. Niego mucho más de lo que confieso. Cubro mis pecados con un manto de respetabilidad, y raras veces o nunca dejo que me sorprendan en una indiscreción flagrante y pública. Con todo, si entiendo correctamente este relato, es la mujer pecadora la que está más cercana al reino de Dios. De hecho, sólo puedo avanzar en el reino si me hago como esa mujer: tembloroso, humillado, sin excusas, y con las palmas de mis manos abiertas para recibir la gracia de Dios.

Esa postura de estar abierto para recibir es lo que yo llamo la "trampa" de la gracia. Es necesario recibirla, y el término cristiano para ese acto es *arrepentimiento*. Ésa es la puerta de acceso a la gracia. C. S. Lewis decía que el arrepentimiento no es algo que Dios nos exija arbitrariamente; "sencillamente es una descripción de lo que significar volver atrás". En función de la parábola del hijo pródigo, el arrepentimiento es la huida a casa que termina en una gozosa celebración. Abre el camino hacia un futuro; hacia una relación restaurada.

Las numerosas páginas violentas de la Biblia acerca del pecado se ven bajo una nueva luz cuando comprendemos el deseo que tiene Dios de llevarnos al arrepentimiento, puerta de entrada a la gracia. Jesús le dijo a Nicodemo: "Porque no envió Dios a su Hijo al mundo para condenar al mundo, sino para que el mundo sea salvo por él". En otras palabras, Él despierta mi culpa para beneficiarme. Dios no está tratando de aplastarme, sino de liberarme, y la liberación exige un espíritu indefenso, como el de aquella mujer sorprendida en su pecado; no el soberbio espíritu de los fariseos.

Si un defecto no sale a la luz, es imposible subsanarlo. Los alcohólicos saben que, a menos que la persona reconozca su problema —"Soy alcohólico"—, no hay esperanza de curación. Cuando se trata de un experto en la negación, una confesión así puede exigir una serie de intervenciones angustiosas por parte de sus parientes y amigos, quienes tie-

---

*   Los alcohólicos utilizan la expresión "borracho seco" para describir al alcohólico que deja de beber, pero sigue negando ser alcohólico; negándose a admitir que tiene un problema. Seco, pero desdichado, hace desdichados también a todos los que lo rodean. Sigue manipulando a los demás y tira de las cuerdas de la codependencia. Sin embargo, como ya no bebe, ya no tiene ningún intervalo de felicidad. Hasta es posible que los miembros de la familia de este alcohólico traten de hacer que beba de nuevo, para tener un alivio; quieren tener de vuelta a su "borracho alegre". El autor Keith Miller compara estas personas con los hipócritas que hay en las iglesias, que cambian por fuera, pero no por dentro. El cambio verdadero, tanto para el alcohólico como para el cristiano, debe comenzar con la admisión de que necesitan la gracia. La negación es un bloqueo para la gracia.

nen que "escribir en tierra" la vergonzosa verdad hasta que el alcohólico la admita.*

En palabras de Tournier:

> Los creyentes más desesperados acerca de sí mismos son los que expresan con mayor fuerza su confianza en la gracia. Así tenemos a un San Pablo . . . y a un San Francisco de Asís, quienes afirmaban ser los pecadores más grandes entre todos los hombres, y a un Calvino, quien sostenía que el hombre es incapaz de hacer el bien y de conocer a Dios con su propio poder . . .
>
> "Son los santos los que tienen el sentido de lo que es el pecado", como dice el padre Daniélou; "la sensación de pecado que tiene un alma es la medida de la conciencia que tiene de Dios".

Es posible, nos advierte Judas, el escritor bíblico, "convertir en libertinaje la gracia de nuestro Dios". Ni siquiera la insistencia en el arrepentimiento elimina por completo este peligro. Tanto mi amigo Daniel como el convicto australiano aceptaban en teoría que se necesita arrepentimiento, y ambos estaban maquinando para sacarle partido a una escapatoria de la gracia, por conseguir lo que querían ahora, y arrepentirse más tarde. Al principio, aparece una torcida idea en el fondo de la mente. *Eso es lo que quiero. Sí, yo sé que está mal. Pero, ¿por qué no lo hago de todas formas? Más tarde me podré arrepentir*. La idea crece hasta convertirse en obsesión, y la gracia termina convirtiéndose en "licencia para la inmoralidad".

Los cristianos han reaccionado de diversas formas ante este peligro. Martín Lutero, embriagado con la gracia de Dios, se reía a veces de su potencial para el abuso. "Si eres predicador de gracia, no prediques una gracia ficticia, sino verdadera, y si la gracia es verdadera, preséntate con un pecado verdadero, y no ficticio", le escribía a su amigo Melancthon. "Sé pecador y peca vigorosamente . . . Basta con que reconozcamos por medio de la riqueza de la gloria de Dios, al Cordero que lleva sobre sí el pecado del mundo; de éste no nos separa el pecado, aunque miles y miles de veces fornicásemos o matásemos en un solo día."

Otros, alarmados ante la posibilidad de que los cristianos forniquen o asesinen miles de veces en un día, han reprendido a Lutero por su hipérbole. Al fin y al cabo, la Biblia presenta la gracia como la fuerza sanadora que contrarresta el pecado. ¿Cómo pueden coexistir ambos en la misma persona? ¿Acaso no debemos "crecer en gracia", como lo ordena Pedro? ¿No debe crecer nuestro parecido de familia con Dios? "Cristo nos acepta tal como somos", escribió Walter Trobisch, "pero cuando nos acepta, no podemos seguir siendo lo que somos".

Dietrich Bonhoeffer, teólogo del siglo XX, fue el que creó la expresión "gracia barata" como forma de resumir el abuso de la gracia. Él vivió en la Alemania nazi, y lo abrumaba la cobardía con la que estaban reaccionando los cristianos ante las amenazas de Hitler. Los pastores luteranos predicaban la gracia los domingos desde el púlpito, y después se quedaban callados el resto de la semana, mientras los nazis seguían adelante con su política de racismo, eutanasia y por último, genocidio. Su libro, *El precio de la gracia*, destaca los numerosos pasajes del Nuevo Testamento que les ordenan a los cristianos alcanzar la santidad. Todo llamado a la conversión, insistía, incluye un llamado al discipulado; a asemejarnos a Cristo.

En la epístola a los Romanos, Pablo profundiza en estas mismas cuestiones. Ningún otro pasaje bíblico da una visión tan centrada en la gracia con todo su misterio, y para tener una perspectiva en cuanto al escándalo de la gracia, debemos acudir a Romanos 6 y 7.

Los primeros capítulos de Romanos han dado la alarma sobre el deplorable estado de la humanidad, con una conclusión condenatoria: "Todos pecaron, y están destituidos de la gloria de Dios". Como una fanfarria que introdujera un nuevo movimiento sinfónico, los dos capítulos siguientes hablan de una gracia que borra toda penalidad: "Mas cuando el pecado abundó, sobreabundó la gracia". Una teología ciertamente grandiosa, pero una declaración tan amplia presenta el mismo problema práctico alrededor del cual he estado dando vueltas: ¿Para qué ser bueno, si sabes de antemano que te van a perdonar? ¿Para qué luchar por ser justo como Dios quiere que sea, cuando Él me acepta tal como soy?

Pablo sabe que ha abierto una compuerta teológica. Romanos 6 pregunta con franqueza: "¿Qué, pues, diremos? ¿Perseveraremos en el pecado para que la gracia abunde?" y más adelante: "¿Qué, pues? ¿Pecaremos, porque no estamos bajo la ley, sino bajo la gracia?" Él mismo responde de manera breve y explosiva a ambas preguntas: "En ninguna manera". Otras traducciones lo dicen con mayor colorido, usando expresiones como "¡No lo permita Dios!"

Sencillamente, lo que mantiene absorto al apóstol en estos densos y apasionados capítulos, es el escándalo de la gracia. La pregunta "¿Para qué ser bueno?" se halla en el centro mismo de la reflexión de Pablo. Si sabes de antemano que te van a perdonar, ¿por qué no unirte a los paganos en sus bacanales? Come, bebe y diviértete, que mañana Dios te va a perdonar. Pablo no puede pasar por alto esta escapatoria tan evidente.

La primera ilustración presentada por Pablo (Romanos 6:1-14) va directamente al grano. La pregunta que hace es que si aumenta la gracia a medida que aumenta el pecado, entonces, ¿por qué no pecar tanto como nos sea posible y de esa forma darle a Dios más oportunidad de derramar su gracia? Aunque un razonamiento así pueda parecer perverso, en diversos momentos, los cristianos han seguido al pie de la letra esa lógica de escapatoria. Un obispo del siglo III se sintió horrorizado al ver que unos abnegados mártires de la fe cristiana pasaban su última noche en prisión dedicados a la embriaguez, el jolgorio y la promiscuidad. Su razonamiento era que, como el martirio los iba a hacer perfectos, ¿qué importaba que se pasaran sus últimas horas pecando? Y en la Inglaterra de Cromwell, una secta extremista conocida como los Alardosos [Ranters], desarrolló una doctrina sobre la "santidad del pecado". Uno de sus líderes estuvo diciendo palabrotas durante una hora entera en el púlpito de una iglesia de Londres; otros se emborrachaban y blasfemaban en público.

Pablo no tiene tiempo para estas gimnasias mentales. Cuando las rechaza, comienza con una analogía básica que hace un fuerte contraste entre la muerte y la vida. "Los que hemos muerto al pecado, ¿cómo viviremos aún en él?", pregunta incrédulo. Ningún cristiano resucitado a una vida nueva debería estar suspirando por la tumba. El pecado lleva en sí el hedor de la muerte. ¿Por qué habría de escogerlo nadie?

Sin embargo, la enérgica imagen hecha por Pablo de la oposición entre muerte y vida no responde por completo la pregunta que nos ocupa, porque la maldad no siempre tiene en sí ese hedor mortal; al menos, no lo tiene para los seres humanos caídos. El abuso de la gracia es una tentación muy real. Hojee los anuncios de cualquier revista actual y verá tentaciones a la lujuria, a la codicia, la envidia y el orgullo, que hacen el pecado francamente atractivo. Como a los cerdos de granja, a los humanos nos gusta darnos unas buenas revolcadas en el fango.

Además, aunque los cristianos hayan "muerto al pecado" de una forma teórica, éste sigue reapareciendo en la vida. Un amigo mío estaba dirigiendo un estudio bíblico sobre este pasaje, y al final se le acercó una estudiante universitaria con una expresión de perplejidad. "Yo sé que dice que hemos muerto al pecado", le dijo, "pero en mi vida parece estar muy vivo". Pablo, que era realista, reconocía este hecho; de no ser así, no nos hubiera aconsejado en el mismo pasaje: "*Consideraos* muertos al pecado", y "No reine, pues, el pecado en vuestro cuerpo mortal".

Edward O. Wilson, biólogo de Harvard, realizó con las hormigas un experimento más bien extraño que podría servir de complemento a la ilustración de Pablo. Después de notar que a las hormigas les tomaba unos cuantos días reconocer que había muerto aplastada una de sus compañeras, decidió que las hormigas identificaban la muerte por pistas procedentes del olfato, no visuales. Cuando el cuerpo de la hormiga se comenzaba a descomponer, infaliblemente las otras lo sacaban del hormiguero para ponerlo en un montón de desechos. Después de muchos intentos, Wilson llegó a la conclusión de que la pista química precisa era el ácido oleico. Si las hormigas olían ácido oleico, sacaban el cadáver; cualquier otro olor, lo pasaban por alto. Su instinto era tan fuerte, que si Wilson echaba ácido oleico sobre pedazos de papel, las hormigas se llevaban laboriosamente el papel a su cementerio.

En un último intento, Wilson les puso ácido oleico sobre el cuerpo a unas hormigas vivas. Como era de esperar, sus compañeras las capturaron y se las llevaron en procesión al cementerio de hormigas, mientras ellas protestaban agitando las patas y las antenas. Una vez depositadas allí, las indignadas "muertas vivientes" se limpiaban por completo antes de regresar al hormiguero. Si no se quitaban todo resto del ácido oleico, las otras hormigas las atrapaban de inmediato y las devolvían al cementerio. Tenía que ser posible certificar que estaban vivas, lo cual sólo era juzgado por el olor, antes de que se las aceptara de nuevo en el hormiguero.

Pienso en esta imagen, las hormigas "muertas" actuando como vivas, cuando leo la primera ilustración que presenta Pablo en Romanos 6. Aunque esté muerto, el pecado se agita obstinadamente por volver a la vida.

Pablo vuelve a presentar de inmediato el dilema, pero de una forma sutilmente distinta: "¿Qué, pues? ¿Pecaremos, porque no estamos bajo la ley, sino bajo la gracia?" (6:15). ¿Nos brinda la gracia una licencia, una especie de pase libre a través del laberinto ético de la vida? Ya he descrito a un asesino australiano y a un adúltero estadounidense que llegaron a esta misma conclusión.

"Me imagino que alguna razón habrá para obedecer las normas mientras uno está joven . . . Será para que nos queden energías suficientes para quebrantarlas todas cuando llegue a viejo", decía Mark Twain, quien intentó con toda valentía seguir su propio consejo. ¿Por qué no, si sabes de antemano que te van a perdonar? De nuevo, Pablo lanza un incrédulo "En ninguna manera". ¿Cómo se le puede responder a alguien cuya meta principal en la vida es estirar lo más posible los límites de la gracia? ¿Habrá experimentado esta persona la gracia alguna vez de verdad?

La segunda analogía de Pablo (6:15-23), la esclavitud humana, le añade una dimensión nueva al desarrollo del tema: "Erais esclavos del pecado", comienza diciendo, y trazando una hábil comparación. El pecado es un amo que nos controla, tanto si nos gusta como si no. Es paradójico, pero la búsqueda frontal de la libertad se convierte con frecuencia en esclavitud; insista en que tiene libertad para perder los estribos cada vez que se sienta enojado, y muy pronto se verá convertido en esclavo de la furia. En la vida moderna, todas esas cosas que hacen los adolescentes para expresar su libertad —fumar, tomar alcohol, usar drogas o pornografía— se convierten en sus implacables amos.

A muchos, el pecado les parece una forma de esclavitud; o en términos modernos, de adicción. Cualquier miembro de un grupo que practique los doce pasos, puede describir el proceso. Tome la firme resolución de no ceder ante su adicción, y por un tiempo disfrutará de la libertad. Sin embargo, cuántos experimentan un triste regreso a la esclavitud.

He aquí la precisa descripción de esta paradoja que presenta el novelista François Mauriac:

> Una por una, las pasiones despiertan, salen a la caza y olfatean al objeto de su codicia; están atacando a la pobre alma indecisa por detrás, y está perdida. Con cuánta frecuencia ha sido arrojada al hoyo, para ahogarse con el fango, agarrarse a los bordes y salir de nuevo a la luz, y entonces sentir que le fallan las manos y vuelve de nuevo a las tinieblas, antes de someterse por fin a la ley de la vida espiritual, la ley menos entendida del mundo, y la que más rechaza, aunque sin ella no le sería posible alcanzar la gracia de la perseverancia. Lo que hace falta es renunciar al yo, y esto queda expresado de manera perfecta en esta frase de Pascal: "Renunciación completa y dulce. Sumisión absoluta a Jesucristo y a mi director espiritual".

Tal vez la gente se ría y se burle de usted por no ser digno del título de hombre libre y por tenerse que someter a un amo . . . Pero esta esclavitud es en realidad una liberación milagrosa, porque incluso cuando usted era libre, se pasaba todo el tiempo fabricándose cadenas para sí mismo, y poniéndoselas, remachándolas cada vez más apretadas. Durante los años en que usted se creía libre, se estaba sometiendo como el buey al yugo, a sus incontables males hereditarios. Desde la hora de su nacimiento, ni uno solo de sus delitos ha dejado de seguir vivo, ha dejado de aprisionarlo más y más cada día, ha dejado de engendrar otros delitos. El Hombre al que usted se está sometiendo, *no lo quiere libre para que sea esclavo*: Él rompe el círculo vicioso de sus grilletes y, contra sus deseos a medio extinguir y aún humeantes, enciende y reviva el fuego de la gracia.

En una tercera ilustración (7:1–6), Pablo compara la vida espiritual al matrimonio. La analogía básica no es nueva, puesto que la Biblia presenta con frecuencia a Dios como un enamorado que persigue a una novia veleidosa. La intensidad de los sentimientos que tenemos por la persona con la cual decidimos pasar la vida, refleja la pasión que Dios siente por nosotros, y Dios quiere que contestemos a esa pasión con otra pasión semejante.

Mucho más que la analogía de la muerte, o la de la esclavitud, es la analogía del matrimonio la que da respuesta a la pregunta que Pablo comenzó con su: ¿Por qué ser bueno? En realidad, no es la pregunta correcta. Debería ser: ¿Por qué amar?

Un verano tuve que estudiar alemán básico para terminar unos estudios postgraduados. ¡Qué verano tan terrible! En aquellos atardeceres encantadores, mientras mis amigos navegaban a vela por el lago Michigan, montaban bicicleta y tomaban capuchino en los cafés al aire libre, yo estaba metido en casa con un tutor Kapomeister, analizando verbos alemanes. Cinco noches por semana, me pasaba tres horas por noche aprendiendo vocabulario y desinencias de memoria para no volverlos a usar nunca. Soportaba aquella tortura con un único propósito: aprobar el examen y conseguir mi título.

¿Qué tal si el secretario de la universidad me hubiera prometido: "Philip, queremos que estudies mucho, aprendas alemán y hagas el examen, pero te prometemos de antemano que lo vas a aprobar. Ya tenemos hecho tu diploma"? ¿Le parece que hubiera pasado todas aquellas encantadoras tardes de verano metido en un caluroso e incómodo apartamento? De ningún modo. En breve, ése era el dilema teológico al que se enfrentaba Pablo en Romanos.

¿Para qué aprender alemán? Por supuesto que hay razones muy nobles —los idiomas amplían la mente y expanden nuestra posibilidad de comunicación—, pero esos motivos nunca me habían llevado a estudiar alemán antes. Lo estudié por razones egoístas, para terminar unos estudios, y sólo la amenaza de las consecuencias que se cernían sobre mí hizo que reorganizara mi orden de prioridades aquel verano. Hoy día, recuerdo muy poco del alemán con el que me atesté la mente. "El régimen viejo de la letra" (la forma en que Pablo describe la ley del Antiguo Testamento) produce, cuando más, unos resultados a corto plazo.

¿Qué me podría inspirar a aprender alemán? Se me ocurre un incentivo poderoso. Si mi esposa, la mujer de la que me enamoré, sólo hablara alemán, yo había aprendido ese idioma en un tiempo muy breve. ¿Por qué? Porque habría tenido un urgente deseo de comunicarme *mit einer schöner Frau* [con una bella mujer]. Habría estado hasta altas horas de la noche conjugando los verbos y colocándolos con corrección al final de las oraciones gramaticales en mis cartas de amor, atesorando cada adición a mi vocabulario como una nueva forma de expresarme ante la persona amada. Habría aprendido el alemán sin quejarme, con la relación misma como recompensa.

Esa realidad me ayuda a comprender el áspero "En ninguna manera" con el que Pablo responde a la pregunta "¿Seguiremos pecando para que aumente la gracia?" ¿Qué le parece que un novio sostuviera con su novia una conversación como la siguiente en su noche de bodas?: "Mi amor, te quiero mucho y estoy ansioso por pasar la vida contigo, pero necesito resolver unos cuantos detalles. Después de que nos casemos, ¿hasta dónde puedo llegar con otras mujeres? ¿Puedo dormir con ellas? ¿Puedo besarlas? No te importa que tenga una aventurita de vez en cuando, ¿verdad que no? Sé que es posible que te hiera, pero piensa en todas las oportunidades de perdonarme que vas a tener cada vez que te traicione." Un Don Juan así, lo único que se merece de respuesta es una bofetada en la cara y un "En ninguna manera". Es evidente que no conoce ni lo más elemental sobre el amor.

De manera similar, si nos acercamos a Dios con una actitud de "¿Hasta dónde puedo llegar?", eso demuestra que no hemos captado lo que Dios tiene pensado para nosotros. Dios quiere algo que va mucho más allá de la relación que yo podría tener con un amo de esclavos, que me habría obligado a obedecer usando un látigo. Dios no es un jefe, ni el gerente de un negocio, ni tampoco un genio mágico que nos sirva cada vez que le demos una orden.

Ciertamente, Dios quiere algo más íntimo que la relación más estrecha que hay en la tierra, el lazo de toda una vida entre un hombre y una mujer. Lo que Él quiere no es una buena actuación, sino mi corazón. Las "buenas obras" que hago para mi esposa, no son para ganar méritos con ella, sino para expresarle mi amor. De igual manera, Dios quiere que lo sirva en "el régimen nuevo del Espíritu"; no por obligación, sino porque lo deseo. "El discipulado", dice Clifford Williams, "sólo es la vida que brota de la gracia".

Si tuviera que resumir en una palabra la motivación primordial del Nuevo Testamento para "ser bueno", escogería la palabra *gratitud*. Pablo comienza la mayoría de sus cartas con un resumen de las riquezas que poseemos en Cristo. Si comprendemos lo que Él ha hecho por nosotros, entonces seguramente la gratitud nos hará esforzarnos por vivir de una manera "digna" de un amor tan grande. Nos esforzaremos por crecer en santidad, no para hacer que Dios nos ame, sino porque Él ya nos ama. Como le dijo Pablo a Tito, es la gracia de Dios la que nos enseña a que, "renunciando a la impiedad y a los deseos mundanos, vivamos en este siglo sobria, justa y piadosamente".

En su libro de memorias *Ordinary Time* ("Un tiempo ordinario"), la escritora católica Nancy Mairs habla de sus años de rebeldía contra las imágenes de su infancia de un "Dios papá" al que sólo podría complacer si seguía una lista de pesadas normas y prohibiciones:

> El hecho de que éstas tomaran su forma más básica como mandamientos, sugería que a la naturaleza humana había que obligarla a ser buena; dejada a sus propios impulsos, preferiría los ídolos, las palabras soeces, las mañanas de domingo tranquilas con un buen desayuno y leyendo el periódico, la falta de respeto a la autoridad, el asesinato, el robo, las mentiras, y todo lo que le pertenezca al vecino de al lado . . . Siempre me hallaba en el peligroso límite de hacer algo prohibido, que tendría que expiar después, pidiéndole perdón al mismo ser que me había predispuesto a delinquir, al prohibir formas de conducta que con toda claridad esperaba que yo cometiera desde el principio: el Dios del "te atrapé", como le podríamos llamar.

Mairs quebrantó una buena cantidad de normas, se sentía constantemente culpable, y entonces, dicho con sus palabras, "aprendió a prosperar al cuidado de" un Dios que "pide el único acto que va a hacer imposible el delito: el amor".

La mejor razón para ser bueno es querer serlo. Los cambios internos exigen relación. Exigen amor. "¿Quién puede ser bueno, si no lo hace el amor?", preguntaba Agustín. Cuando Agustín hizo la famosa afirmación de "Ama a Dios y haz lo que quieras", la hizo totalmente en serio. La persona que ama a Dios de verdad, se sentirá inclinada a agradarle, y ésa es la razón por la cual Jesús y Pablo resumieron ambos toda la ley en un simple mandato: "Ama a Dios".

Si hubiéramos captado de verdad lo maravilloso que es el amor que nos tiene Dios, la engañosa pregunta que motivó Romanos 6 y 7 —¿Hasta dónde puedo llegar?—, nunca nos habría venido a la mente. Nos habríamos pasado nuestros días tratando de medir la profundidad de la gracia de Dios, y no de explotarla.

---

*Pero, ¿acaso le interesan las uvas
al que tiene el vino?*

George Herbert

EVITAR LA GRACIA

He tenido numerosos encuentros muy de cerca con el legalismo. Procedo de una cultura sureña fundamentalista que fruncía el ceño ante las piscinas compartidas por ambos sexos, el uso de los pantalones cortos, las joyas y el maquillaje, el baile, el juego de bolos y la lectura del periódico del domingo. El alcohol era un pecado de un orden distinto, que llevaba consigo el sulfuroso olor de las llamas del infierno.

Más tarde estudié en un colegio bíblico donde, en una era de minifaldas, los decanos legislaban sobre el largo de la falda, que debía estar debajo de la rodilla. Si una estudiante se ponía una falda de un largo dudoso, la Decana de mujeres la hacía arrodillarse para ver si la falda tocaba el suelo. Las damas no podían usar pantalones, más que cuando iban de excursión al campo, y entonces, los tenían que usar *debajo de la falda*, por modestia. Un colegio universitario cristiano rival llegó a prohibir los vestidos de lunares, puesto que los lunares podían atraer la atención hacia algún lugar "sugestivo" del cuerpo. En nuestra escuela, los estudiantes varones tenían sus propias normas, entre las cuales estaban la restricción de que el cabello no debía cubrir las orejas, y la prohibición del bigote y la barba. Los noviazgos eran controlados estrictamente: aunque yo me comprometí antes de mi último año de estudios, sólo podía ver a mi prometida durante la hora de la cena, y no la podía besar ni tomarla de la mano.

El colegio bíblico también trataba de supervisar la relación del estudiante con Dios. Por la mañana temprano sonaba una campana que nos llamaba a levantarnos para tener nuestras devociones personales. Si nos atrapaban durmiendo después, teníamos que leer un libro como *The Christian's Secret of a Happy Life* [El secreto de la vida cristiana feliz], y escribir un informe. (Me pregunto si las autoridades tendrían en cuenta las consecuencias a largo plazo que tendría asignar libros de este tipo como castigo).

Había unos estudiantes que se marchaban de la escuela, otros que cumplían gustosos con las normas, y otros que aprendían a fingir y llevaban una doble vida. Yo sobreviví en parte, por lo que aprendí leyendo la obra clásica *Asylums* [Asilos], de Ervin Goffman. Este gran sociólogo examinaba en ella una serie de lugares a los que llamaba "instituciones totales", entre los que se encontraban monasterios, internados privados, asilos de dementes, prisiones y academias militares. Todos ellos tenían una larga lista de reglas arbitrarias y despersonalizantes que usaban como medio para quebrantar la individualidad e imponer la uniformidad. Todos ellos eran sistemas de falta de gracia minuciosamente regulados.

El libro de Goffman me ayudó a ver el colegio bíblico, y el fundamentalismo en general, como un ambiente controlado; una subcultura. Me había estado resintiendo ante ese ambiente, pero ahora comencé a darme cuenta de que todo el mundo crece dentro de una subcultura. Algunas (los judíos hasídicos, los musulmanes fundamentalistas) son más legalistas aún que los fundamentalistas sureños; otras (las pandillas de los barrios bajos, los grupos de milicia de la extrema derecha) son mucho más peligrosas; otras (la subcultura del juego de video y la música rock televisada) parecen benignas en la superficie, pero pueden resultar insidiosas. Mi resistencia ante el fundamentalismo se tranquilizó al comprender cuáles eran las alternativas.

Comencé a ver el colegio bíblico como una especie de academia de West Point espiritual: en ambos lugares se exigían una cama mejor hecha, un cabello más corto y una postura más firme que en otras escuelas. Si no me gustaba aquello, me podía ir a otra parte.

Mirando al pasado, lo que más me molesta es el intento del colegio bíblico por relacionar todas aquellas normas con la ley de Dios. En el libro de normas, con sus sesenta y seis páginas —hacíamos el chiste de que tenía una página por cada libro de la Biblia—, y en los cultos diarios, los decanos y los profesores pasaban grandes trabajos en su intento por apoyar cada norma con principios bíblicos. Me hacían hervir la sangre sus retorcidos intentos por condenar el pelo largo en los hombres, consciente de que era muy probable que Jesús y la mayoría de los personajes bíblicos que estábamos estudiando tuvieran el cabello más largo, y bigote y barba por añadidura. La regla acerca del largo del cabello tenía más que ver con la posibilidad de ofender a los que sostenían la institución, que con nada que hubiera en las Escrituras, pero nadie se atrevía a admitirlo.

En la Biblia no pude encontrar una sola palabra acerca de la música rock, el largo de las faldas o el cigarrillo, y la prohibición de beber alcohol nos ponía del lado de Juan el Bautista, no de Jesús. Sin embargo, las autoridades de aquella escuela hacían un decidido esfuerzo por presentar todas aquellas normas como parte del evangelio. La subcultura se enredaba con el mensaje.

Debo aclarar que en muchos sentidos, ahora estoy agradecido por la severidad del fundamentalismo, que tal vez sea lo que haya impedido que me metiera en problemas. El legalismo estricto hace más limitada la frontera de las conductas desviadas: nos podremos escabullir para ir a jugar bolos, pero nunca pensaríamos ni en tocar el licor ni —¡qué horror!— las drogas. Aunque no puedo hallar en la Biblia nada en contra del cigarrillo, me alegro de que el fundamentalismo me haya espantado para que huyera de él, aun antes de que el Médico Jefe de los Estados Unidos montara un púlpito para intimidarnos.

En resumen, tengo poco resentimiento contra estas normas en particular, pero mucho contra la forma en que eran presentadas. Tenía constantemente la sensación latente de que seguir un código externo de conducta era la forma de agradar a Dios; más aún, de hacer que Dios me amara a mí. Han hecho falta años para que pudiera destilar el evangelio y sacarlo de la subcultura en la cual me encontré con él por vez primera. Lo triste es que muchos de mis amigos se han dado por vencidos en este esfuerzo, y nunca han llegado hasta Jesús porque las insignificancias de la iglesia les han bloqueado el camino.

Titubeo al escribir sobre los peligros del legalismo en un momento en que tanto la iglesia como la sociedad parecen estarse desviando en la dirección opuesta. Al mismo tiempo, no conozco nada que represente una amenaza mayor para la gracia. El legalismo puede "funcionar" en una institución como un colegio bíblico o la marina de guerra. En un mundo de falta de gracia, la vergüenza estructurada tiene un poder considerable. No obstante, hay un precio; un precio incalculable: la falta de gracia no funciona en una relación con Dios. Yo he llegado a ver al legalismo, con su búsqueda de una falsa pureza, como una elaborada confabulación para evitar la gracia. Se puede conocer de memoria la ley, sin conocer lo que hay en su corazón.

Tengo un amigo que trató de ayudar a un hombre de edad media a superar su reacción alérgica ante la iglesia, debida en su caso a una educación excesivamente estricta en escuelas católicas. "¿De veras vas a permitir que unas cuantas monjitas metidas en su hábito negro y blanco sean las que impidan que entres al reino de Dios?", le preguntaba mi amigo. Lo trágico es que para muchos la respuesta es un "sí".

Cuando estudio la vida de Jesús, hay una realidad que me sorprende constantemente: el grupo que enojaba más a Jesús era el grupo que, al menos en lo externo, se le parecía más. Los expertos están de acuerdo en que Jesús se asemejaba mucho en su perfil personal al de los fariseos. Obedecía la Torá, o ley mosaica, citaba a los líderes de los fariseos, y con frecuencia se ponía de su lado en las discusiones públicas. Sin embargo, fue a ellos a los que destacó en sus ataques más fuertes. "¡Serpientes!", los llamaba. "¡Raza de víboras! ¡Necios! ¡Hipócritas! ¡Guías ciegos! ¡Sepulcros blanqueados!"

¿Qué provocaba estos arranques? Los fariseos tenían mucho en común con los que la prensa calificaría hoy como fundamentalistas del cinturón bíblico de la nación. Dedicaban su vida a seguir a Dios, entregaban unos diezmos exactos, obedecían hasta la ley más diminuta de la Torá, y enviaban misioneros para ganar nuevos convertidos. Contra los relativistas y los secularistas del siglo I, se mantenían firmes en los valores tradicionales. Involucrados muy raras veces en pecados sexuales o en crímenes violentos, los fariseos eran ciudadanos modelo.

Las encarnizadas acusaciones hechas por Jesús contra los fariseos demuestran lo seria que consideraba la venenosa amenaza del legalismo. Sus peligros eran evasivos, resbalosos, difíciles de precisar, y yo he tenido que escudriñar el Nuevo Testamento en busca de ellos; en especial Lucas 11 y Mateo 23, donde Jesús hace una disección moral de los fariseos. Los menciono aquí, porque creo que estos peligros son una amenaza tan grande en el siglo XX, como lo eran en el siglo I. El legalismo toma ahora unas formas distintas a las que tenía cuando yo era niño, pero podemos estar seguros de que no ha desaparecido.

En general, Jesús condenaba la insistencia de los legalistas en *lo externo*. "Vosotros los fariseos limpiáis lo de fuera del vaso y del plato, pero por dentro estáis llenos de rapacidad y de maldad", les decía. Con el tiempo, las expresiones de amor a Dios habían evolucionado hasta convertirse en maneras de impresionar a los demás. En los días de Jesús, la gente religiosa adoptaban el aspecto macilento de la persona hambrienta durante un breve ayuno, hacían oraciones grandilocuentes en público y usaban textos de la Biblia amarrados a su cuerpo.

En su Sermón del Monte, Jesús denunció los verdaderos motivos que impulsaban a unas prácticas tan inofensivas en apariencia:

Cuando, pues, des limosna, no hagas tocar trompeta delante de ti, como hacen los hipócritas en las sinagogas y en las calles, para ser alabados por los hombres; de cierto os digo que ya tienen su recompensa. Mas cuando tú des limosna, no sepa tu izquierda lo que hace tu derecha, para que sea tu limosna en secreto; y tu Padre que ve en lo secreto te recompensará en público.

Y cuando ores, no seas como los hipócritas; porque ellos aman el orar en pie en las sinagogas y en las esquinas de las calles, para ser vistos de los hombres; de cierto os digo que ya tienen su recompensa. Mas tú, cuando ores, entra en tu aposento, y cerrada la puerta, ora a tu Padre que está en secreto.

He visto lo que sucede cuando los cristianos hacen caso omiso de las órdenes de Jesús. Por ejemplo, la iglesia de mi niñez tenía una recogida anual de fondos para las misiones en el extranjero.* Desde el púlpito, el pastor iba diciendo los nombres y las cantidades de todas las promesas que llegaban: "El Sr. Jones, quinientos dólares . . . y escuchen esto: la familia Sanderson, ¡dos mil dólares! ¡Gloria a Dios!" Todos aplaudíamos y decíamos "¡Amén!", mientras la familia Sanderson rebosaba de felicidad. Cuando era niño, quería este tipo de reconocimiento público, no para adelantar la causa de las misiones en el extranjero, sino para sentirme reconocido y aclamado. En una ocasión me fui hasta el frente, arrastrando una gran bolsa de centavos, y nunca me sentí más justo que cuando el pastor detuvo lo que se estaba haciendo, me elogió y oró sobre mis centavos. Había recibido mi recompensa.

Hoy en día sigue existiendo esa tentación. Cuando hacía una contribución notable a una organización no lucrativa, los que la recibían me nombraban miembro del club de su presidente, y destacaban mi nombre en la circular de la organización. Recibía la correspondencia especial del presidente, la

---

* Sí, se trata de la misma iglesia que no quería tener personas de color entre sus miembros. Reuníamos más de cien mil dólares —una suma inmensa en los años cincuenta y sesenta— para enviar misioneros a trabajar con personas de otro color, pero no permitíamos ninguna dentro de nuestras puertas.

cual, se me aseguraba, sólo se les enviaba a un grupo selecto de donantes. Admito que me deleitaba con aquellas lisonjeras cartas y con los regalos de agradecimiento. Me hacían sentir generoso y justo . . . hasta que volvía a leer el Sermón del Monte.

León Tolstoy, quien combatió el legalismo toda su vida, comprendía las debilidades de una religión basada en las cosas externas. El título de uno de sus libros lo expresa bien: *El reino de Dios, dentro de vosotros está*. Según Tolstoy, todos los sistemas religiosos tienden a fomentar las normas externas, o moralismo. En contraste con esto, Jesús se negó a definir un conjunto de normas que después sus seguidores pudieran cumplir y sentirse satisfechos. Nunca se puede "llegar" cuando se trata de mandatos tan grandiosos como "Amarás al Señor tu Dios con todo tu corazón, y con toda tu alma, y con toda tu mente . . . Sed, pues, vosotros perfectos, como vuestro Padre que está en los cielos es perfecto".

Tolstoy perfila un contraste entre el enfoque de Jesús y el de todas las demás religiones:

> La prueba de la observancia de las enseñanzas religiosas externas se halla en ver si nuestra conducta se ajusta o no a sus decretos [Guarda el día de reposo. Circuncídate. Paga el diezmo.] Esta conformidad es ciertamente posible.

> La prueba de la observancia de las enseñanzas de Jesús es nuestra conciencia de que no somos capaces de alcanzar una perfección ideal. El grado en que nos acerquemos a esa perfección es imposible de ver; todo lo que podemos ver es la extensión de nuestra desviación.

> El hombre que profesa una ley externa es como alguien que se hallara de pie junto a la luz de una linterna enganchada a un poste. Hay luz alrededor de él, pero no puede caminar más allá. El hombre que profesa las enseñanzas de Cristo es como un hombre que llevara delante de sí una linterna enganchada a una pértiga larga, o no tan larga: la luz va delante de él, siempre iluminando suelo nuevo, y siempre animándolo a caminar más lejos.

En otras palabras, la prueba de la madurez espiritual no está en lo "puros" que seamos, sino en lo conscientes que estemos de nuestra impureza. Esa misma conciencia es la que le abre las puertas a la gracia.

¡**A**y de vosotros también . . . porque cargáis a los hombres con cargas que no pueden llevar!" Con el tiempo, el espíritu del que guarda la ley se convierte en un rígido *extremismo*. No conozco ningún legalismo que no trate de extender su dominio de intolerancia.

Los escribas y fariseos que estudiaban la ley de Moisés, por ejemplo, les añadieron muchas otras cosas a sus seiscientas trece normas. El rabino Eliezer el Grande especificó la frecuencia con que un trabajador corriente, un conductor de asnos, un conductor de camellos o un marino debían tener relaciones sexuales con su esposa. Los fariseos le añadieron veintenas de enmiendas a la conducta en el día de reposo solamente. Un hombre podía cabalgar sobre un asno sin romper las normas del día de reposo, pero si llevaba una vara para hacer que el animal caminara más de prisa, cometía la falta de ponerle una carga encima. Una mujer no se podía mirar al espejo en el día de reposo, no fuera a ser que se viera una cana y se sintiera tentada a arrancársela. Se podía tragar vinagre, pero no se podían hacer gárgaras con él.

Cuanto Moisés había dicho, los fariseos lo podían mejorar. El tercer mandamiento, "No tomarás el nombre de Jehová tu Dios en vano", se convirtió en una prohibición absoluta contra el uso del nombre del Señor, y hasta nuestros días, los judíos devotos escriben "D—s" en lugar de "Dios", y nunca pronuncian la palabra. Sólo para estar seguros, los eruditos interpretaron la ley "No guisarás el cabrito en la leche de su madre" como la prohibición de mezclar productos de carne con productos lácteos, y por esta razón, los apartamentos, hospitales y hogares de ancianos que son *kosher* siguen estando equipados con dos cocinas: una para la carne y la otra para los productos lácteos. El "No cometerás adulterio" condujo a las reglas de los fariseos que prohibían hablarle a otra mujer que no fuera su propia esposa, o incluso mirarla. Los "fariseos sangrantes", que por bajar la cabeza tropezaban con las paredes, llevaban sus golpes como distintivos de santidad.

(El hecho de que Jesús no les prestara importancia alguna a estas adiciones a la ley de Moisés lo metía constantemente en problemas. En el día de reposo, sanaba a la gente y dejaba que sus discípulos recogieran granos de trigo si tenían hambre. Conversaba con mujeres a plena luz del día. Comía con los "inmundos" y afirmaba que nada que comiera la gente la podía hacer inmunda. Lo más horrendo de todo era que se dirigía a Dios llamándolo "Abbá".)

La historia de la iglesia revela que los cristianos han superado en ocasiones a los fariseos en su extremismo. Ya en el siglo IV, los monjes vivían con una dieta de pan, sal y agua. Uno se construyó una celda tan pequeña, que tenía que doblar el cuerpo por completo para entrar en ella; otro se pasó diez años en una jaula circular. Había monjes comedores de hierbas que vivían en los bosques y cavaban para conseguir hierbas y raíces silvestres; algunos sólo usaban un taparrabos de espinos. Simeón Estilita marcó la pauta en ese extremismo: vivió treinta y siete años sobre una columna, y se postraba mil doscientas cuarenta y cuatro veces al día.

Los cristianos de los Estados Unidos, bastión de la libertad y el pragmatismo, han hecho sus propios intentos de extremismo. Han existido sectas como los Shakers (temblorosos), que han prohibido el matrimonio y la actividad sexual (con lo que garantizaban su propia extinción). Carlos Finney, el gran predicador de avivamiento, se abstenía de café y de té, e insistía en que el Colegio Oberlin, la escuela fundada por él, prohibiera estimulantes como la pimienta, la mostaza, el aceite y el vinagre. Más recientemente, un amigo mío predicó un sermón fúnebre para un joven adventista del séptimo día que se había matado de hambre por preocuparse por los alimentos que estaba permitido comer.

Reímos, o lloramos, según el caso, ante síntomas tales de extremismo; con todo, los cristianos debemos reconocer que estas tendencias forman parte inexorable de nuestra herencia. A nivel mundial, las pautas han cambiado, y ahora el "occidente cristiano" es conocido por su decadencia; no por un legalismo extremo. Mientras tanto, algunos países musulmanes despliegan fuerzas policíacas de moralidad para aporrear a las mujeres que se atrevan a conducir un auto, o que se presenten en público sin velo. Y los hoteles de Israel instalan elevadores para el "shabbat", los cuales se detienen en cada piso durante el día de reposo, de manera que los judíos ortodoxos no tengan que realizar el trabajo de apretar los botones.

Con todo, el péndulo regresa, y en algunos grupos cristianos el extremismo está en alza. Donde echa raíces el legalismo, los erizados espinos del extremismo terminan por extender sus ramas.

El legalismo es un peligro sutil, porque nadie se considera legalista. Mis propias reglas me parecen necesarias; las reglas de los demás son las que me parecen excesivamente estrictas.

"Diezmáis la menta, el eneldo y el comino, y dejáis lo más importante de la ley: la justicia, la misericordia y la fe . . . ¡Guías ciegos, que coláis el mosquito, y tragáis el camello!"

Jesús no les echó en cara a los fariseos el extremismo en sí; dudo que en realidad le importara lo que ellos comían, o las veces que se lavaban las manos. En cambio, sí le importaba que les impusieran ese extremismo a otros y que se centraran en las *trivialidades*, descuidando asuntos de más peso. Los mismos maestros que diezmaban hasta sus especias de cocina, decían muy poco sobre la injusticia y la opresión en Palestina. Y cuando Jesús sanaba a una persona en el día de reposo, sus críticos parecían mucho más preocupados por el protocolo, que por la persona enferma.

Lo bajo que los había llevado el legalismo se manifestó en la ejecución de Jesús: los fariseos pasaron trabajos para no entrar en el palacio de Pilato antes de la fiesta de la Pascua, y dispusieron la crucifixión de manera que no interfiriera con las normas del día de reposo. De esta forma, el crimen más grande de la historia fue perpetrado con un cumplimiento estricto de los detalles legalistas.

He visto muchas ilustraciones de los tiempos modernos sobre la tendencia del legalismo a las cosas insignificantes. En la iglesia donde crecí se hablaba mucho acerca de los peinados, las joyas y la música rock, pero no se decía una palabra acerca de la injusticia social y los aprietos de los negros en el sur. En el colegio bíblico no oí hablar ni una sola vez del Holocausto de Alemania, tal vez el pecado más odioso de toda la historia. Estábamos demasiado ocupados en medir las faldas, para preocuparnos acerca de cuestiones políticas contemporáneas como la guerra nuclear, el racismo o el hambre en el mundo. Conocí estudiantes sudafricanos que procedían de iglesias donde los jóvenes cristianos no masticaban chicle ni oraban con las manos en los bolsillos, y donde el uso de pantalones vaqueros hacía espiritualmente sospechosa a la persona. Sin embargo, eran esas mismas iglesias las que defendían vigorosamente la doctrina racista del *apartheid*.

Un delegado de Estados Unidos al congreso de la Alianza Bautista Mundial en Berlín, en el año 1934, envió este informe sobre lo que había hallado bajo el régimen de Hitler:

> Ha sido un gran alivio estar en un país donde no se puede vender literatura obscena; donde no se pueden presentar películas corrompidas o de pandilleros. La nueva Alemania ha quemado grandes cantidades de libros y revistas corruptores, junto con sus fogatas de libros judíos y comunistas.

El mismo delegado defendía a Hitler por ser un líder que ni fumaba ni bebía, que quería que las mujeres se vistieran con modestia, y que se oponía a la pornografía.

Es demasiado fácil señalar con el dedo a los cristianos alemanes de los años treinta, a los fundamentalistas sureños de los sesenta, o a los calvinistas sudafricanos de los setenta. Lo que me parece grave es que tal vez los cristianos contemporáneos sean juzgados algún día con la misma dureza. ¿Cuáles son las trivialidades que nos obsesionan, y qué cuestiones legales de peso —justicia, misericordia, fidelidad— podemos estar pasando por alto? ¿Qué le preocupa más a Dios: los anillos en la nariz, o la corrupción en las ciudades? ¿La música estruendosa, o el hambre en el mundo? ¿Los estilos de adoración, o la cultura de la violencia?

El escritor Tony Campolo, que va recorriendo continuamente un circuito como orador en los cultos de los colegios universitarios cristianos, usó durante un tiempo estas palabras de provocación para presentar una idea. "Las Naciones Unidas informan que más de diez mil personas mueren de hambre todos los días, y a la mayoría de ustedes les importa un bledo. Sin embargo, es más trágico aún que a la mayor parte de ustedes les preocupe más que yo haya dicho ahora una expresión de mal gusto, que la realidad de que diez mil personas van a morir de hambre hoy." Las reacciones obtenidas servían para demostrar que tenía razón: en casi todos los casos, Tony recibía una carta del capellán o del presidente del colegio para protestar por su chavacanería en el púlpito. Aquellas cartas nunca mencionaban el hambre en el mundo.

Gran parte de la conducta considerada pecaminosa en mi niñez, es ahora práctica común en muchas iglesias evangélicas. Aunque las manifestaciones hayan cambiado, el espíritu del legalismo no lo ha hecho. Ahora tengo más probabilidades de encontrarme con un legalismo de pensamiento. Por ejemplo, los escritores amigos míos que se atreven a poner en tela de juicio la doctrina recibida sobre el aborto o la homosexualidad, se enfrentan hoy al mismo juicio, que un cristiano de los que "bebían en sociedad" se encontraba entonces en la subcultura fundamentalista.

Ya he mencionado los malos tratos de que ha sido objeto Tony Campolo, por sus súplicas de que les mostremos más compasión a los homosexuales. Otra amiga, Karen Mains, perdió su carrera en los medios de comunicación después de una campaña que criticaba sus escritos. El que Eugene Peterson "manipulara la palabra de Dios" en *The Message* [El Mensaje], su paráfrasis del Nuevo Testamento, lo hizo blanco de alguien que se había arrogado el título de vigía contra las sectas. Richard Foster se atrevió a utilizar palabras como "meditación" en sus escritos sobre disciplina espiritual, lo cual lo convirtió en sospechoso de ser partidario de la Nueva Era. Chuck Colson me contaba que la correspondencia más desagradable que ha recibido jamás procedía de cristianos que reaccionaron negativamente porque él había aceptado el Premio Templeton por progreso en la religión, que algunas veces se adjudica a no cristianos. "Nuestros hermanos fueron mucho menos caritativos, que los medios seculares durante los días de Watergate", me dijo, lo cual es una acusación terrible. Su correspondencia empeoró más aún cuando firmó una declaración de cooperación mutua con unos católicos.

"**G**uardaos de la levadura de los fariseos, que es la hipocresía . . . No hagáis conforme a sus obras, porque dicen, y no hacen." La palabra *hipocresía* significa sencillamente "el acto de ponerse una máscara". Es evidente que fue el propio Jesús quien popularizó la palabra, tomándola prestada del actor griego o *hypocrités*. Estos actores hacían sus representaciones ante la multitud en un teatro al aire libre cercano al pueblo de Jesús. La palabra describe a una persona que finge con su rostro para causar una buena impresión.

Como parte de su trabajo en la beca de investigación Fullbright, mi amigo Terry Muck estudió el legalismo entre los monjes budistas de Sri Lanka. Todos los monjes habían aceptado seguir las doscientas doce reglas del Buda, muchas de las cuales resultaban ya anticuadas y nada prácticas. Terry se preguntaba cómo aquellos monjes podían reconciliar su necesidad de vivir en el mundo moderno con su adhesión a un antiguo código legalista. Por ejemplo, el Buda había especificado que ningún monje podía llevar dinero consigo, y sin embargo, Terry observaba continuamente que los monjes pagaban su pasaje en los ómnibus de las ciudades. "¿Sigue usted las doscientas doce reglas?", les preguntaba. "Sí." "¿Usa dinero?" "Sí." "¿Está usted consciente de que hay una regla en contra del dinero?" "Sí." "¿Sigue usted todas las reglas?" "Sí."

Las reglas prohibían también comer después del mediodía, porque los monjes vivían de las limosnas, y el Buda no
quería que sus seguidores sobrecargaran a las amas de casa.
Los monjes modernos evaden esa regla deteniendo el reloj al
mediodía todos los días; después de la comida de la tarde,
vuelven a poner el reloj en la hora correcta.

He usado ejemplos tomados del budismo, pero en mi experiencia, la hipocresía es una de las razones más comunes
por las que la gente rechaza el cristianismo. Los cristianos
profesan seguir los "valores familiares", pero hay algunos estudios que muestran que alquilan videos clasificados como
sólo para adultos; que se divorcian, y que abusan de sus hijos
en una proporción más o menos igual a la de todo el mundo.

El legalismo, por su propia naturaleza, favorece la hipocresía, porque define unas formas de conducta que pueden
encubrir lo que está pasando por dentro. En un colegio bíblico o un campamento cristiano, e incluso en las iglesias, todo
el mundo aprende la forma de tener un aspecto "espiritual".
La insistencia en lo externo hace fácil que una persona finja;
que se conforme al mismo tiempo que suprime o esconde
sus problemas internos. Años después de salir del colegio bíblico, supe que algunos de mis compañeros de estudios sufrían de una profunda agitación interior —depresión,
homosexualidad, adicciones— que no había sido resuelta
durante el tiempo que habían estado allí. En lugar de hacerlo, se habían centrado en conformarse al estilo de conducta
que los rodeaba.

Uno de los pasajes más fuertes del Nuevo Testamento, y
uno de los pocos donde se presenta el castigo directo, aparece
en Hechos 5: la historia de Ananías y Safira. Este matrimonio
había hecho una obra muy buena; habían vendido una propiedad, y donado a la iglesia gran parte del producto de la venta. Hubo una sola cosa que hicieron mal: en su esfuerzo por
aparecer más espirituales, actuaron como si estuvieran do-
nando *todo* el producto de la venta. En otras palabras, se presentaron como lo que no eran espiritualmente. La dura

respuesta que recibieron indica la seriedad con la que Dios ve la hipocresía.

Sólo conozco dos alternativas a la hipocresía: la perfección o la sinceridad. Puesto que nunca me he encontrado con una persona que ame al Señor nuestro Dios con todo su corazón, mente y alma, y que ame a su prójimo como a sí misma, no pienso que la perfección sea una alternativa realista. Entonces, nuestra única opción es una sinceridad que lleve al arrepentimiento. Como señala la Biblia, la gracia de Dios puede cubrir cualquier pecado, incluyendo el asesinato, la infidelidad o la traición. Sin embargo, por definición, la gracia debe ser recibida, y la hipocresía disfraza nuestra necesidad de recibirla. Cuando cae la máscara, la hipocresía queda descubierta como un elaborado ardid para evitar la gracia.

"Antes hacen todas sus obras para ser vistos por los hombres . . . Aman los primeros asientos en las cenas, y las primeras sillas en las sinagogas, y las salutaciones en las plazas, y que los hombres los llamen: Rabí, Rabí."

La crítica de Jesús se centra en lo que el legalismo le hace al que guarda la ley; fomenta en él sentimientos de *orgullo* y de *competencia*. En lugar de dedicarse a la tarea de crear una sociedad justa que resplandeciera como luz para los gentiles, los fariseos estrecharon su visión y comenzaron a competir entre sí. Atrapados en el intento de tratar de impresionarse mutuamente con su calistenia espiritual, perdieron contacto con el verdadero enemigo, y con el resto del mundo. "De las devociones tontas y de los santos de cara amarga, líbranos, Señor", decía en su oración Teresa de Ávila.

Puesto que soy un legalista en recuperación, me tengo que recordar a mí mismo que, a pesar de lo estrictos que eran los fariseos, no parecían molestarles las obligaciones de la ley. Al fin y al cabo, seguían inventando reglas nuevas. Los fariseos veían esas estrictas normas como una forma de triunfar; de lograr una posición social. Jesús condenó ese orgullo, y condenó también la espiritualidad escalonada que clasificaba algunos pecados como aceptables (el odio, el materialismo, la lujuria, el divorcio), y otros como inaceptables (el asesinato, el adulterio, el quebrantamiento de las reglas del día de reposo).

Los cristianos tenemos también nuestros propios grupos de pecados "aceptables" e "inaceptables". Mientras evitemos los pecados más notorios, nos sentimos bastante satisfechos con nuestra situación espiritual. El problema es que nuestra comprensión de los pecados notorios cambia continuamente. En la Edad Media, cobrar intereses era considerado algo inmoral; tanto, que se les encomendaba ese trabajo sucio a los judíos. Hoy en día, los cristianos disfrutan de las tarjetas de crédito, las hipotecas sobre sus casas y las cuentas de fondos mutuos sin sentir remordimiento alguno. La lista de los siete pecados capitales incluía la gula, la envidia, y la pereza espiritual o "melancolía", formas de conducta que raras veces atraen la atención de un sermón hoy en día.

Durante la era victoriana, los pecados sexuales se hallaban al principio mismo de la lista —o al fondo, según como se mire—; tanto, que la palabra "inmoralidad" se llegó a identificar con ellos. Cuando yo era niño, el divorcio y el alcoholismo encabezaban la lista. Ahora, en la iglesia evangélica moderna, es probable que se hallen en primer lugar el aborto y la homosexualidad.

Jesús enfocó el pecado de una manera totalmente distinta. En lugar de clasificar los pecados como más o menos importantes, hizo que sus oyentes levantaran la vista hacia un Dios perfecto, ante el cual todos somos pecadores. Todos estamos destituidos de la gloria de Dios. Isaías lo dijo con un lenguaje humano: todos nuestros actos de justicia, dijo, son como "trapos de inmundicia"; literalmente, como "ropa interior manchada".

Es irónico que quienes pecan abiertamente tengan una especie de ventaja cuando de la gracia se trata. El autor Graham Greene solía decir que su fe religiosa se intensificaba cuando se deslizaba a la inmoralidad, porque entonces iba a la iglesia y se confesaba porque estaba desesperado. No tenía excusa; no tenía base para defender su conducta.

La historia del hijo pródigo presenta una idea similar. El hijo pródigo ya no tenía en qué apoyarse; no tenía una base posible para su orgullo espiritual. Según todas las medidas utilizables de competencia espiritual, había fracasado, y ahora no tenía otra cosa en qué apoyarse, más que la gracia. Por supuesto, el amor y el perdón de Dios se extendían por igual al virtuoso hijo mayor, pero ese hijo, demasiado ocupado en compararse con el irresponsable de su hermano, estaba ciego ante la verdad acerca de sí mismo. En palabras de Henri Nouwen, "La perdición del 'santo' resentido es tan dura de alcanzar, precisamente porque está tan estrechamente unida al afán de ser bueno y virtuoso". Nouwen confiesa:

> Por mi propia vida, sé con cuánta diligencia he intentado ser bueno, aceptable, agradable, y un ejemplo digno para los demás. Siempre he hecho un esfuerzo consciente por evitar las trampas del pecado, y he sentido el temor constante de ceder ante la tentación. Sin embargo, con todo eso venía una seriedad, una intensidad moralista —e incluso un toque de fanatismo— que me hacían cada vez más difícil sentirme cómodo en la casa de mi Padre. Cada vez era menos libre, menos espontáneo, menos alegre . . .
>
> Mientras más reflexiono en el hijo mayor que llevo dentro, más me doy cuenta de lo profundamente enraizada que está esta forma de perdición en realidad, y lo duro que es volver al hogar desde allí. Volver a casa después de una escapada llena de lujuria parece mucho más fácil que volver a casa después de una fría ira que haya extendido sus raíces por los rincones más profundos de mi ser.

Los juegos espirituales que jugamos, muchos de los cuales comienzan con las mejores intenciones, pueden apartarnos perversamente de Dios, porque nos alejan de la gracia. La puerta de acceso a la gracia no es la conducta correcta; ni siquiera la santidad, sino el arrepentimiento. Y lo opuesto al pecado no es la virtud, sino la gracia.

Como si la crítica de Jesús al legalismo no hubiera sido lo suficientemente devastadora, el apóstol Pablo añadió otra queja fundamental más. El legalismo fracasa miserablemente en la única cosa que se supone que deba hacer: fomentar la obediencia. Con un extraño giro, en realidad, un sistema de leyes estrictas le pone a la persona en la mente ideas nuevas sobre las formas de quebrantar la ley. Pablo lo explica: "Pero yo no conocí el pecado sino por la ley, porque tampoco conociera la codicia si la ley no dijera: No codiciarás. Mas el pecado, tomando ocasión por el mandamiento, produjo en mí toda codicia." Como demostración de este principio, algunas encuestas indican que las personas que han crecido en denominaciones que practican la abstinencia total tienen el triple de posibilidades de convertirse en alcohólicas.

Recuerdo haber leído el relato de Agustín de cuando se robó unas peras. Él y sus amigos tenían abundancia de peras, y de mejor calidad, pero se sintieron obligados a saquear el árbol de un vecino, sólo para desobedecer la advertencia de aquel hombre de que no le robaran sus peras. Después de haber pasado cuatro años en un colegio universitario gobernado por un libro de reglas que tenía sesenta y seis páginas, puedo comprender esta extraña forma de actuar. Yo aprendí a rebelarme, oyendo todas aquellas graves exhortaciones contra la rebelión. En parte por inmadurez, estoy seguro, sentía una tentación constante a resistirme ante las exigencias de la autoridad, sencillamente porque eran exigencias impuestas. Nunca había sentido el deseo de dejarme la barba, hasta que leí un libro de reglas que prohibía llevar barba.

"Mientras más fina se teje la red, más numerosos son los agujeros", escribió el teólogo católico Hans Küng. Después de haber jurado fidelidad a los dos mil cuatrocientos catorce cánones del Derecho Canónico Romano, un día se dio cuenta de que gastaba su energía en cumplir aquellos cánones, o en evadirlos, en lugar de dedicarla a realizar la obra del evangelio.

El legalismo les tiende otra trampa a los que no se rebelan, sino que se esfuerzan con sinceridad por cumplir las reglas. Los sentimientos de fracaso pueden causar cicatrices de vergüenza que duren por largo tiempo. Siendo un joven monje, Martín Lutero se pasaba hasta seis horas seguidas devanándose los sesos para confesar los pecados que habría podido cometer el día anterior. Lutero escribe lo siguiente:

> Aunque llevaba una vida irreprochable como monje, sentía que era pecador, y tenía la conciencia intranquila ante Dios. Además, no podía creer que lo hubiera agradado con mis obras. Lejos de amar a aquel Dios justo que castigaba a los pecadores, en realidad lo detestaba. Era un buen monje, y guardaba las normas de mi orden tan estrictamente, que si algún monje pudiera llegar al cielo por medio de la disciplina monástica, ese monje habría sido yo. Todos mis compañeros del monasterio confirmarían esto . . . Y sin embargo, mi conciencia no me daba seguridad, sino que siempre dudaba y decía: "Eso no lo hiciste bien. No tenías suficiente contrición. No dijiste aquello en tu confesión."

El fracaso en la relación funciona en ambos sentidos. Cuando leo la historia de los israelitas, y el contrato con Dios a cuyo cumplimiento estaban obligados, veo mencionar muy pocas veces el deleite o agrado de Dios. Con unas pocas y brillantes excepciones, los libros históricos —y más especialmente los proféticos— describen a un Dios que parece irritado, desilusionado, o abiertamente furioso. La ley no fomentaba la obediencia, sino que ampliaba la desobediencia. La ley se limitaba a señalar la enfermedad; fue la gracia la que trajo la curación.

Ni Jesús ni Pablo mencionaron una queja final contra el legalismo que pesa sobre mí de una forma profundamente personal. He hablado de amigos que han rechazado la fe cristiana, en gran parte a causa del minucioso legalismo de las iglesias. Mi propio hermano rompió con la primera joven que amó de veras, porque ella no era suficientemente "espiritual", según sus normas legalistas. Durante treinta años, ha tratado de escapar de ese férreo moralismo, y hasta ahora, ha logrado escapar también del propio Dios.

El legalismo crea una subcultura, y en los Estados Unidos, nación de inmigrantes, sabemos con seguridad que se puede repudiar a las subculturas. ¿Cuántos padres inmigrantes han visto a sus hijos abandonar el idioma, la herencia y las costumbres de su familia para adoptar la subcultura adolescente moderna de la nación? Igualmente, ¿cuántas familias cristianas estrictas han visto a un hijo abandonar la fe, desechando reglas y creencias con tanta facilidad como alguien desecha una pieza de ropa que se le ha quedado pequeña? El legalismo hace fácil la apostasía.

Samuel Tewk, reformador inglés del siglo XIX, introdujo un nuevo y radical enfoque en el tratamiento de los enfermos mentales. En aquellos tiempos, los que trabajaban en los manicomios encadenaban a los lunáticos a las paredes y los golpeaban, en la creencia de que el castigo derrotaría a las fuerzas malignas que tenían dentro. Tewk les enseñaba a los enfermos mentales a comportarse a la hora del té, y en la iglesia. Los vestía como iba vestido todo el mundo, de manera que nadie los reconociera como enfermos mentales. Exteriormente, tenían buen aspecto. Sin embargo, él no hacía nada para aliviar su sufrimiento, y comoquiera que se comportaran, seguían siendo enfermos mentales.

Un día me di cuenta de que yo era como cualquiera de los pacientes de Tewk: aunque la iglesia donde crecí me había enseñado la forma correcta de comportarme, y un colegio bíblico me había dado unos conocimientos más avanzados, ninguno de los dos había curado la profunda enfermedad que llevaba dentro. Aunque había adquirido la conducta externa, la enfermedad y el dolor seguían estando dentro. Durante un tiempo, rechacé las creencias de mi niñez, hasta que Dios se me reveló maravillosamente como un Dios de amor, y no de odio; de libertad, y no de reglas; de gracia, y no de juicio.

Hasta el presente, algunos de mis amigos que se rebelaron conmigo permanecen alejados de Dios, debido a su profunda desconfianza hacia la iglesia. En medio de todas las distracciones de la subcultura, de alguna forma no llegaron a la meta final: conocer a Dios. La iglesia, dice Robert Farrar Capon, "ha empleado tanto tiempo en inculcarnos el temor a cometer errores, que nos ha hecho como estudiantes de piano mal enseñados: tocamos nuestras canciones, pero en realidad nunca las oímos, porque nuestra preocupación principal no es hacer música, sino evitar las meteduras de pata por las que vamos a tener que pagar". Yo he oído ya los acordes de la gracia, y siento angustia por mis amigos que no los han oído.

Ahora que han pasado varias décadas, recuerdo con cierta confusión la forma legalista en que fui criado. Francamente, no creo que a Dios le importe que yo use bigote o no, como no creo que le procupe si uso cremallera para cerrarme los pantalones, o uso botones, como los Amish. Cuando estudiaba en el colegio bíblico, observé que había gente que seguía las reglas y no seguía a Dios, y gente que quebrantaba las reglas, y tampoco seguía a Dios. Sin embargo, el que me preocupa es ese grupo de personas que aún creen que no siguen a Dios *porque* han quebrantado las reglas. Nunca han escuchado la melodía del evangelio de la gracia.

He escrito acerca del legalismo, en parte por mis propios y dolorosos encuentros con él, y en parte porque creo que representa una tentación muy poderosa para la iglesia. El legalismo se presenta como una nudista junto a la senda de la fe, seduciéndonos para que tomemos un camino más fácil. Nos coquetea, prometiéndonos algunos de los beneficios de la fe, pero incapaz de darnos lo que más importa. Esto es lo que les dijo Pablo a los legalistas de su tiempo: "Porque el reino de Dios no es comida ni bebida, sino justicia, paz y gozo en el Espíritu Santo".

Jay Kesler, presidente de la Universidad Taylor, me comentaba su propio encuentro con el legalismo. Poco después de decidirse a seguir a Cristo, siendo aún adolescente, se sintió abrumado por todas las nuevas reglas que se le habían impuesto. Confundido, Jay se puso a caminar por el traspatio de su casa en Indiana, y observó que Laddy, su fiel perra pastor escocés, roía felizmente un hueso, estirada a todo lo que daba sobre la reluciente hierba húmeda. Entonces le vino la idea de que tal vez Laddy fuera la mejor cristiana que él conocía: no fumaba ni bebía, no iba al cine ni a bailes, ni llevaba cartelones de protesta. Era inofensiva, dócil e inactiva. En un instante, Jay vio lo mucho que se había alejado de la vida de libertad y pasión a la que Jesús lo había llamado.

A primera vista, el legalismo parece duro, pero en realidad, la libertad en Cristo es el camino más duro. Es relativamente fácil no matar, mientras que es duro acercarse a otros en amor; es fácil evitar la cama del prójimo, pero duro mantener vivo un matrimonio; es fácil pagar impuestos, pero duro servir a los pobres. Cuando vivo en libertad, tengo que mantenerme abierto a lo que me indique el Espíritu. Estoy más consciente de lo que he descuidado, que de lo que he logrado. No me puedo esconder detrás de una máscara de conducta, como los hipócritas, ni tampoco bajo las comparaciones fáciles con los demás cristianos.

J. Gresham Machen, teólogo reformado, escribió: "Un bajo concepto de la ley conduce al legalismo en religión; un alto concepto nos convierte en buscadores de la gracia". El efecto final del legalismo es rebajar el concepto que tenemos de Dios. Tendemos a pensar que las denominaciones e instituciones cristianas más estrictas son más "espirituales". En realidad, las diferencias entre la universidad de Bob Jones y la de Wheaton, o entre los menonitas y los bautistas del sur, son diminutas cuando se las compara con un Dios santo.

En una ocasión leí que proporcionalmente, la superficie de la tierra es más pulida que una bola de billar. Las alturas del monte Everest y las fosas del océano Pacífico son muy impresionantes para los que vivimos en este planeta. En cambio, desde Andrómeda, o incluso desde Marte, esas diferencias carecen por completo de importancia. Así es como veo ahora las insignificantes diferencias de conducta entre un grupo cristiano y otro. Comparado con un Dios santo y perfecto, el Everest más elevado de reglas es del mismo tamaño que un hormiguero. No es posible ganarse la aceptación de Dios por escalar; hay que recibirla como un regalo.

Jesús proclamó sin dejar lugar a dudas, que la ley de Dios es tan perfecta y absoluta, que nadie puede alcanzar la justicia. Sin embargo, la gracia de Dios es tan grande, que no tenemos que intentarlo. Al esforzarse por demostrar lo mucho que se merecen el amor de Dios, los legalistas pierden por completo el mensaje del evangelio de que ese amor es un regalo de Dios a unos seres humanos que no se lo merecen. La solución al pecado no está en imponer un código de conducta cada vez más estricto, sino en conocer a Dios.

Parte IV

Notas de gracia
para un mundo sordo

DIECISÉIS

UN RELATO:
HAROLD EL GRANDE

Mi padre murió de poliomielitis un mes antes de cumplir yo un año, así que crecí sin padre. Por bondad, un hombre de nuestra iglesia nos tomó bajo su protección a mi hermano y a mí. Lo llamábamos Harold el grande. Se sentaba pacientemente en los parques infantiles mientras nosotros dábamos vueltas hasta marearnos en el tiovivo. Cuando crecimos, nos enseñó a jugar ajedrez y nos ayudó a construir un auto de carreras con cajas de madera. En la ignorancia de nuestra niñez, no teníamos ni idea de que mucha gente de la iglesia parecía considerarlo como un hombre extraño.

Harold terminó marchándose de nuestra iglesia. Decidió que era demasiado liberal. Algunas de las mujeres que había allí usaban lápiz de labios y maquillaje. Además, halló algunos pasajes bíblicos que lo llevaron a ponerse en contra del uso de instrumentos musicales en una iglesia, y se buscó una iglesia que estuviera de acuerdo con sus ideas. Yo asistí a la boda de Harold el grande: era evidente que la norma contra la música sólo tenía que ver con el santuario, de manera que una gran extensión eléctrica pasaba por todo el pasillo central hasta la parte de afuera, donde un gramófono tocaba pobremente una rayada versión de la marcha nupcial de Mendelssohn.

Harold el grande tenía obsesión con la moral y la política. Creía que los Estados Unidos pronto caerían bajo el juicio de Dios a causa de su laxitud moral. Citaba a líderes comunistas que hablaban acerca de que el occidente se estaba pudriendo desde dentro, como una fruta demasiado madura. De hecho, creía que los comunistas, trabajando por medio de la Comisión Trilateral y el Banco de la Reserva Federal, pronto se apoderarían del gobierno de la nación. Me daba literatura de la Sociedad John Birch, impresa en papel barato, con las cubiertas en rojo, blanco y azul como la bandera, e insistía en que leyera el libro *None Dare Call It Treason* [Nadie se atreva a llamarlo traición].

Odiaba a la gente de color. Hablaba con frecuencia de lo tontos y perezosos que eran, y hacía cuentos sobre los "negros inútiles" que trabajaban alrededor de él. Fue por aquellos tiempos cuando el Congreso comenzó a aprobar decretos sobre los derechos civiles, y Atlanta inició el proceso de integración. Antes, la gente blanca siempre tenía para sí ciertos hoteles y restaurantes, y los centros comerciales atraían a blancos o a negros, pero nunca a ambas razas. Ahora el gobierno estaba obligando a cambiar, y Harold el grande veía estos cambios como una señal más de que había una conspiración comunista. El golpe final llegó cuando los tribunales ordenaron el uso obligatorio de los ómnibus para los escolares de Atlanta. En aquellos momentos, Harold tenía ya dos hijos suyos propios, y no podía soportar el pensamiento de enviarlos en un ómnibus lleno de niños negros a una escuela regentada por humanistas seculares.

Cuando Harold comenzó a pensar en emigrar, yo creía que estaba bromeando. Pidió información sobre lugares como Rodesia, África del Sur, Australia, Nueva Zelanda, las islas Falkland; lugares donde aún parecían mantener un firme control las personas blancas. Se absorbía en la contemplación de los atlas y estudiaba la conformación racial de estas sociedades. No sólo quería un país dominado por blancos, sino que quería un país moral. Eso dejaba fuera a Australia, a pesar de su mayoría blanca, porque su sociedad parecía más liberal que la de los Estados Unidos. Tenía playas donde las mujeres no usaban la parte superior del traje de baño, y todo el mundo bebía cerveza.

Un día, Harold el grande anunció que se iba a trasladar al África del Sur. En aquellos tiempos, nadie se podía imaginar que la mayoría blanca fuera perdiendo su firmeza en el poder. Al fin y al cabo, eran ellos los que tenían las armas. Las Naciones Unidas votaban una medida tras otra para condenar el *apartheid*, pero África del Sur se mantenía firme, desafiando a todo el mundo. A Harold le gustaba aquello.

También le gustaba el hecho de que la religión desempeñara un papel de importancia en el gobierno sudafricano. El partido político dominante se apoyaba fuertemente en la Iglesia Reformada, la cual a su vez proporcionaba una base teológica para el *apartheid*. El gobierno no tenía reparos en imponer la moral. El aborto era ilegal, como lo era el matrimonio entre gente de distintas razas. Los inspectores de aduanas decomisaban revistas como *Playboy* y prohibían películas o libros dudosos. Harold se reía al contarnos que durante años, *Black Beauty* [Belleza Negra], el cuento de niños sobre un caballo, había estado prohibido a causa de su título; ninguno de los inspectores se había tomado la molestia de leerlo.

En el aeropuerto de Atlanta les dimos una llorosa despedida a Harold el grande, su esposa Sarah y sus dos hijos pequeños, mientras ellos le decían adiós al único país que habían conocido en su vida. No tenían trabajo, ni amigos, ni siquiera un lugar donde vivir en África del Sur. No se preocupen, nos aseguraban; la gente blanca es recibida allí con los brazos abiertos.

Harold el grande demostró ser fiel en su correspondencia, siempre con su elegante estilo. Se convirtió en
predicador laico en una pequeña iglesia, y utilizaba la parte
posterior de sus notas de los sermones para escribirles cartas a sus parientes y amigos en los Estados Unidos. Lo normal era que aquellos sermones tuvieran de doce a catorce
puntos principales, cada uno apoyado por una verdadera
concordancia de citas bíblicas. Algunas veces era difícil distinguir la parte de atrás y la del frente de aquellas cartas,
porque ambos lados parecían sermones. Harold atacaba al
comunismo y a las religiones falsas; a la inmoralidad de los
jóvenes de hoy; a las iglesias y a la gente que no estaba de
acuerdo con él en todos los detalles.

Pareció prosperar en África del Sur. Estados Unidos tiene mucho que aprender, me escribía. En su iglesia, los jóvenes no masticaban chicle, ni se pasaban notas, ni
susurraban entre ellos en medio de los sermones. En la escuela (toda de blancos), los estudiantes se ponían de pie y
se dirigían con respeto a los maestros. Harold estaba sus-
crito a la revista *Time*, y apenas podía creer lo que estaba
sucediendo en los Estados Unidos. África del Sur mantenía
a las minorías en su lugar, y no se sabía ni lo que eran los
grupos de cabildeo a favor del feminismo y de los derechos
de los homosexuales. El gobierno debe ser un agente de
Dios, nos decía, y defender lo que es correcto contra las
fuerzas de las tinieblas.

Incluso cuando escribía acerca de su familia, Harold el
grande se las arreglaba para usar un tono crítico y puntillo-
so. Sus hijos nunca parecían complacerlo; en especial su
hijo William, quien siempre estaba tomando decisiones in-
correctas y metiéndose en problemas.

Cualquier otro que hubiera leído una de las cartas de
Harold, habría pensado que estaba loco. Sin embargo, debido a los agradables recuerdos de mi niñez, nunca tomé demasiado en serio aquellas cartas. Yo sabía que debajo de

aquel áspero exterior había un hombre que se había dedica-
do a ayudar a una viuda con sus dos hijos pequeños.

Yo era adolescente cuando Harold se marchó. Fui a la
universidad, hice mis estudios postgraduados, conseguí un
trabajo como editor en una revista, y terminé convirtiéndo-
me en escritor a tiempo completo. Durante todo ese tiempo, Harold el grande me seguía enviando una corriente
continua de cartas. Murió su padre, y después su madre,
pero él nunca pensó seriamente en regresar de visita a los
Estados Unidos. Que yo sepa, tampoco nadie de su familia
ni entre sus amigos lo visitó jamás a él en África del Sur.

Las cartas se hicieron más tenebrosas en la década del
noventa, cuando por vez primera se volvió concebible que
blancos y negros pudieran compartir el poder en África del
Sur. Harold el grande me enviaba copias de las cartas que
él les enviaba a los periódicos de allí. El gobierno sudafricano lo estaba traicionando, tal como lo había hecho el de
los Estados Unidos. Decía poder demostrar que Nelson
Mandela y Desmond Tutu tenían el carné del partido comunista. Llamaba traidores a los estadounidenses porque
apoyaban las sanciones económicas. Y señalaba a la agitación comunista como la causa principal de que decayera
la moral. En las poblaciones extremas se estaban abriendo
clubes de bailarinas desnudas, y en el mismo centro de Johannesburg se podían ver parejas de razas mezcladas que
iban tomadas de la mano. El tono de sus cartas se fue haciendo cada vez más histérico.

Con ciertos reparos, decidí visitar a Harold en 1993.
Durante veinticinco años sólo había recibido de él crítica y
reprobación. Me había enviado extensas refutaciones contra mis libros, hasta que uno de ellos, *Disappointment
with God* [Desilusión con Dios], lo puso tan furioso, que
me pidió que no le mandara ninguno más. Me envió una
incendiaria carta de tres páginas en la cual lo condenaba;
no el libro en sí, sino el título. Aunque no había abierto el

libro, tuvo mucho que decir acerca del título, que le parecía ofensivo.

No obstante, puesto que iba al África del Sur en viaje de negocios, ¿cómo iba a negarme a dar un rodeo de ochocientos kilómetros para visitar a Harold el grande? Tal vez fuera diferente en persona, más parecido al hombre que una vez había conocido. Tal vez necesitara entrar en contacto con un mundo más amplio. Le escribí con meses de anticipación para preguntarle si lo podía ir a ver, y de inmediato sus cartas adquirieron un tono más suave y conciliatorio.

El único vuelo que iba a la ciudad de Harold salía de Johannesburg a las seis y media de la mañana, y cuando mi esposa y yo llegamos al aeropuerto, ya estábamos bien despiertos con el café. La inquietud que produce la cafeína sólo sirvió para aumentar nuestro nerviosismo general acerca de la visita. No teníamos ni idea de lo que podríamos esperar. Los hijos de Harold eran ya adultos y, sin duda, hablarían con acento sudafricano. ¿Sería yo capaz incluso de reconocer a Harold y Sarah, sus padres? Mentalmente, decidí dejar de llamarlo con el apodo de Harold el grande, que usaba desde mi niñez.

Así comenzó uno de los días más extraños de mi vida. Cuando aterrizó el avión y desembarcamos, reconocí de inmediato a Sarah. El cabello se le había puesto canoso, y tenía los hombros caídos por causa de la edad, pero aquella cara delgada y triste no podía pertenecer a ninguna otra persona. Ella me abrazó y nos presentó a su hijo William y a su prometida Beverly. (La hija vivía lejos y no pudo estar con nosotros).

William tenía casi treinta años; era amistoso, atractivo y gran admirador de los Estados Unidos. Dejó caer la información de que había conocido a su prometida en una clínica de metadona para la recuperación de drogadicciones. Era obvio que algunos datos nunca habían entrado en las cartas de Harold.

Había pedido prestada una vieja furgoneta Volkswagen, pensando que tendríamos mucho equipaje. Como le habían quitado los asientos del medio a la furgoneta, William, Beverly y Sarah se sentaron en los del frente, mientras que mi esposa y yo ocupábamos el solitario asiento de la parte trasera, directamente encima del motor. Hacía calor, muy por encima de los treinta grados centígrados, y había un salidero del escape del motor que entraba a través del herrumbroso suelo. Para empeorar las cosas, Beverly y William, como muchos de los que se recuperan del uso de drogas, fumaban continuamente, y las nubes de humo iban pasando por toda la furgoneta hacia atrás, mezclándose con el escape de humo del petróleo diesel.

William nos llevó por toda la ciudad, conduciendo como loco, zigzagueando y montado sobre el freno. Se seguía dando vuelta en su asiento para señalarnos los lugares interesantes —"¿Han oído hablar del Doctor Christian Barnard? Él vivía en aquella casa"— y mientras decía esto, la furgoneta tambaleaba de un lado para otro, el equipaje se deslizaba por el suelo, y nosotros luchábamos con todas nuestras fuerzas por no expulsar los litros de café ni el desayuno del avión.

Había una pregunta que yo aún no había hecho: ¿Dónde estaba Harold el grande? Supuse que nos estaría esperando en la casa. Sin embargo, cuando llegamos, no apareció nadie en la puerta. "¿Dónde está Harold?", le pregunté a William mientras bajábamos el equipaje, recordando que me había comprometido a no llamarlo más "el grande".

"Oh, te lo íbamos a decir, pero no tuvimos oportunidad. ¿Ves?, papá está en la cárcel." Rebuscó en el bolsillo en busca de un nuevo cigarrillo.

"¿En la cárcel?" Sentí que me tambaleaba el cerebro.

"Así es. Él tenía la esperanza de haber salido ya, pero han atrasado su puesta en libertad."

Me le quedé mirando, hasta que me dio una explicación más amplia. "Es que . . . bueno, papá pierde a veces los estribos. Escribe cartas furiosas . . ."

"Lo sé. Yo he recibido algunas cartas así", interrumpí.

"Bueno, sí. Envió una más de la cuenta, y se metió en problemas. Ya te lo contaremos más tarde. Entra en la casa."

Me quedé paralizado por un instante, tratando de asimilar la noticia, pero William entró en la casa. Tomé nuestras maletas y entré en aquel pequeño y sombrío bungalow. Dentro, una doble capa de persianas y de cortinas para oscurecer la habitación impedía la entrada de la luz exterior. Los muebles eran cómodos y gastados, y su estilo era más estadounidense que el de otros hogares que había visitado en África del Sur. Sarah puso a hacer el té, y conversamos cortésmente durante varios minutos, evitando el único tema que todos sabíamos que estaba en nuestra mente.

Pronto encontré una gran distracción. William criaba hermosas aves tropicales: periquitos, cacatúas, macaos y cotorras. Como el gerente de su apartamento no permitía animales, él los tenía en la casa de sus padres, donde volaban libremente. Criados desde el huevo, eran tan mansos, que me venían a aterrizar en el hombro mientras estaba sentado en el sofá. Un periquito arcoiris me sorprendió cuando se me tiró a la lengua, y casi hizo que derramara mi taza de té.

"Oh, no te preocupes por Jerry", dijo William riéndose. "Yo lo tengo entrenado a comer chocolate. Mastico un poco el chocolate, saco después la lengua, y él lo lame." Yo mantuve la boca cerrada, y decidí no mirar la expresión que tenía mi esposa en el rostro.

Allí, mareado con una sobredosis de café, humo de cigarrillo y humo del escape de un Volkswagen, sentado en un oscuro bungaló mientras un ave dejaba caer húmedos desperdicios sobre mi hombro y le hacía pases a mi lengua, escuché la verdad acerca del lado oscuro de Harold el grande. Sí, Harold predicaba fuego y azufre los domingos, y les escribía largas y pesadas cartas de veneno y juicio a sus amigos de los Estados Unidos. Sí, se pasaba el tiempo regañando por la decadencia de la moral. Sin embargo, al mismo tiempo, desde aquella casa pequeña y húmeda donde yo me hallaba sentado, había estado dirigiendo un círculo de pornografía. Conseguía publicaciones extranjeras ilegales, recortaba las fotografías, y se las enviaba a mujeres famosas en África del Sur, con notas que decían: "Esto es lo que quiero que hagas". Una de estas mujeres, reportera de televisión, se había llegado a alarmar tanto, que había llamado a la policía. Siguiéndole la pista a la máquina de escribir, la policía localizó en su búsqueda a Harold, y actuó.

Sarah apenas podía soportar el contarme los detalles del día en que un equipo de fuerzas policíacas de choque rodeó la casa, entró a la fuerza y saqueó todas las gavetas y los armarios. Confiscaron la fotocopiadora y la máquina de escribir de su esposo. Hallaron su escondrijo personal de pornografía. Y después se lo llevaron a la cárcel, esposado y con una gorra de béisbol tapándole la cara. Todo el tiempo, los camiones de los noticieros de televisión estaban estacionados en el exterior, y un helicóptero volaba sobre la escena. La historia salió en las noticias de la noche: "Predicador arrestado bajo acusación de inmoralidad".

Sarah nos dijo que no había salido de la casa durante cuatro días, avergonzada e incapaz de enfrentarse a las miradas de sus vecinos. Finalmente, se obligó a sí misma a ir a la iglesia, sólo para sufrir una humillación mayor. Harold había sido el centro moral de aquella iglesita, y los demás se sentían ahora confusos e incluso traicionados. Si algo así le podía suceder a él . . .

A lo largo del día, después de escuchar la historia por pedazos, fui a ver al propio Harold. Metimos un almuerzo campestre en depósitos de plástico y lo llevamos a la prisión de seguridad mínima, donde Harold se reunió con nosotros en el patio de hacer ejercicios. Era nuestra primera reunión frente a frente en veinticinco años, y nos abrazamos. Él tenía ya más de sesenta años, delgado hasta los huesos, con los ojos hundidos y un cutis poco saludable de un color blanco lechoso. Apenas podía creer que yo lo hubiera considerado tiempo atrás como Harold *el grande*.

Parecía un fantasma, comparado con los demás prisioneros, la mayoría de los cuales estaban usando el tiempo para hacer ejercicios y broncearse la piel. Tenía un aspecto de abrumadora tristeza. Lo habían descubierto y presentado en vivo para que todo el mundo lo viera. No tenía dónde esconderse.

En las pocas horas que pasamos juntos, vi destellos de aquel Harold que yo había conocido. Le hablé de los cambios en nuestro viejo vecindario, y de las mejoras que se estaban haciendo a fin de preparar a Atlanta para las Olimpíadas de 1996. Se animó cuando le mencioné a sus amigos y parientes. Iba señalando las diversas aves que volaban por allí, exóticas aves sudafricanas que yo no había visto nunca antes.

Hablamos alrededor de los sucesos que lo habían llevado a la prisión, pero nunca los tocamos de manera directa. Admitió que tenía miedo. "He escuchado lo que les hacen aquí a los que cometen delitos sexuales", dijo. "Por eso me dejé crecer esta barba y comencé a usar sombrero. Es una especie de disfraz."

Las horas de visita terminaron, y junto con todos los demás visitantes, fuimos conducidos al exterior a través de hileras de cercas con alambre de púas. Abracé de nuevo a Harold, y me marché, sabiendo que era probable que nunca lo volviera a ver.

Pocos días después, cuando nuestro avión se marchó de África del Sur, mi esposa y yo seguíamos estupefactos. Ella, que conocía a Harold sobre todo a través de sus cartas, había esperado encontrar a un profeta vestido con piel de camello, un Juan el Bautista exhortando al mundo a *arre-*

pentirse. Yo esperaba una combinación de aquello, con el bondadoso hombre de mi niñez. Ninguno de nosotros habría adivinado, ni en un millón de años, que visitaríamos a un prisionero que estaba cumpliendo su condena.

Después de nuestra visita, las primeras cartas que recibí de Harold tenían un tono más humilde. Sin embargo, cuando salió libre, comenzó de nuevo a endurecerse. Impuso a la fuerza su regreso a la iglesia (ellos lo habían "apartado de la fraternidad"), se compró una nueva máquina de escribir y comenzó a enviar nuevos pronunciamientos sobre la situación del mundo. Yo había tenido la esperanza de que una experiencia como aquélla le bajara los humos, y lo hiciera más compasivo con los demás, menos soberbio y menos seguro de sí mismo, en el sentido moral. Sin embargo, han pasado varios años y nunca he vuelto a detectar la menor señal de humildad en sus cartas.

Lo más triste de todo es que nunca he detectado señal alguna de la gracia. Harold el grande aprendió bien lo que es la moralidad. Para él, el mundo se dividía claramente en gente pura y gente impura, y se mantuvo cerrando el círculo cada vez más, hasta que por fin no pudo confiar más que en sí mismo. Pero entonces, llegó el momento en que no pudo confiar tampoco en sí mismo. Quizá por vez primera en su vida, se encontró en una situación en que no tenía dónde acudir, más que a la gracia. Con todo, hasta donde yo sepa, nunca acudió a ella. La moralidad, incluso una moralidad defectuosa, le pareció un lugar mucho más seguro.

*A los mejores les faltan convicciones,
mientras que los peores están llenos
de una apasionada intensidad.*

W. B. Yeats

DIECISIETE

AROMAS MEZCLADOS

T uve una ruda introducción a las guerras culturales contemporáneas cuando visité la Casa Blanca, durante el primer mandato de Bill Clinton. La invitación me llegó de manera indirecta. Estoy muy poco involucrado en la política, y suelo evitar el tema cuando escribo. No obstante, a fines de 1993 me comencé a sentir preocupado por la alarma, e incluso histeria, sobre la situación de la sociedad, que se estaba manifestando en ciertos círculos evangélicos. En una columna que escribí, terminaba diciendo: "Nuestro verdadero reto no debería ser la cristianización de los Estados Unidos (batalla que siempre perderemos), sino esforzarnos por ser la iglesia de Cristo en un mundo cada vez más hostil".

Los editores de la revista *Christianity Today* le dieron a mi columna un título más bien sensacionalista: "Por qué Clinton no es el anticristo". Recibí un puñado de cartas, la mayoría procedentes de personas que sostenían que Bill Clinton *sí es* el anticristo. De alguna forma, la columna llegó hasta el despacho del presidente, y pocos meses después, cuando invitó a doce evangélicos a un desayuno privado, mi nombre estaba en la lista. Algunos de los huéspedes representaban organizaciones eclesiales o paraeclesiales; otros procedían del mundo académico cristiano; a mí me invitaron, mayormente gracias al insidioso título de mi columna. ("Bueno, Bill, por alguna parte hay que comenzar", dijo Al Gore cuando vio el título "Por qué Clinton no es el anticristo").

"El presidente no tiene agenda", nos aseguraron. "Todo lo que quiere es escuchar sus preocupaciones. Cada uno de uste-

des dispondrá de cinco minutos para decirle lo que quiera."
No hacía falta mucha sabiduría política para darse cuenta de
que el presidente nos estaba reuniendo sobre todo a causa de
la poca estima en que lo tenían los cristianos evangélicos. El
Sr. Clinton mencionó algunas de esas preocupaciones en sus
observaciones introductorias, confesando: "A veces me siento como un huérfano espiritual".

Bautista del sur toda su vida, se le estaba haciendo difícil
hallar una comunidad cristiana en Washington, D. C., "la
ciudad más secular en la que he vivido jamás", nos dijo.
Cuando la Primera Familia iba a la iglesia, atraía a todo un
circo de medios de información, lo cual difícilmente podía
conducir a una experiencia de adoración. Pocos miembros del
personal de Clinton (a los cuales, por supuesto, él había nombrado) compartían su preocupación por la fe.

Además de esto, la comunidad cristiana conservadora se
había desligado de él. Cuando el presidente salía a correr por
las calles de Washington, veía en los guardabarros de los au-
tos letreros como éste: "Un voto por Bill Clinton es un pecado
contra Dios". Randall Terry, fundador de la Operación Rescate, había llamado en público "Acab y Jezabel" a los Clinton. Y
la propia denominación de Clinton, los bautistas del sur, se
hallaba bajo presión para que censurara a su iglesia local en
Arkansas por no sacar al presidente de su lista de miembros.

En resumen, el presidente no había experimentado demasiada gracia de parte de los cristianos. "Llevo en la política el
tiempo suficiente para esperar la crítica y la hostilidad", nos
dijo. "Sin embargo, no estaba preparado para el *odio* que recibo de los cristianos. ¿Por qué los cristianos odian tanto?"

Por supuesto, todos los que estábamos aquella mañana
en el comedor Lincoln sabíamos por qué el presidente despertaba tanta animosidad entre los cristianos. En particular, su
política sobre el aborto y los derechos de los homosexuales,
junto con las noticias sobre sus propios fallos morales, hacían
difícil que muchos cristianos se tomaran en serio su profesión
de fe. Un respetado líder cristiano me había dicho llanamen-

te: "No es posible que Bill Clinton sea sincero con respecto a su fe, y sostenga los puntos de vista que sostiene".

Escribí un artículo acerca de aquel desayuno, y pocos meses más tarde me llegó otra invitación de la Casa Blanca, ofreciéndome esta vez una entrevista exclusiva con el presidente para la revista. La entrevista tuvo lugar en febrero de 1994, llevada a cabo casi toda ella en la limosina presidencial. Después de que el Sr. Clinton diera un discurso en una escuela de los barrios bajos de la ciudad, lo acompañé junto con David Neff, el editor de *Christianity Today*, en el largo viaje de vuelta a la Casa Blanca, donde continuamos la conversación en la Oficina Oval. La limosina, aunque espaciosa, hacía que Clinton mantuviera encogidas sus largas piernas mientras nosotros estábamos sentados frente a él. Tomando de vez en cuando un sorbo de agua en un vaso de papel para suavizarse la garganta siempre agotada, el presidente respondió a nuestras preguntas.

Gran parte de nuestra conversación giró alrededor del tema del aborto. David Neff y yo habíamos planificado estratégicamente la forma de presentar las preguntas difíciles, pero resultó que fueron surgiendo con normalidad. Aquella mañana, todos nosotros habíamos asistido al Desayuno Nacional de Oración y escuchado a la Madre Teresa, quien se atrevió a poner al presidente como un trapo, por la plaga de abortos que hay en la nación. Clinton se había reunido en privado con ella después del desayuno, y parecía ansioso por continuar la conversación con nosotros.

El artículo mío resultante, "El acertijo de la fe de Bill Clinton", presenta sus puntos de vista, y también explora la pregunta suscitada por mi amigo. ¿Puede ser sincero Bill Clinton con respecto a su fe, sosteniendo los puntos de vista que sostiene? Yo había hecho mucha investigación; incluso había conversado con sus amigos y compañeros de la niñez, y las evidencias parecían claras: la fe de Clinton no era un fingimiento por obtener ventajas políticas, sino parte integral de su persona. Con excepción de sus días universitarios, había sido fiel en la asistencia a la iglesia, había apoyado toda la vida a Billy Graham, y estudiaba la Biblia con avidez. Cuando le pregunté cuáles eran los últimos libros cristianos que había leído, mencionó los títulos de algunos libros de Richard Mouw (presidente del Seminario Teológico Fuller) y de Tony Campolo.

De hecho, encontré que era casi imposible comprender a los Clinton sin tener en cuenta su fe religiosa. Hillary Clinton, metodista de toda la vida, cree que hemos sido puestos en la tierra para hacer el bien y servir a los demás. Bill Clinton, bautista del sur, fue criado en la tradición de los avivamientos y de "pasar al frente" para confesar los pecados. Claro, estropea las cosas durante la semana —¿acaso no lo hacemos todo?—, pero cuando llega el domingo, va a la iglesia, confiesa sus pecados y comienza de nuevo.

Después de nuestra entrevista, escribí algo que me pareció un relato equilibrado sobre el presidente Clinton y su fe, dedicándole considerable espacio al tema del aborto, en el que hice un contraste entre su débil punto de vista y los absolutos morales de la Madre Teresa. No estaba preparado en absoluto para la tormenta de fuego que se alzó como reacción. Me pregunto si mi cartero se recuperará alguna vez del agotamiento de arrastrar sacos llenos de letras furiosas hasta mi buzón de correos.

"Usted afirma que Clinton tiene conocimientos bíblicos", decía uno; "bueno, el diablo también. Le tomaron el pelo." Muchos escritores alegaron que los evangélicos nunca se deberían reunir con el presidente. Seis trazaron un paralelo con Adolfo Hitler, quien usaba cínicamente a los pastores para sus propios propósitos. Varios más nos compararon con las iglesias intimidadas por Stalin. Otros recordaron las escenas de confrontaciones que aparecen en la Biblia: Juan el Bautista y Herodes, Elías y Acab, Natán y David. ¿Por qué no había actuado yo más al estilo de los profetas, amenazando al presidente mientras agitaba el dedo índice delante de su rostro?

Una persona escribió: "Si Philip Yancey viera a un niño a punto de ser atropellado por un tren de carga, creo que se quedaría cómodamente alejado, y le pediría con amor al niño que se quitara de allí, en lugar de hacer un esfuerzo por gritar y empujar al niño para sacarlo del peligro."

Menos del diez por ciento de las cartas decían algo positivo, y el tono feroz de los ataques personales me atrapó fuera de guardia. Un lector escribió: "Tal vez cuando el Sr. Yancey se trasladó de las praderas del medio oeste a la atmósfera enrarecida y encerrada de Colorado, se produjo un corto circuito en el abastecimiento de oxígeno que le ha nublado el discernimiento". Otro decía: "Espero que Phil Yancey haya disfrutado su cómodo desayuno con huevos a la Benedict en la Casa Blanca, porque mientras él estaba ocupado limpiándose la yema de huevo de la barba (no fuera a ser que se le corriera para la espalda), el gobierno Clinton seguía fraguando planes con su agenda radicalmente anti-teísta y amoral".

En veinte años de periodismo, he recibido una buena cantidad de opiniones variadas sobre mis escritos. Aun así, mientras leía aquellos montones de cartas insultantes, tuve una fuerte sensación sobre la razón por la cual el mundo no asocia de manera automática la palabra "gracia" con los cristianos evangélicos.

Los escritos del apóstol Pablo siguen una pauta familiar. La primera parte de cada epístola explora elevados conceptos teológicos, como "las riquezas de la gracia de Dios". En ese punto, lo típico es que Pablo haga una pausa para responder posibles objeciones. Sólo entonces pasa a hacer una aplicación práctica, presentando en detalle la forma en que estas riquezas se traducen dentro del embrollo de la vida diaria. ¿Cómo debe actuar una persona que ha recibido gracia en su papel de esposo, o de esposa, o miembro de una iglesia, o ciudadano?

Usando esa misma pauta, he presentado la gracia como una fuerza maravillosa que puede romper las cadenas de la falta de gracia que atan a naciones, tribus y familias. Transmite la mejor noticia posible: que el Dios del universo nos ama; una noticia tan buena, que lleva sobre sí el olor del escándalo. Sin embargo, mi tarea no ha terminado. Ha llegado el momento de volver a una pregunta práctica: Si la gracia es tan maravillosa, ¿por qué no la manifiestan más los cristianos?

¿Cómo es que los cristianos, llamados a repartir el aroma de la gracia, emiten en cambio los nocivos vapores de la falta de gracia? En los Estados Unidos, en los años noventa, me viene de inmediato a la mente una respuesta a esa pregunta. La iglesia se ha dejado arrastrar de tal manera hacia las cuestiones políticas, que sigue las reglas de juego del poder, que son reglas de la falta de gracia. En ningún otro escenario se halla la iglesia en mayor riesgo de perder su llamado, que en la plaza pública.

Mi experiencia al escribir acerca de Bill Clinton fue la que me hizo entender esto. Quizá por vez primera, había recibido un buen soplo del aroma que despiden algunos cristianos, y el olor no era agradable. Comencé a prestar mayor atención a la forma en que el mundo en general percibe a los cristianos. Un editorial altamente apasionado del *New York Times*, por ejemplo, advertía que el activismo de los conservadores religiosos "representa para la democracia una amenaza mucho mayor que la que significó el comunismo". ¿Pueden creer esto en serio?

Como las caricaturas revelan mucho acerca de la dirección general de la cultura, comencé a observar la forma en que representaban a los cristianos. Por ejemplo, la revista *New Yorker* presentaba a un camarero en un restaurante de lujo, explicándole el menú a un cliente: "Los que llevan asterisco son los que recomienda la derecha religiosa". Otra caricatura política presentaba una iglesia norteamericana típica, en cuya fachada se leía este letrero: "Primera Iglesia Anti-Clinton".

Apoyo totalmente el derecho, e incluso la responsabilidad de los cristianos en cuanto a involucrarse en la política: en campañas morales como la abolición de la esclavitud, los derechos civiles y la lucha contra el aborto, son los cristianos los que han marcado el paso. Y creo que los medios de información exageran notablemente la "amenaza" que supone la derecha religiosa. Los cristianos que yo conozco y que están envueltos en la política se parecen muy poco a sus caricaturas. Sin embargo, sí me preocupa la tendencia reciente a convertir en intercambiables las etiquetas de "cristiano evangélico" y "religioso derechista". Las caricaturas indican que cada vez se percibe más a los cristianos como rígidos moralistas que quieren controlar la vida de los demás.

Sé el motivo de que algunos cristianos estén actuando de formas ajenas a la gracia: el temor. Nos sentimos atacados en las escuelas, en los tribunales, y algunas veces en el Congreso. Mientras tanto, vemos a nuestro alrededor el tipo de cambio moral que manifiesta la decadencia de la sociedad. En categorías como el crimen, el divorcio, el suicidio de jóvenes, el aborto, el uso de drogas, los niños que el gobierno tiene que mantener, y los nacimientos ilegítimos, los Estados Unidos superan a todos los demás países industrializados. Los conservadores sociales sienten cada vez más que son una minoría combatida, y que sus valores se hallan bajo un ataque continuo.

¿Cómo pueden mantener los cristianos los valores morales en una sociedad secular, al mismo tiempo que manifiestan un espíritu de gracia y de amor? El salmista lo expresó así: "Si fueren destruidos los fundamentos, ¿qué ha de hacer el justo?" Detrás de la brusquedad de la gente que me escribió aquellas cartas, estoy seguro de que se encuentra una preocupación profunda y correcta por un mundo que le da muy poco lugar a Dios. Sin embargo, también sé que, tal como Jesús les señaló a los fariseos, la preocupación por los valores morales sola, no basta. El moralismo, apartado de la gracia, resuelve poco.

Andy Rooney, comentarista del programa de televisión *60 Minutes* ["Sesenta minutos"], dijo una vez: "He decidido que estoy en contra del aborto. Creo que es un asesinato. Sin embargo, tengo el dilema de que prefiero con mucho a la gente pro-aborto sobre la gente pro-vida. Me sentiría mejor cenando con un grupo de los primeros." Poco importa con quién cene Andy Rooney, pero sí importa mucho el que Andy Rooney no encuentre la gracia de Dios en los cristianos, con todo su celo a favor de la vida.

Cuando les pregunto a mis vecinos de asiento en los aviones: "¿Qué le viene a la mente cuando yo digo las palabras 'cristiano evangélico'?", me suelen responder en términos políticos. Sin embargo, el evangelio de Jesús no era primordialmente una plataforma política. Cuando se habla de todos estos temas de bloques de votantes y guerras culturales, el mensaje de la gracia —el principal distintivo que deben ofrecer los cristianos— tiende a quedar a un lado. Es difícil, si no imposible, comunicar el mensaje de la gracia desde los corredores del poder.

La iglesia se está politizando cada vez más, y a medida que se va deshaciendo la sociedad, estoy oyendo llamados a insistir menos en la misericordia y más en la moralidad. Estigmatizar a los homosexuales, avergonzar a las madres solteras, perseguir a los inmigrantes, atormentar a los que no tienen techo, castigar a los que quebrantan la ley; tengo la sensación de que algunos cristianos piensan que bastará con que pasemos las suficientes leyes duras en Washington, para hacer que la nación dé un giro de ciento ochenta grados. Un prominente líder espiritual insiste: "La única forma de tener un avivamiento espiritual genuino consiste en tener una reforma legislativa". ¿No tiene todo esto al revés?

En los años cincuenta y sesenta, las denominaciones principales se apartaron de la proclamación del evangelio para dedicarse a una agenda más política, y las bancas se comenzaron a vaciar, disminuyendo a la mitad su número de miembros. Muchos de éstos que solían asistir a la iglesia, y habían desertado, se buscaron iglesias evangélicas en las cuales escuchaban mensajes más dirigidos a sus necesidades espirituales. Ciertamente, sería irónico que las iglesias evangélicas repitieran el error y alejaran de sí a sus miembros, debido a un énfasis excesivo en la política de signo conservador.

Valdría la pena escribir otro libro acerca de la intolerancia de la izquierda secular, en la cual también prosperan la virulencia y la inflexibilidad. Sin embargo, en este libro tengo una sola preocupación: ¿Qué decir de la gracia? ¿Ahoga esta preocupación de los cristianos por la moral nuestro mensaje sobre el amor de Dios a los pecadores? Los cristianos evangélicos son mi herencia; mi familia. Trabajo entre ellos, adoro con ellos, escribo libros para ellos. Si mi familia parece estar en peligro de dar una falsa imagen del evangelio de Cristo, tengo que hablar. De hecho, se trata de una forma de autocrítica.

Es cierto: los medios informativos distorsionan a la derecha religiosa y malinterpretan a los cristianos en general. No obstante, los cristianos compartimos la culpa. En una visita a mi ciudad, Randall Terry exhortó a los cristianos a convertirse en "zelotes intolerantes" cuando se trate de "asesinos de bebés, sodomitas, repartidores de condones, y esa idiotez del pluralismo". Terry describió a nuestra congresista como "una serpiente, una bruja y una mujer malvada". Dijo que "los cristianos tienen que dejar de ser como gatos asustados, metidos en guetos cristianos y dedicados a jueguitos espirituales". En lugar de esto, lo que hace falta es que limpiemos "el pozo negro moral en que se ha convertido esta nación" y la convirtamos de nuevo en una nación cristiana. Más aún; necesitamos llevar a cabo la conquista cristiana de otras naciones.

Aunque es posible que Randall Terry no represente al evangélico típico, sus comentarios sí se abrieron paso hasta la primera página de nuestros periódicos locales, alimentando imágenes públicas de falta de gracia. También aparecieron estos otros comentarios de Terry: "Quiero que se dejen inundar por una ola de odio. Sí, el odio es bueno . . . Tenemos un deber bíblico: Dios nos ha llamado a conquistar esta nación."

Ralph Reed, quien formó parte de la Coalición Cristiana, suele ser un orador circunspecto. Sin embargo, es posible que estas palabras suyas se hayan impreso muchas más veces que todas las demás: "Es mejor moverse calladamente, con astucia, bajo la protección de la noche . . . Quiero ser invisible.

Hago guerra de guerrillas. Me pinto el rostro y camino de noche. Ustedes no sabrán que todo ha terminado, hasta que no
estén metidos en una bolsa para cadáveres. No lo sabrán hasta la noche de las elecciones."

Me imagino que la mayoría de la gente hace como yo, que
sonrío ante este tipo de pronunciamientos. Estamos acostumbrados a las posturas públicas, y a que la prensa informe
sobre lo más jugoso de cuanto se haya dicho. Me sería fácil
poner a la par de sus palabras los destemplados comentarios
procedentes del lado opuesto. Sin embargo, me pregunto qué
impresión causan comentarios así en una joven que realmente haya pasado por un aborto, y tal vez ahora lo lamente. Sé
cómo suenan esos comentarios para un homosexual que está
luchando con su identidad, porque entrevisté a muchos de
ellos en Washington, D. C.

Me viene a la mente el comentario de aquella prostituta
que me impulsó originalmente a escribir este libro. "¡Una
iglesia!¿Para qué habría de ir allí? Ya me estaba sintiendo
muy mal conmigo misma. Todo lo que harían sería empeorar las cosas." Entonces recuerdo la vida de Jesús, quien atrajo, como por magnetismo al revés, a los personajes más
desagradables; los parias morales. Él vino a buscar a los pecadores; no a los justos. Y cuando lo arrestaron, no fueron
los pecadores notorios de Palestina, sino los moralistas, los
que pidieron su muerte.

Mi vecino, funcionario estatal del Partido Republicano,
me habló de la preocupación que había entre los republicanos
de que los "candidatos furtivos" (en expresión de Ralph Reed)
estén haciendo planes para tomar el control del partido. Uno
de sus compañeros de trabajo hizo la advertencia de que a menudo se podía identificar a estos candidatos furtivos por la
frecuencia con que usaban la palabra "gracia". Aunque no tenía ni idea de lo que significa la gracia, había notado que los
candidatos furtivos procedían de organizaciones e iglesias en
cuyos títulos o literatura era prominente esta palabra.

¿Irá la gracia, "la última gran palabra", la única palabra
teológica no contaminada que nos queda, por el camino de

tantas otras? En el escenario político, ¿habrá llegado a significar lo opuesto a ella?

En otro contexto, Nietzsche hizo esta advertencia, que se aplica a los cristianos modernos: "Ten cuidado, no sea que combatiendo el dragón, te vuelvas tú el dragón".

William Willimon, capellán de la Universidad de Duke y metodista de toda la vida, alerta a los evangélicos contra su obsesión presente por la política. "Pat Robertson se ha vuelto Jesse Jackson. Randall Terry en los noventa es Bill Coffin en los sesenta. Y el estadounidense promedio no conoce otra respuesta a las ansias humanas o las desviaciones morales, más que la legislación". Willimon habla por experiencia: su propia denominación construyó un edificio de oficinas de cuatro pisos en la Colina del Capitolio para cabildear con mayor eficacia en el Congreso. Sí, fueron más eficaces en su cabildeo, pero al mismo tiempo fueron descuidando su misión primordial como iglesia, y los miembros abandonaron por miles las iglesias metodistas. Ahora, al mismo tiempo que llama a su denominación a volver a la predicación bíblica, Willimon mira a los evangélicos, y encuentra sermones sobre política, y no sobre Dios.

Veo la confusión entre política y religión como una de las barreras más grandes para la gracia. C. S. Lewis observó que casi todos los crímenes de la historia cristiana se han producido en momentos en que se ha confundido la religión con la política. La política, que funciona siempre según las leyes de la falta de gracia, nos seduce para que hagamos un trueque de gracia por poder, tentación que la iglesia ha sido incapaz de resistir con frecuencia.

Los que vivimos bajo la estricta separación de iglesia y estado, tal vez no valoremos lo históricamente raro que es este arreglo, o por qué se produjo. La expresión "un muro de separación entre iglesia y estado", frase de Thomas Jefferson, apareció por vez primera en una carta a los bautistas de Connecticut, quienes *acogían favorablemente* ese muro de separación. Los bautistas, los puritanos, los cuáqueros y otros grupos habían hecho el largo viaje al continente americano con la esperanza de hallar un lugar que separara realmente a la iglesia del estado, porque todos ellos habían sido víctimas de una persecución religiosa patrocinada por el estado. Cuando la iglesia se une con el estado, tiende a ejercer el poder en lugar de dispensar la gracia.

Tal como lo ha señalado Mark Galli, de la revista *Christian History* [Historia cristiana], al terminar el siglo XX los cristianos se quejan de la desunión en la iglesia, la falta de líderes políticos que sean creyentes y la escasa influencia del cristianismo en la cultura popular. Ninguna de estas quejas se habría aplicado a la Edad Media, época en la cual la iglesia estaba unificada, los cristianos eran los que nombraban a los líderes políticos clave, y la fe impregnaba toda la cultura popular. Sin embargo, ¿quién recordaría con nostalgia los resultados? Los cruzados devastaron las tierras del Oriente. Los sacerdotes, marchando junto a los soldados, "convirtieron" continentes enteros a punta de espada. Los inquisidores persiguieron a los judíos, dieron caza a las brujas e incluso sometieron a duras pruebas la fe de los cristianos leales. En verdad la iglesia se había convertido en la "policía de las costumbres" de la sociedad. La gracia le había cedido el lugar al poder.

Cuando la iglesia tiene la oportunidad de fijar las reglas para toda la sociedad, se desvía con frecuencia hacia el extremismo contra el cual alertaba Jesús. Pensemos sólo en un ejemplo: la Ginebra de Juan Calvino. Allí, los funcionarios podían citar a cualquiera para someterlo a un interrogatorio sobre cuestiones de fe. La asistencia a la iglesia era obligatoria. Las leyes regulaban cuestiones como la cantidad de platos que se podían servir en cada comida, y los colores adecuados para las prendas de vestir.

William Manchester recoge algunas de las diversiones prohibidas por Calvino:

> Banquetear, danzar, cantar, tener cuadros, estatuas, reliquias, campanas de iglesia, órganos, velas de altar; los cantos "indecentes o irreligiosos", representar obras de teatro o asistir a ellas; usar coloretes, joyas, encajes o

vestidos "inmodestos"; hablar sin respeto de las autoridades; las diversiones extravagantes, jurar, apostar, jugar a las cartas, cazar, emborracharse; ponerles a los niños un nombre que no pertenezca a una figura del Antiguo Testamento; leer libros "inmorales o irreligiosos".

El padre que le pusiera el nombre de Claudio a su hijo, nombre que no aparece en el Antiguo Testamento, se pasaba cuatro días en la cárcel, e igual le sucedía a la mujer cuyo peinado alcanzara una altura "inmoral". El Consistorio mandó decapitar a un niño que golpeó a sus padres. Ahogaban a todas las solteras que encontraran embarazadas. En incidentes separados, el hijastro y la nuera de Calvino fueron ejecutados cuando se los encontró en cama con sus amantes.

Después de dar información sobre momentos así en la historia de la iglesia, Paul Johnson llega a esta conclusión: "Los intentos por crear sociedades cristianas perfectas en este mundo, ya los hayan llevado a cabo papas o revolucionarios, han tenido la tendencia a degenerar hasta convertirse en regímenes de terror". Esta realidad nos debería hacer reflexionar hoy, mientras se levantan voces que nos llaman a romper los muros de separación entre iglesia y estado para restaurar la moral de nuestra sociedad. En palabras de Lesslie Newbigin, "el proyecto de hacer descender el cielo a la tierra siempre tiene por resultado que hacemos subir al infierno de su abismo".

Aquí en los Estados Unidos de hoy, sitiados por el secularismo, y viviendo en medio de una cultura cuya moral está en decadencia, nos es fácil perder de vista nuestra procedencia. Crece mi alarma cuando oigo que el Secretario Nacional de la Mayoría Moral ora por la muerte de sus enemigos y dice: "Estamos cansados de poner la otra mejilla . . . Cielos, si eso es todo lo que hemos hecho". Me alarmo cuando leo que hay en California una organización trabajando para elegir funcionarios del gobierno que permitan que ese gobierno se pueda convertir en "el departamento de policía del reino de Dios en la tierra", listo para "imponer la venganza de Dios sobre los que abandonen sus leyes de justicia".

En sus primeros tiempos, Estados Unidos estuvo a punto de convertirse en una teocracia estricta según los lineamientos de la Ginebra de Calvino. El Código de Connecticut, por ejemplo, incluye estas leyes: "Nadie correrá en el día de reposo, ni caminará por su jardín, ni por ningún otro lugar, si no es con reverencia para ir a la reunión y regresar de ella. Nadie viajará, cocinará vituallas, hará la cama, barrerá la casa, se cortará el pelo ni se rasurará en el día de reposo. Si un hombre besa a su esposa, o la esposa a su esposo, en el día del Señor, la persona que ha cometido la falta será castigada a discreción del tribunal de magistrados." Las fuerzas anglicanas que controlaron Maryland publicaron una ley por la que se exigía a los ciudadanos que se convirtieran del catolicismo antes de sentarse en la asamblea. En algunas zonas de Nueva Inglaterra se restringía el derecho al voto a las personas piadosas que pudieran testificar que habían tenido una experiencia personal de salvación.

Sin embargo, las colonias terminaron por acordar que no habría una iglesia oficial en la nación, y que se podría practicar la libertad de religión en todo su territorio. Era un paso sin precedentes en la historia, y un riesgo que parece haber producido buenos resultados. Como afirma el historiador Garry Wills, la primera nación que separó al cristianismo del gobierno, produjo tal vez la nación más religiosa de la tierra.

Jesús vino para establecer una nueva clase de reino que podía coexistir en Jerusalén y también extenderse a la Judea, a Samaria y a los rincones más lejanos de la tierra. En una parábola, advirtió que aquellos agricultores que se dedican a arrancar malas hierbas (su imagen para hablar de los "hijos del malo") pueden estar destruyendo el trigo junto con esas malas hierbas. Dejemos al único Juez verdadero las cuestiones que deben ser juzgadas, fue el consejo de Jesús.

El apóstol Pablo habló mucho acerca de la inmoralidad de ciertos miembros de la iglesia en particular, pero poco acerca de la inmoralidad de la Roma pagana. Pocas veces arremetió contra los abusos de Roma —esclavitud, idolatría, juegos violentos, opresión política, codicia—, aunque seguramente aquellos abusos ofendían a los cristianos de entonces, tanto como nuestra sociedad en decadencia ofende a los cristianos de hoy.

Cuando fui a la Casa Blanca para visitar al presidente Clinton, sabía muy bien que su mala reputación entre los cristianos conservadores giraba alrededor de dos cuestiones: el aborto y los derechos de los homosexuales. Estoy totalmente de acuerdo en que son dos cuestiones morales importantes, sobre las cuales los cristianos tienen que pronunciarse. No obstante, cuando revisé el Nuevo Testamento, pude encontrar muy poco que se relacionara con cualquiera de ellas. Ambas prácticas existían entonces, de una forma diferente y más flagrante. Los ciudadanos romanos no se apoyaban sobre todo en el aborto para controlar la natalidad. Las mujeres tenían su bebé, y después lo abandonaban junto a un camino para que lo devoraran los animales salvajes o las aves de rapiña. También, tanto romanos como griegos practicaban una forma de vida sexual con personas del mismo sexo: los hombres de más edad tenían por costumbre usar muchachos jóvenes como esclavos sexuales, en la pederastia.

Es decir, que en los tiempos de Jesús y de Pablo estas dos cuestiones morales se presentaban en formas que hoy en día serían delictivas en cualquier país civilizado de la tierra. Ningún país permite que una persona mate a un bebé que ha llegado al final de su desarrollo y ha nacido. Ningún país permite legalmente el sexo con niños. No hay duda de que Jesús y Pablo conocían estas deplorables prácticas. Sin embargo, Jesús no dijo nada de ninguna de ellas, y Pablo sólo hizo unas cuantas menciones de la homosexualidad. Ninguno de los dos se concentró en el reino pagano que los rodeaba, sino en el reino alternativo de Dios.

Por esta razón, me hago preguntas acerca de la enorme energía que se está dedicando en estos días a la restauración de la moral en los Estados Unidos. ¿Nos estaremos concentrando más en el reino de este mundo que en el reino que no es de este mundo? La imagen pública de la iglesia evangélica de hoy está prácticamente definida por una insistencia en dos cuestiones que Jesús ni siquiera mencionó. ¿Cómo nos sentiríamos si los historiadores del futuro le echaran una mirada retrospectiva a la iglesia evangélica de los años noventa y declararan: "Lucharon valientemente en los frentes morales del aborto y los derechos de los homosexuales", al mismo tiempo que informaran que hicimos poco por cumplir la Gran Comisión, y por esparcir el aroma de la gracia en el mundo?

*La iglesia . . . no es ni ama ni sierva
del estado, sino más bien su conciencia.
Debe ser guía y crítica del estado,
y nunca instrumento suyo.*

Martin Luther King, Jr.

DIECIOCHO

SABIDURÍA DE SERPIENTE

En los años cincuenta, cuando yo era niño, el director de la escuela comenzaba todos los días con una oración leída por el intercomunicador. En la escuela prometíamos fidelidad a una nación "bajo Dios", y en la escuela dominical prometíamos fidelidad, tanto a la bandera de la nación como a la bandera cristiana. Nunca me pasó por la mente que un día Estados Unidos les pondría delante un nuevo reto a los cristianos: cómo usar de la gracia con una sociedad cada vez más hostil hacia ellos.

Hasta hace poco, la historia de los Estados Unidos —al menos la versión oficial— presentaba una especie de vals entre dos compañeros de baile: la iglesia y el estado. La religión se halla tan profunda en la vida de los Estados Unidos, que esta nación ha sido descrita como una nación con alma de iglesia. El *Convenio del Mayflower* especificaba que la meta de los Peregrinos era "asumida para la gloria de Dios y el avance de la fe cristiana, y el honor de nuestro rey y país". Los fundadores de esta nación consideraron que la fe religiosa era esencial para que funcionara una democracia; en palabras de John Adams, "Nuestra constitución sólo fue hecha para un pueblo moral y religioso. Es totalmente inadecuada para gobernar a ningún otro."

Durante la mayor parte de la historia del país, hasta la Corte Suprema se hacía eco del consenso cristiano. En 1931, este tribunal declaró: "Somos un pueblo cristiano, nos hemos concedido mutuamente un derecho igual a la libertad religiosa y reconocemos con reverencia el deber de obedecer a la voluntad de Dios". En 1945, Earl Warren, Jefe de la Corte notorio para muchos conservadores, dijo en un discurso: "No creo que nadie pueda leer la historia de nuestra nación sin darse cuenta de que el Libro Santo y el espíritu del Salvador han sido desde el principio nuestros genios guías". Los estatutos de las colonias originales, añadió, señalaban todos al mismo objetivo: "Una tierra cristiana gobernada por principios cristianos".

Vivimos entre memoriales diarios de nuestra herencia cristiana. Los nombres mismos de las agencias del gobierno —el *servicio* civil, el *ministerio* de justicia— presentan matices religiosos. Los estadounidenses responden con rapidez ante los desastres, protegen los derechos de los incapacitados, se detienen para ayudar a los automovilistas en apuros, dan miles de millones de dólares para las obras de caridad; éstos y muchos otros "hábitos del corazón" reflejan una cultura nacional que creció de unas raíces cristianas. Sólo alguien que viaje al extranjero puede apreciar el hecho de que no todas las culturas incluyen manifestaciones de gracia como éstas.

(Por supuesto, debajo de la superficie, la historia cuenta algo diferente. Los nativos americanos fueron casi exterminados en este país "cristiano". A las mujeres se les negaban sus derechos básicos. Los "buenos cristianos" del sur golpeaban a sus esclavos sin que les molestara para nada la conciencia. Por haber crecido en el sur, sé que los afroamericanos como grupo no miran con nostalgia a los "piadosos" tiempos de nuestra historia temprana. "En aquellos tiempos, yo habría sido esclavo", nos recuerda John Perkins. El mensaje de gracia no llegó hasta estas minorías.)

Hoy en día son pocas las personas que confunden iglesia y estado en los Estados Unidos, y el cambio se produjo con una rapidez tan increíble, que todo el que haya nacido en los últimos treinta años se podría estar preguntando de qué consenso cristiano estoy hablando. Parece increíble que se le vinieran a añadir las palabras "bajo Dios" al juramento a la bandera en 1954, y que las palabras "En Dios confiamos" se convirtieran en el lema oficial de la nación en 1956. Desde entonces, lo que ha sucedido es que la Corte Suprema ha prohibido la oración en las escuelas y algunos maestros han tratado de prohibirles a sus alumnos que escriban sobre temas religiosos. Las películas y la televisión mencionan raras veces a los cristianos, excepto en forma despectiva, y los tribunales van privando sistemáticamente de símbolos religiosos a los lugares públicos.

Gran parte de la indignación que siente la derecha religiosa se debe a la rapidez con que se ha producido este cambio cultural. Harold O. J. Brown, uno de los primeros activistas evangélicos en contra del aborto, dice que él y otros sintieron el veredicto del caso *Roe v. Wade* como una diana que sonara en medio de la noche. Los cristianos habían considerado a la Corte Suprema como un grupo de sabios mayormente dignos de confianza, que sacaban sus conclusiones del consenso moral del resto de la ciudadanía. De pronto, estalló la bomba; una decisión que dividió en dos a la nación.

Otras decisiones de los tribunales —el establecimiento del "derecho a morir", la redefinición del matrimonio, la protección de la pornografía— han dejado atónitos a los cristianos conservadores. Ahora es mucho más probable que vean al estado como el antagonista de la iglesia, y no como su amigo. James Dobson captura el tono reinante cuando dice: "Lo que brama hoy por todos los Estados Unidos es ni más ni menos que una gran guerra civil de valores. Dos bandos, con formas de ver el mundo vastamente distintas e incompatibles, se hallan enzarzados en un amargo conflicto que alcanza a todos los niveles de la sociedad."

La guerra cultural está en marcha. Irónicamente, con cada año que pasa, la iglesia de los Estados Unidos se acerca más a la situación con la que se enfrentó la iglesia del Nuevo Testamento: una minoría sitiada que vive en una sociedad pagana y pluralista. Los cristianos de lugares como Sri Lanka, el Tibet, Sudán y Arabia Saudita se han tenido que enfrentar durante años a la hostilidad abierta de su gobierno. En cambio, en los Estados Unidos, con una historia tan agradable para la fe, no nos gusta.

¿Cómo pueden dispensar gracia los cristianos en una sociedad que parece estarse alejando de Dios? La Biblia ofrece muchos modelos distintos de respuesta. Elías se escondió en cuevas e hizo incursiones sorpresivas contra el régimen pagano de Acab; su contemporáneo Abdías trabajó dentro del sistema, regentando el palacio de Acab al mismo tiempo que escondía a los verdaderos profetas de Dios. Ester y Daniel ocuparon cargos en imperios paganos; Jonás predicó juicio sobre otro. Jesús se sometió al juicio de un gobernador romano; Pablo apeló al propio César en su causa.

Para complicar las cosas, la Biblia no da un consejo directo para los ciudadanos de una democracia. Pablo y Pedro exhortaron a sus lectores a que se sometieran a las autoridades y honraran al rey, pero en una democracia, los ciudadanos somos "el rey". Nos es muy difícil ignorar al gobierno cuando, por derecho constitucional, nosotros formamos ese gobierno. Y si los cristianos constituyen una mayoría, ¿por qué no proclamarnos una "mayoría moral" y moldear la cultura a semejanza nuestra?

Cuando dominaba los Estados Unidos una cierta forma de consenso cristiano, estas cuestiones eran menos urgentes. Ahora, todos los que amamos nuestra fe y también nuestra nación, tenemos que decidir cuál es la mejor manera de expresar ese interés. Quisiera ofrecer tres conclusiones preliminares que deberían ser aplicables, cualquiera que sea la forma que tome el futuro.

En primer lugar, como debería estar claro ya a estas alturas, yo creo que la principal contribución de los cristianos consiste en dispensar la gracia de Dios. Como dijera Gordon MacDonald, el mundo puede hacer todo lo que puede hacer la iglesia, con excepción de una cosa: no puede manifestar gracia. En mi opinión, los cristianos no estamos realizando una buena labor en cuanto a dispensarle gracia al mundo, y tropezamos en especial en este campo de la fe y la política.

Jesús no permitió que ninguna institución interfiriera con su amor por las personas. Las normas raciales y religiosas judías le prohibían hablar con una mujer samaritana; mucho

menos con una de un fondo moral tan escabroso; Él escogió a
una de ellas como misionera. Entre sus discípulos tenía a un
recaudador de impuestos, considerado traidor por Israel, y
también a un *zelote*, miembro del partido de los superpatrio-
tas. Elogió a Juan el Bautista, que fue en contra de la cultura.
Se reunió con Nicodemo, fariseo practicante, y también con
un centurión romano. Comió en la casa de otro fariseo llamado Simón, y también en la casa de un hombre "inmundo", Simón el leproso. Para Jesús, la persona era más importante
que cualquier clasificación o etiqueta.

Yo sé lo fácil que es dejarse arrastrar por las normas de la
polarización; gritarle a través de las líneas de las manifestaciones al "enemigo" que está al otro lado. Sin embargo, Jesús
ordenó amar a nuestros enemigos. Para Will Campbell, eso se
refería a los racistas del Ku Klux Klan que mataron a su amigo. Para Martin Luther King Jr., se refería a los policías blancos que le tiraban encima sus perros.

¿Quién es *mi* enemigo? ¿Los partidarios del aborto? ¿Los
productores de Hollywood que contaminan nuestra cultura?
¿El político que amenaza mis principios morales? ¿El gran
traficante de drogas que gobierna mis barrios bajos? Si mi activismo, por muy bien intencionado que sea, deja fuera el
amor, entonces yo no he entendido bien el evangelio de Jesús.
Estoy atascado en la ley, y no en el evangelio de la gracia.

Las cuestiones a las que se enfrenta la sociedad son centrales, y tal vez sea inevitable una guerra cultural. No obstante, los cristianos deben usar unas armas distintas para pelear
sus guerras: las "armas de la misericordia", en frase maravillosa de Dorothy Day. Jesús dijo que tendríamos una señal
distintiva: no la corrección política, ni la superioridad moral,
sino *el amor*. Pablo añadió que sin amor, nada de cuanto hagamos —ningún milagro de fe, ni agudeza teológica, ni ardiente sacrificio personal— servirá para algo (1 Corintios 13).

La democracia moderna necesita con urgencia un nuevo espíritu de gentileza, y los cristianos podrían mostrar el
camino manifestando el "fruto" del Espíritu de Dios: amor,

gozo, paz, paciencia, benignidad, bondad, fe, mansedumbre y templanza.

Las armas de la misericordia pueden ser poderosas. Ya he hablado de mi visita a la Casa Blanca, que provocó un diluvio de cartas airadas. Dos de los líderes cristianos presentes en nuestra reunión sintieron la necesidad de disculparse ante el presidente por la falta de gracia manifestada por otros cristianos. Uno dijo: "Los cristianos hemos desprestigiado la credibilidad del evangelio por la crueldad de . . . los ataques personales contra el presidente y su familia". Estando allí, escuchamos también un relato directo de Hillary Clinton, blanco de muchos de estos ataques.

Susan Baker, republicana y esposa de James Baker, antiguo Secretario de Estado, invitó a la Sra. Clinton a reunirse con su estudio bíblico para señoras de ambos partidos. La primera dama admitió que se sentía escéptica en cuanto a estar con un grupo de damas que se describían como "conservadoras y liberales, republicanas y demócratas, pero todas fieles a Jesús". Fue con la guardia en alto, lista para defender sus posiciones y asimilar unos cuantos golpes verbales.

Sin embargo, una de las mujeres dijo para comenzar la reunión: "Sra. Clinton, todas las que estamos en esta habitación hemos acordado orar regularmente por usted. Queremos pedirle disculpas por la forma en que la ha tratado alguna gente, incluso algunos cristianos. Hemos sido injustas con usted, la hemos difamado y la hemos tratado de una forma que no es cristiana. ¿Querría perdonarnos?"

Hillary Clinton nos dijo que ella había ido preparada para cualquier cosa menos una disculpa en aquella mañana. Todo su recelo se desvaneció. Más tarde, dedicó todo un discurso en el Desayuno Nacional de Oración a enumerar los "regalos" espirituales que había recibido de aquel grupo. Les preguntó si podían comenzar un grupo similar para jovencitas de la edad de su hija Chelsea, quien no había conocido a muchos cristianos "llenos de gracia".

Deploro que el material que envían por correo los grupos religiosos conservadores tenga un tono muy similar al del material de la ACLU y la Gente Pro el Estilo de Vida Americano [People for the American way]. Ambos lados apelan a la histeria, advierten contra rabiosas conspiraciones y se dedican a destruir la personalidad de sus enemigos. En resumen, ambos destilan el espíritu de la falta de gracia.

Podemos acreditar a favor de Ralph Reed el que haya renunciado en público a esos métodos. Ahora se lamenta de haber usado un lenguaje falto de la "gracia redentora que siempre debería caracterizar nuestras palabras y obras". "Si triunfamos", escribió Reed en *Active Faith* [Fe activa], "será porque hemos seguido el ejemplo de [Martin Luther] King, de amar a quienes nos odian, combatiendo 'con armas cristianas y con amor cristiano'. Si fracasamos, no será por el dinero ni por los métodos, sino porque habrán fallado el corazón y el alma . . . Cuanta palabra digamos y cuanta acción tomemos, deben reflejar la gracia de Dios."

Ralph Reed tiene razón en mirar a Martin Luther King Jr., quien tiene mucho que enseñarnos sobre la política de confrontación. "Ataca la idea falsa, y no a la persona que sostiene esa idea", insistía King. Él luchó por poner en práctica el mandato de Jesús de amar a nuestros enemigos, incluso mientras se hallaba sentado en una celda, y se burlaban de él esos enemigos. Podemos persuadir a nuestros adversarios a partir únicamente de la verdad, decía, y no por recurrir a medias verdades, exageraciones o mentiras. Todos los voluntarios de la organización de King prometían seguir ocho principios, entre los cuales se hallaban éstos: meditar a diario en las enseñanzas y la vida de Jesús, caminar y hablar con un estilo lleno de amor, y observar las reglas normales de cortesía, tanto con los amigos como con los enemigos.

Yo estaba presente en una escena pública de confrontación que siguió las pautas de bondad establecidas por el Doctor King. En la mañana en que entrevisté al presidente Clinton, tal como he mencionado, ambos asistimos al Desayuno Nacional de Oración, donde escuchamos hablar a la

Madre Teresa. Fue un suceso memorable. El matrimonio Clinton y el matrimonio Gore estaban sentados en unas elevadas mesas principales, a ambos lados de la Madre Teresa. La frágil anciana de ochenta y tres años, laureada con el Premio Nobel de la Paz, que había sido llevada en silla de ruedas, necesitó ayuda para ponerse de pie. Se le había preparado una plataforma especial para que le permitiera ver por encima del podio. Aun así, encorvada hasta medir sólo algo menos de un metro con cuarenta centímetros, apenas podía alcanzar el micrófono. Habló clara y lentamente, con un fuerte acento, en una voz que, a pesar de todo, se las arregló para llenar el auditorio.

La Madre Teresa dijo que los Estados Unidos se habían convertido en una nación egoísta, en peligro de perder el significado correcto de la palabra amor: "dar hasta que duela". La demostración más grande, dijo, es el aborto, cuyos efectos se pueden ver en el aumento continuo de la violencia. "Si aceptamos que una madre puede matar incluso a su propio hijo, ¿cómo les podemos decir a las demás personas que no se maten unas a otras? . . . Toda nación que acepta el aborto, no está enseñando a sus habitantes a amar, sino a usar la violencia para conseguir lo que quieren."

No tiene sentido, dijo la Madre Teresa, que nos preocupemos por la violencia, y ayudemos a los niños hambrientos en lugares como la India y el África, y en cambio, no nos importen los millones de niños que son asesinados por decisión deliberada de sus propias madres. Entonces propuso una solución para las mujeres embarazadas que no quisieran a sus hijos: "Denme ese niño a mí. Yo lo quiero. Yo lo voy a cuidar. Estoy dispuesta a aceptar cuanto niño vaya a ser abortado, y dárselo a un matrimonio que lo ame y sea amado por él". Ella ya había situado a tres mil niños en hogares adoptivos de Calcuta.

La Madre Teresa llenó su charla de conmovedores relatos acerca de personas a las que ella les había ministrado, y ninguno de los que la escucharon se pudo marchar sin sentirse conmovido. Después del desayuno, se reunió con el presidente Clinton, y aquel mismo día, más tarde, yo me di cuenta de que la conversación lo había conmovido a él también. El propio Clinton mencionó varios de sus relatos durante nuestra entrevista.

Valerosa y firmemente, pero con cortesía y amor, la Madre Teresa se las había arreglado para reducir la controversia del aborto a sus términos morales más simples: vida o muerte; amor o rechazo. Un escéptico habría podido decir acerca de su ofrecimiento: *Madre Teresa, usted no comprende lo complejo que es todo esto. Sólo en los Estados Unidos hay más de un millón de abortos por año. ¿Usted va a poder cuidar de todos esos bebés?*

Pero al fin y al cabo, se trataba de la Madre Teresa. Ella vivió hasta el fin el llamado especial que le había hecho Dios, y si Dios le hubiera enviado un millón de bebés, es muy posible que hubiera encontrado la forma de cuidar de ellos. Comprendía que el amor sacrificado es una de las armas más poderosas que hay en el arsenal de gracia del cristiano.

Los profetas vienen en todo tipo de tamaños y formas, y me imagino que el profeta Elías, por ejemplo, habría usado unas palabras más fuertes que las de la Madre Teresa para denunciar las injusticias sociales. Sin embargo, no puedo dejar de pensar que, de todas las palabras sobre el aborto que ha oído el presidente Clinton desde que ocupa su cargo, las que más profundo le han llegado, han sido las de la Madre Teresa.

Tal vez parezca que mi segunda conclusión contradice a la primera: la fidelidad a un estilo de gracia no significa que los cristianos vayan a vivir en una armonía perfecta con el gobierno. Como escribió Kenneth Kaúnda, antiguo presidente de Zambia, "lo que una nación necesita por encima de todo, no es un gobernante cristiano en el palacio, sino un profeta cristiano que esté cerca para oírlo".

Desde su mismo principio, el cristianismo —a cuyo fundador, al fin y al cabo, fue el estado el que lo ejecutó— ha vivido en tensión con el gobierno. Jesús les advirtió a sus discípulos que el mundo los odiaría a ellos como lo había odiado a Él, y en su caso, fueron los poderosos los que conspiraron en contra suya. Cuando la iglesia se extendió por todo el imperio romano, sus seguidores tomaron como lema las palabras "Cristo es Señor", un ultraje directo para las autoridades romanas, que les exigían a todos los ciudadanos que pronunciaran el juramento "César [el estado] es Señor". Un objeto inamovible se había encontrado con una fuerza irresistible.

Los primeros cristianos se forjaron ciertas reglas para que gobernaran sus deberes hacia el estado. Prohibían ciertas profesiones: el actor que tenía que representar el papel de los dioses paganos, el maestro obligado a enseñar mitología pagana en las escuelas públicas, el gladiador que tomaba la vida de otro ser humano por deporte, el soldado que mataba, el policía y el juez. Justino, quien moriría mártir, delineó los límites de la obediencia a Roma: "Sólo a Dios le rendimos adoración, pero en otras cosas os servimos gustosos, reconociéndoos como reyes y gobernantes de los hombres, y orando para que, junto con vuestro poder real, se os halle también en posesión de un prudente juicio".

A medida que pasaban los siglos, algunos gobernantes manifestaron ese prudente juicio, y otros no. Cuando surgía el conflicto, los cristianos valientes permanecían firmes contra el estado, apelando a una autoridad más alta. Tomás Becket le dijo al rey de Inglaterra: "No tememos las amenazas, porque el tribunal del que procedemos está acostumbrado a darles órdenes a emperadores y reyes".

Los misioneros que llevaron el evangelio a otras culturas vieron la necesidad de enfrentarse con ciertas prácticas, lo cual los puso en conflicto directo con el estado. En la India, atacaron el sistema de castas, el matrimonio de niños, la quema de esposas y la inmolación de viudas. En América del Sur prohibieron los sacrificios humanos. En África se opusieron a la poligamia y la esclavitud. Los cristianos comprendieron que su fe no era simplemente privada y devocional, sino que tenía sus consecuencias para toda la sociedad.

No fue accidental que los cristianos fueran los pioneros en el movimiento contra la esclavitud, por ejemplo, debido a sus bases teológicas. Había filósofos como David Hume que consideraban inferiores a los negros, y los líderes del mundo de los negocios los veían como una fuente barata de trabajo. Algunos cristianos valientes vieron, por encima de la utilidad de los esclavos, su valor esencial como seres humanos creados por Dios, y abrieron el camino de su emancipación.

A pesar de todos sus defectos, ha habido ocasiones en que la iglesia le ha dispensado a este mundo, aunque de manera irregular e imperfecta, es cierto, el mensaje de gracia de Jesús. Fue el cristianismo, y sólo el cristianismo, el que le puso fin a la esclavitud, y fue el cristianismo el que inspiró la fundación de los primeros hospitales y hospicios para atender a los enfermos. Esa misma energía impulsó en sus principios al movimiento laboral, el sufragio de las mujeres, la prohibición del alcohol, las campañas de derechos humanos y los derechos civiles.

En cuanto a los Estados Unidos, Robert Bellah afirma que "no ha habido ninguna cuestión de importancia en la historia de los Estados Unidos sobre la cual los cuerpos religiosos no se hayan manifestado, pública y ruidosamente". En la historia reciente, los principales líderes del movimiento de derechos civiles (Martin Luther King Jr., Ralph Abernathy, Jesse Jackson, Andrew Young) eran ministros, y sus memorables discursos lo demostraron. Fueron las iglesias, tanto de negros como de blancos, las que proporcionaron los edificios, las redes de trabajo, la ideología, los voluntarios y la teología que sostuvieron el movimiento.

Martin Luther King Jr. amplió más tarde su campaña para que abarcara los temas de la pobreza y de la oposición a la guerra de Vietnam. Sólo recientemente, al moverse el activismo político hacia causas conservadoras, ha causado alarma la presencia cristiana en la política. Como sugiere Stephen Carter en *The Culture of Disbelief* [La cultura de la incredulidad], esa alarma podría estar revelando sencillamente el hecho de que las posiciones de los nuevos activistas no les gustan a quienes detentan el poder.

Stephen Carter ofrece buenos consejos acerca del activismo político: Para ser eficaces, los cristianos que manifiestan la gracia deben ser sabios en cuanto a las cuestiones que escogen para apoyarlas u oponerse a ellas. Históricamente, los cristianos han tenido la tendencia de irse por la tangente. Sí, hemos abierto el camino en cuanto a la abolición de la esclavitud y los derechos civiles. Pero también los protestantes se han desviado en frenéticas campañas contra los católicos, contra la inmigración, contra los masones. Gran parte de la preocupación que tiene la sociedad en el presente con respecto al activismo cristiano se remonta a esas mal concebidas campañas.

¿Y qué decir del momento actual? ¿Estamos escogiendo con sabiduría nuestras batallas? Es obvio que el aborto, los temas sexuales y la definición de la vida y la muerte son cuestiones que merecen nuestra atención. Sin embargo, cuando leo la literatura política que producen los evangélicos, leo también acerca del derecho a portar armas, la abolición del departamento de Educación, los acuerdos comerciales NAFTA, el tratado sobre el canal de Panamá, y el límite de tiempo para el cargo de los congresistas. Hace unos cuantos años, oí al presidente de la Asociación Nacional de Evangélicos incluir en su lista de las diez preocupaciones más importantes "el rechazo al impuesto sobre ganancias en el capital". Con demasiada frecuencia, la agenda de los grupos religiosos conservadores coincide, línea por línea, con la agenda de la política conservadora, y no basa sus prioridades en ninguna fuente trascendente. Como todo el mundo, los evangélicos tenemos derecho a presentar nuestros argumentos en todas las cuestiones, pero en el momento en que los presentemos como parte de una cierta plataforma "cristiana", estaremos abandonando nuestra alta posición moral.

Cuando surgió a mediados de los años sesenta el movimiento de derechos civiles, la gran campaña moral de nuestros tiempos, los evangélicos se limitaron mayormente al papel de espectadores. Muchas iglesias del sur, como la mía, se resistieron encarnizadamente al cambio. Gradualmente, hubo voceros como Billy Graham y Oral Roberts que fueron pronunciándose. Sólo es en estos momentos cuando hay denominaciones evangélicas como la Fraternidad Pentecostal de América del Norte y los bautistas del sur, que están buscando la unidad con las iglesias de color. Sólo ahora aparecen movimientos de base como los Cumplidores de Promesas, que le están dando prioridad a la reconciliación racial.

Para vergüenza nuestra, Ralph Reed admite que la chispa que ha provocado el reciente aumento de la actividad de los evangélicos en la política no brotó como consecuencia de la preocupación por el aborto, la injusticia en África del Sur, o ningún otro tema moral apremiante. No; el gobierno del presidente Carter hizo surgir el nuevo activismo cuando le ordenó al Servicio de Rentas Internas que investigara las escuelas privadas, exigiéndoles que demostraran que no habían sido fundadas para mantener la segregación. Los evangélicos se lanzaron entonces a la calle, alzados en armas contra esta violación de la barrera entre la iglesia y el estado.

Con demasiada frecuencia, en sus incursiones en la política, los cristianos han demostrado ser "sabios como palomas" y "mansos como serpientes"; exactamente lo opuesto a lo ordenado por Jesús. Si esperamos que la sociedad se tome en serio nuestra contribución, entonces tendremos que manifestar más sabiduría en nuestras decisiones.

Mi tercera conclusión acerca de las relaciones entre iglesia y estado es un principio que voy a tomar prestado de G. K. Chesterton: las relaciones cómodas entre iglesia y estado son buenas para el estado y malas para la iglesia.

Ya he advertido que la iglesia no debe hacer el papel de "exterminadora moral" para el mundo. En realidad, el estado necesita exterminadores morales, y tal vez los reciba con los brazos abiertos cada vez que la iglesia se ofrezca. El presidente Eisenhower le dijo a la nación en 1954: "Nuestro gobierno no tiene sentido, a menos que esté fundado en una profunda fe religiosa, y no me importa cuál sea". Yo me solía reír de esta declaración de Eisenhower, hasta que un fin de semana me vi atrapado en una situación que me mostró la simple verdad que lo había motivado.

Estaba participando en un foro con diez cristianos, diez judíos y diez musulmanes en Nueva Orleans, coincidiendo con los días centrales del tiempo de carnaval. Permanecíamos en un centro de retiros católico muy apartado de la agitación que había en la ciudad, pero una noche, varios de nosotros nos fuimos al Barrio Francés para ver uno de los desfiles del carnaval. Era una escena aterradora.

Miles de personas se agolpaban en las calles tan estrechamente, que nos vimos llevados por una ola humana, incapaces de librarnos de ella. Había mujeres jóvenes que se inclinaban desde los balcones gritando: "¡Pechos por collares!" A cambio de un chillón collar de plástico, se quitaban la blusa y se quedaban sin ella. Si les daban un collar más elaborado, se desnudaban por completo. Vi borrachos que escogían a una adolescente de la muchedumbre y le gritaban: "¡Muéstranos los senos!" Si ella se negaba, le arrancaban la blusa, se la cargaban al hombro y la toqueteaban, mientras ella gritaba en protesta. En su borrachera, lujuria e incluso violencia, los juerguistas del carnaval estaban demostrando lo que sucede cuando se les permite a los apetitos humanos que se manifiesten sin nada que los detenga.

A la mañana siguiente, de vuelta en el centro de retiros, compartimos nuestros relatos de la noche anterior. Algunas de las mujeres, feministas ardientes, se sentían fuertemente sacudidas. Nos dimos cuenta de que cada una de nuestras religiones tenía alguna contribución que hacer a la sociedad en general. Musulmanes, cristianos o judíos, todos ayudábamos a la sociedad a comprender por qué una conducta animal como aquélla no sólo era inaceptable, sino también malvada. La religión define la maldad y le da a la persona la fortaleza moral necesaria para resistirse ante ella. Como "conciencia del estado", ayudamos a informar al mundo acerca de la justicia y la rectitud.

En ese sentido cívico, Eisenhower tenía razón: la sociedad necesita de la religión, e importa poco cuál sea ésta. La Nación del Islam ayuda a limpiar el gueto; la iglesia mormona hace de Utah un estado de baja criminalidad y favorable a la vida familiar. Los fundadores de los Estados Unidos reconocieron que sobre todo una democracia, que depende menos de un orden impuesto, y más de las virtudes de los ciudadanos libres, necesita un fundamento religioso.

Hace algunos años, el filósofo Glenn Tinder escribió para *The Atlantic Monthly* un artículo que fue ampliamente comentado, y al que tituló "¿Podemos ser buenos sin Dios?" Su conclusión, meticulosamente elaborada, era en una palabra, que no. Los seres humanos se desvían inevitablemente hacia el hedonismo y el egoísmo, a menos que algo trascendente —el amor *ágape*, sostiene Tinder— los haga preocuparse por algo ajeno a ellos mismos. Irónicamente oportuno, este artículo apareció un mes antes de la caída de la Cortina de Hierro, suceso que acabó con el idealismo de quienes habían tratado de edificar una sociedad justa sin Dios.

A pesar de todo, no nos podemos atrever a olvidar la última parte del aforismo de Chesterton: aunque unas relaciones cómodas entre iglesia y estado sean buenas para el estado, son malas para la iglesia. Aquí se halla el peligro principal para la gracia: el estado, que funciona según las reglas de la falta de gracia, va ahogando gradualmente el sublime mensaje de gracia de la iglesia.

Con su afán insaciable de poder, el estado podría muy bien decidir que la iglesia sería más útil aún si él la controlara. Donde de forma más drástica se vio suceder esto fue en la Alemania nazi, en la cual los evangélicos cristianos fueron ominosamente atraídos por la promesa de Hitler de que restauraría la moral en el gobierno y la sociedad. Al principio, muchos líderes protestantes le dieron gracias a Dios por la subida al poder de los nazis, que parecían la única alternativa al comunismo. Según Karl Barth, la iglesia "recibió favorablemente al régimen de Hitler de manera casi unánime, y cierta-

mente con las más altas esperanzas". Demasiado tarde se
vinieron a dar cuenta de que una vez más, la iglesia había sido
seducida por el poder del estado.

La iglesia funciona mejor como fuerza de resistencia, de
contra equilibrio ante el consumidor poder del estado. Mientras más cómodas estén las cosas con el gobierno, más desvir-
tuado se volverá su mensaje. El evangelio mismo cambia, a
medida que le va dando paso a una religión civil. La elevada
ética de Aristóteles, nos recuerda Alasdair MacIntyre, no le
daba lugar a que un hombre bueno manifestara afecto por un
hombre malo; en otras palabras, no tenía lugar para un evangelio de la gracia.

En resumen: el estado siempre tiene que desvirtuar la calidad absoluta de los mandatos de Jesús para convertirlos en
una forma de moralidad externa; precisamente lo opuesto al
evangelio de la gracia. Jacques Ellul llega incluso a decir que
el Nuevo Testamento no enseña nada que se pueda llamar
"ética judeocristiana". Ordena convertirse, y después, esto:
"Sed perfectos . . . como vuestro Padre que está en los cielos
es perfecto". Lea el Sermón del Monte y trate de imaginarse
un gobierno cualquiera que trate de hacer cumplir ese conjunto de leyes.

El gobierno puede cerrar las tiendas y los teatros los domingos, pero no puede obligar a adorar. Puede arrestar y castigar a los asesinos del KKK, pero no puede curar su odio;
mucho menos, enseñarles amor. Puede establecer leyes que
hagan más difícil el divorcio, pero no puede obligar a los esposos a amar a sus esposas, ni viceversa. Les puede otorgar sub-
sidios a los pobres, pero no puede obligar a los ricos a
mostrarles compasión y justicia. Puede prohibir el adulterio,
pero no la lujuria; el robo, pero no la codicia; la estafa, pero no
el orgullo. Puede favorecer la virtud, pero no la santidad.

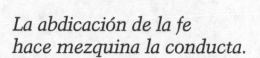

*La abdicación de la fe
hace mezquina la conducta.*

Emily Dickinson

MANCHAS DE HIERBA

Durante la erupción volcánica del monte St. Helens, el intenso calor derritió el suelo, dejando la roca desnuda cubierta con un grueso manto de ceniza. Los naturalistas del Servicio Forestal se preguntaban cuánto tiempo tendría que pasar antes de que pudiera crecer algo vivo allí. Entonces, un día, un empleado del parque tropezó con una lozana mancha de flores silvestres, helechos y hierbas tenazmente enraizados en un franja de desolación. Le bastaron unos pocos segundos para notar un detalle extraño: aquella mancha de vegetación tenía la forma de un alce. Las plantas habían brotado del material orgánico que yacía allí, donde un alce había quedado sepultado en las cenizas. A partir de entonces, los naturalistas se dedicaron a buscar aquellas manchas de exuberancia vegetal como una ayuda para calcular la cantidad de fauna desaparecida.

Mucho después de que una sociedad comienza a desintegrarse, las señales de su vida anterior se siguen manteniendo. Sin saber por qué, la gente se aferra a las costumbres morales del pasado; los "hábitos del corazón", en frase de Robert Bellah. Si se siembran las semillas de la manera correcta, como en las formas animales esparcidas por las laderas peladas del monte St. Helens, le dan vida a un paisaje por demás desolado.

La Inglaterra victoriana ofrece el ejemplo de un lugar donde brotaron a la vida esas manchas de hierba; un lugar donde un grupo de cristianos consagrados le comunicaron gracia a toda la sociedad. Era un momento sombrío en la historia, marcado por la esclavitud en las colonias, el trabajo de los niños en las industrias y la miseria en las ciudades. El cambio surgió de abajo, como suele suceder, en lugar de ser impuesto desde arriba.

Durante el siglo XIX se formaron en Inglaterra cerca de quinientas organizaciones de caridad; al menos las tres cuartas partes de ellas eran evangélicas en su estilo. La secta Clapham, un pequeño grupo de cristianos consagrados, entre los que estaban Charles Simeon y William Wilberforce, logró hacer que cinco de sus miembros fueran elegidos para el Parlamento. Mientras que Wilberforce dedicaba toda su carrera a la abolición de la esclavitud, otros se dedicaron a la causa de las prisiones de deudores, con el resultado de que catorce mil presos fueron liberados. Hubo otros que dirigieron campañas a favor de la educación, viviendas para los pobres, y ayuda para los incapacitados, al mismo tiempo que combatían el trabajo de los niños, la inmoralidad pública y el alcoholismo. Sus enemigos los apodaban "los santos", etiqueta que usaba con orgullo la secta Clapham.

Durante esta misma época, William Booth recorría los barrios bajos del East End de Londres, mientras su esposa daba clases de Biblia. Así notó que de cada cinco edificios, uno era una cantina donde los hombres holgazaneaban todo el día, bebiéndose el sustento de su familia. Muchas cantinas llegaban a proporcionar escalones en el mostrador, de manera que los niños pequeños pudieran subir para encargar ginebra. Abrumado por esta situación, William Booth abrió la "Misión cristiana" en 1865 para servir a los "parias" ignorados por otros, y de esa visión surgió el Ejército de Salvación. (¡Imagínese que hoy en día se formara una organización que llevara ese nombre!) Cuando las denominaciones tradicionales fruncieron el ceño ante el tipo de gente que estaba atrayendo Booth, él tuvo que formar su propia iglesia para albergar a aquellos "trofeos de la gracia".

Mucha gente no sabe que el Ejército de Salvación no funciona sólo como organización de caridad, sino también como iglesia local. Sin embargo, no hay organización caritativa que atraiga más apoyo económico, y el Ejército de Salvación siempre queda entre los primeros grupos en cualquier encuesta sobre eficacia: alimentan a los hambrientos, les dan techo a los que no tienen hogar, tratan a los drogadictos y a los alcohólicos, y son los primeros en aparecer en la escena cuando hay un desastre. Este movimiento ha seguido creciendo; tanto, que hoy son cerca de un millón estos soldados de la gracia —uno de los ejércitos en funciones más grandes del mundo— y trabajan en un centenar de países. El puñado de levadura de William Booth leuda ahora sociedades del mundo entero.

Las reformas emprendidas por William Booth y por la secta Clapham terminaron convirtiéndose en normas públicas. Y las cualidades victorianas de honradez, trabajo firme, pureza y caridad se extendieron por toda la sociedad, ayudando a evitar que Inglaterra pasara por los violentos trastornos de otras naciones.

Europa y los Estados Unidos siguen aprovechándose de la riqueza moral de la fe cristiana; del desbordamiento de la gracia. Sin embargo, las encuestas indican que la mayoría de los estadounidenses sienten ansiedad con respecto al futuro (las encuestas Gallup dicen que el ochenta y tres por ciento de los estadounidenses creen que la nación está en plena decadencia moral). La historiadora Bárbara Tuchman, quien ganó dos premios Pulitzer por sus escritos, y ciertamente no representa el alarmismo de la derecha religiosa, se siente preocupada por esta bancarrota moral. A Bill Moyer le comunicó su preocupación por

la pérdida del sentido de la moral, del conocimiento de la diferencia entre lo correcto y lo incorrecto, y de ser gobernados por él. Lo vemos todo el tiempo. Abrimos cualquier periódico matutino y encontramos que algún funcionario ha sido acusado de malversación o de corrupción. La gente anda por ahí disparándoles a sus colegas o matando gente . . . Me pregunto si las naciones no habrán caído en la decadencia por la pérdida del sentido de la moral, más que por razones físicas o por las presiones de los bárbaros. Creo que así ha sucedido.

Una vez desvanecido el consenso cristiano; una vez despojada la sociedad de la fe religiosa, ¿qué sucede? No tenemos necesidad de hacer especulaciones, porque nuestro siglo nos ha proporcionado respuestas a esa misma pregunta en un caso clásico. Pensemos en Rusia.

El gobierno comunista atacó la herencia de Rusia con una furia antirreligiosa sin precedentes en la historia humana. Arrasaron iglesias, mezquitas y sinagogas, prohibieron que se les diera instrucción religiosa a los niños, cerraron seminarios y monasterios, aprisionaron y mataron sacerdotes. Todos sabemos lo que sucedió, por supuesto. Después de decenas de millones de muertes y de experimentar el caos social y moral, el pueblo ruso terminó por despertar. Como suele suceder, fueron los artistas los primeros en hablar. Alexander Solzhenitsyn dijo:

> Hace algo más de medio siglo, cuando yo aún era niño, recuerdo haber oído que una serie de personas mayores ofrecían la siguiente explicación de los grandes desastres que habían caído sobre Rusia: "Los hombres han olvidado a Dios; por eso ha sucedido todo esto". Desde entonces, he pasado casi cincuenta años trabajando sobre la historia de nuestra revolución; durante este proceso, he leído centenares de libros, reunido centenares de testimonios personales, y contribuido ya con ocho libros míos al esfuerzo de despejar los escombros dejados por todo ese alboroto. Pero si me pidieran hoy que formulara con la mayor concisión posible la causa principal de la devastadora revolución que devoró a cerca de seis millones de personas de nuestro pueblo, no lo podría decir con mayor exactitud que si repitiera aquello: "Los hombres han olvidado a Dios; por eso ha sucedido todo esto".

Estas palabras las decía Solzhenitsyn en 1983, cuando la URSS era aún una superpotencia, y él sufría fuertes ataques. Sin embargo, menos de una década más tarde, los líderes rusos estaban citando sus palabras con aprobación, como pude oír en persona cuando visité Rusia en 1991.

En Rusia vi a un pueblo con un hambre desesperada por la gracia. La economía, y de hecho la sociedad entera, se hallaban en plena caída, y todo el mundo le echaba la culpa a alguien. Los reformadores culpaban a los comunistas, los comunistas de línea dura culpaban a los estadounidenses, los extranjeros culpaban a la mafia y a la pobre ética laboral de los rusos. Abundaban las recriminaciones. Noté que los ciudadanos rusos corrientes tenían la misma actitud que los niños maltratados: iban cabizbajos, titubeaban al hablar y sus ojos se movían con rapidez de un lado para otro. ¿En quién podían confiar? Así como el niño maltratado encuentra difícil creer en el orden y el amor, aquel pueblo estaba encontrando difícil creer en un Dios soberano que controla el universo y que lo amaba apasionadamente. Les es difícil creer en la gracia. Sin embargo, sin la gracia, ¿cómo terminará el ciclo de falta de gracia que existe en Rusia?

Me marché de Rusia sobrecogido ante los cambios necesarios que los esperaban; sin embargo, también me marché con una sombría sensación de esperanza. Aun en un panorama moral que ha sido despojado de todo, vi señales de vida, manchas de hierba que suavizaban aquella aridez, y crecían con la forma de lo que había muerto.

Supe de ciudadanos comunes y corrientes que disfrutaban ahora de su libertad para adorar. La mayoría había aprendido la fe de labios de una *babushka*, una abuela anciana. Cuando el estado se dedicó a perseguir a la iglesia, pasó por alto a este grupo: las ancianas, que barrieran el suelo, vendieran velas y se aferraran a la tradición, que ya se irían muriendo, fue su razonamiento. Sin embargo, eran las arrugadas manos de las *babushki* las que mecían las cunas. Los jóvenes que asisten hoy a las iglesias dicen con frecuencia que donde primero aprendieron sobre Dios en su niñez fue en los himnos y las historias que les susurraban sus abuelas mientras se iban durmiendo.

Nunca olvidaré una reunión en la cual lloraron los periodistas de Moscú —y yo no había visto nunca antes a un periodista llorar— cuando Ron Nikkel, de la Fraternidad Internacional de Prisiones, habló de las iglesias subterráneas que florecían en esos momentos en las colonias penales rusas. Durante setenta años, las prisiones habían sido las depositarias de la verdad; el único lugar donde se podía pronunciar sin miedo el nombre de Dios. Fue en la prisión, y no en una iglesia, donde gente como Solzhenitsyn encontró a Dios.

Ron Nikkel también me habló de su conversación con un general que estaba al frente del Ministerio de Asuntos Internos. Aquel general había oído hablar de la Biblia a los creyentes viejos y la había admirado, pero como pieza de museo, y no como algo que se debía creer. Sin embargo, los sucesos recientes lo habían hecho pensar. A fines de 1991, cuando Boris Yeltsin ordenó que se cerraran todas las oficinas nacionales, regionales y locales del Partido Comunista, su ministerio vigiló este desmantelamiento. "Ni un solo funcionario del partido", dijo el general, "ni una sola persona directamente afectada por las clausuras, protestó". Él comparaba esto con la campaña de setenta años para destruir a la iglesia y aplastar la fe en Dios. "La fe de los cristianos sobrevivió a todas las ideologías. La iglesia está resurgiendo ahora de una forma que no tiene comparación con nada de cuanto yo haya presenciado."

En 1983, un grupo de temerarios miembros de Juventud con una Misión desplegó en la mañana del domingo de resurrección un estandarte en la Plaza Roja: "¡Cristo ha resucitado!", decía en ruso. Algunos rusos de mayor edad cayeron de rodillas y lloraron. Los soldados rodearon enseguida a los alborotadores, que cantaban himnos, les destrozaron el estandarte y se los llevaron a la cárcel. Menos de una década después de aquel acto de desobediencia civil, en toda la Plaza Roja, la gente se saludaba el domingo de resurrección de la manera tradicional: "¡Cristo ha resucitado!" . . . "¡Ciertamente, ha resucitado!"

En el largo vuelo desde Moscú hasta Chicago, tuve mucho tiempo para reflexionar sobre lo que había visto en Rusia. Mientras estaba allí, me sentí como Alicia en el país de las Maravillas. Aquel gobierno, a pesar de carecer de dinero, estaba apartando miles de millones de rublos para ayudar a restaurar las iglesias dañadas o destruidas por el régimen comunista. Nosotros habíamos orado con el Soviet Supremo y con la KGB. Vimos que se estaban vendiendo Biblias en los edificios del gobierno ruso. Los editores de *Pravda* nos preguntaron si uno de nosotros podía escribir una columna religiosa para la primera página de su periódico. Los educadores nos invitaron a proponerles un plan de estudios basado en los Diez Mandamientos.

Yo tuve la clara impresión de que Dios se estaba moviendo; no en el sentido espiritualizado de la frase, sino literalmente, empacando las maletas y trasladándose. Europa occidental le presta poca atención ahora a Dios; los Estados Unidos están dejando a Dios al margen, y tal vez el futuro del reino de Dios les pertenezca a lugares como Corea, China, el África y Rusia. El reino de Dios prospera donde sus súbditos siguen los deseos del Rey. ¿Acaso describe esto a los Estados Unidos de Norteamérica en el día de hoy?

Puesto que soy estadounidense, la posibilidad de un "traslado" así me entristece. Sin embargo, comprendo al mismo tiempo, y con más claridad que nunca antes, que mi lealtad más alta debe ir dirigida al reino de Dios, y no a los Estados Unidos. Los primeros seguidores de Jesús presenciaron cómo su amada Jerusalén era quemada hasta los cimientos, y estoy seguro de que miraron atrás con los ojos llenos de lágrimas mientras se trasladaban a Roma, a España y a Etiopía. Agustín, que escribió su *Ciudad de Dios* para ayudar a explicar la doble ciudadanía del cristiano, vivió todo el desplome de Roma, y vio desde su lecho de muerte cómo las llamas devoraban su ciudad de Hipona, en el norte de África.

No hace mucho tiempo, tuve una conversación con un anciano misionero que había pasado sus primeros años de labor en China. Él se hallaba entre los seis mil misioneros expulsados después de que los comunistas tomaran el poder. Como en Rusia, aquellos comunistas lucharon también vigorosamente para destruir a la iglesia, que hasta aquellos momentos había sido una vitrina de exhibición para el movimiento misionero. El gobierno prohibió las iglesias en las casas, hizo ilegal que los padres les dieran educación religiosa a sus hijos, y encarceló y torturó pastores y maestros de Biblia.

Mientras tanto, los misioneros exiliados miraban impotentes y se retorcían las manos. ¿Cómo le iría sin ellos a la iglesia en China? Sin sus seminarios y colegios bíblicos, sin su literatura y sus planes de estudio, sin tener siquiera la posibilidad de imprimir Biblias, ¿podría sobrevivir la iglesia? Durante cuarenta años, aquellos misioneros oyeron rumores, unos desalentadores y otros esperanzadores, acerca de lo que estaba sucediendo en China, pero nadie supo nada con seguridad hasta que el país comenzó a abrirse en los años ochenta.

Yo le pregunté a aquel anciano msionero, ahora famoso experto en el tema de China, qué había sucedido en los cuarenta años intermedios. "Haciendo un cálculo conservador, yo diría que había setecientos cincuenta mil cristianos cuando me fui de China. ¿Y ahora? Se oyen toda clase de cifras, pero creo que es bastante seguro decir que hay unos treinta y cinco millones de creyentes." Al parecer, a la iglesia y al Espíritu Santo les fue bastante bien cuando se vieron solos. La iglesia de China constituye en la actualidad la segunda comunidad evangélica en tamaño en todo el mundo; sólo la de los Estados Unidos la supera.

Un experto en China calcula que el avivamiento que hay en esa nación es el más grande en cuanto a números en toda la historia de la iglesia. De forma extraña, la hostilidad del gobierno terminó trabajando a favor de la iglesia. Alejados de las estructuras de poder, los cristianos de China se dedicaron a la adoración y al evangelismo, la misión original de la iglesia, y no se preocuparon demasiado por la política. Se centraron en el cambio de las vidas, y no en el cambio de las leyes.

Cuando regresé de Rusia, me sentía menos preocupado acerca de lo que podría suceder dentro de las paredes de mármol y granito de los edificios del Capitolio Nacional y de la Corte Suprema, y más preocupado acerca de lo que podría suceder dentro de las delgadas paredes de las iglesias esparcidas por toda la nación. La renovación de la espiritualidad en los Estados Unidos no va a descender desde la cumbre del poder hacia abajo; si llegara a suceder, comenzaría por la gente llana, y crecería de abajo arriba.

Debo admitir que mi regreso a los Estados Unidos me dio pocas razones para tener la esperanza de que Rusia y el mundo pudieran aprender sobre la gracia con los cristianos de aquí. Randall Terry estaba declarando en la Radio Pública Nacional que las inundaciones del Medio Oeste de la nación, que hicieron que miles de granjeros perdieran sus tierras, casas y ganado, habían sucedido como juicio de Dios porque la nación no había apoyado su campaña en contra del aborto. El año siguiente, 1992, resultó ser uno de los años de elecciones más llenos de mal humor, mientras que la derecha religiosa probaba sus fuerzas por vez primera a escala nacional. Los cristianos parecían más interesados en el poder que en la gracia.

Poco después de las elecciones de 1992, compartí un panel con Lucinda Robb, nieta del presidente Lyndon Johnson e hija del Senador Chuck Robb y de su esposa Lynda. Su familia acababa de pasar por una hiriente campaña contra Oliver North, en la cual los cristianos del ala derecha hacían manifestaciones en su contra cada vez que ellos aparecían. "Yo creía que éramos cristianos", me dijo Lucinda. "Crecimos recibiendo frecuentes visitas de Billy Graham, y siempre hemos estado activos en la iglesia. Creemos de verdad. Pero esos manifestantes nos han tratado como si fuéramos demonios salidos del infierno."

El panel que compartimos trató el tema "Guerras culturales" ante una numerosa audiencia que tendía hacia la persuasión democrática liberal, y en la que había una fuerte minoría judía. Me habían escogido a mí como el representante del cristianismo evangélico. Además de Lucinda Robb, en el panel estaban los presidentes del Canal de Disney y de la Warner Brothers, así como el presidente del Universidad Wellesley y el abogado personal de Anita Hill.

Para preparar lo que iba a decir, revisé los evangelios en busca de orientación, y sólo sirvieron para recordarme lo apolítico que era Jesús. En palabras de P. T. Forsyth: "El evangelio se refiere con mayor extensión y profundidad, no al mundo o a sus problemas sociales, sino a la eternidad y sus obligaciones sociales". Hoy día, cada vez que se preparan unas elecciones, los cristianos discuten sobre si este candidato o aquél es "el hombre de Dios" para la Casa Blanca. Al proyectarme a los tiempos de Jesús, se me hacía difícil imaginármelo meditando sobre si el "hombre de Dios" para el imperio era Tiberio, Octavio o Julio César.

Cuando me tocó hablar, dije que el hombre que yo sigo, un judío palestino del siglo I, también había estado involucrado en una guerra cultural. Se había levantado contra unas rígidas instituciones religiosas y contra un imperio pagano. Ambos poderes, enemistados entre sí con frecuencia, conspiraron juntos para eliminarlo. ¿Su respuesta? No pelear, sino dar su vida por aquellos enemigos suyos, y señalar ese regalo como prueba de su amor. Entre las últimas palabras que dijo antes de morir estaban éstas: "Padre, perdónalos, porque no saben lo que hacen".

Después del panel, se me acercó un personaje célebre de la televisión, cuyo nombre reconocerían muchos lectores. "Tengo que decirle algo: lo que usted dijo me clavó un puñal en el mismo corazón", me dijo. "Yo venía preparado para que usted no me agradara, porque me desagradan todos los cristianos del ala derecha, y suponía que usted era uno de ellos. No se puede imaginar la correspondencia que me llega de esta gente del ala derecha. Yo no sigo a Jesús; soy judío. Sin embargo, cuando usted habló de que Jesús había perdonado a sus enemigos, me di cuenta de lo lejano que estoy de ese espíritu. Yo combato a mis enemigos; en especial a los del ala derecha. No los perdono. Tengo mucho que aprender del espíritu de Jesús."

En la vida de aquel hombre célebre estaba obrando la lenta y continua corriente de la gracia.

Las imágenes presentadas por Jesús describen el reino como una especie de fuerza secreta. Las ovejas entre lobos, un tesoro escondido en el campo, la semilla más pequeña de la huerta, el trigo que crece entre cizaña, una pizca de levadura metida en la masa del pan, unos granos de sal sobre la carne; todas estas cosas hacen pensar en un movimiento que obra dentro de la sociedad, cambiándola de dentro afuera. No hace falta una paletada de sal para conservar una tajada de jamón; con rociarle un poco de sal basta.

Jesús no dejó una hueste organizada de seguidores, porque sabía que un puñado de sal se abriría paso poco a poco a través del imperio más poderoso del mundo. Contra toda posibilidad, las grandes instituciones de Roma —el código legal, las bibliotecas, el Senado, las legiones romanas, las vías, los acueductos, los monumentos públicos— se fueron desmoronando gradualmente, pero el pequeño grupo al que Jesús le presentó esas imágenes, prevaleció y continúa su marcha hasta hoy.

Søren Kierkegaard se describió a sí mismo como un espía, y ciertamente, los cristianos nos comportamos como espías, puesto que vivimos en un mundo, mientras que nuestra fidelidad más profunda pertenece a otro. Somos residentes extranjeros, o *peregrinos*, por usar un término bíblico. Mis visitas a los estados totalitarios han llenado esa palabra de nuevos significados.

Durante muchos años, los disidentes de la Europa oriental se reunían en secreto, usaban palabras en clave, evitaban los teléfonos públicos y publicaban con seudónimo sus ensayos en periódicos clandestinos. Sin embargo, a mediados de los años setenta, estos disidentes se comenzaron a dar cuenta de que su doble vida les había cobrado un gran precio. Al trabajar en secreto, lanzando siempre una nerviosa mirada por encima del hombro, habían sucumbido ante el temor, lo cual había sido siempre la meta de sus enemigos comunistas. Entonces decidieron conscientemente cambiar de táctica. "Vamos a actuar como si fuéramos libres, cueste lo que cueste", decidieron los disidentes polacos y checos. Comenzaron a tener reuniones públicas, con frecuencia en iglesias y a pesar de la presencia de informantes conocidos. Firmaban los artículos, añadiendo a veces una dirección y un número de teléfono, y distribuían los periódicos abiertamente en las esquinas.

A todos los efectos, los disidentes comenzaron a actuar de la forma en que les parecía que debía actuar la sociedad. Si quieres libertad de expresión, exprésate libremente. Si amas la verdad, dí la verdad. Las autoridades no supieron cómo reaccionar. Algunas veces los trataban de suprimir —casi todos los disidentes pasaron tiempo en la cárcel— y otras se limitaban a observarlos con una frustración casi rayana en la rabia. Mientras tanto, las osadas tácticas de los disidentes les facilitaron establecer contactos entre ellos mismos y con el occidente, y fue tomando forma una especie de "archipiélago de la libertad", brillante contrapartida del tenebroso "archipiélago Gulag".

Es notable que hayamos vivido para ver triunfar a los disidentes. Un reino alternativo de personajes harapientos, de prisioneros, poetas y sacerdotes, que comunicaban sus palabras en los garabatos de unas *samizdat* copiadas a mano, echaron abajo algo que parecía una fortaleza inexpugnable. En todas las naciones, la iglesia actuó como contrafuerza, algunas veces calladamente, y otras en voz alta, insistiendo en una verdad que trascendía, y con frecuencia contradecía, la propaganda oficial. En Polonia, los católicos marchaban ante los edificios del gobierno, gritando: "¡Los perdonamos!" En la Alemania oriental, los cristianos encendían velas, oraban y marchaban por las calles, hasta que una noche el muro de Berlín se vino abajo como una represa podrida.

Años antes, Stalin había edificado en Polonia un poblado que llamó Nowa Huta, o "Pueblo Nuevo", para manifestar la promesa que significaba el comunismo. No podía cambiar a todo el país de una sola vez, dijo, pero podía construir un nuevo pueblo con una resplandeciente industria de acero, espaciosos apartamentos, abundancia de parques y amplias calles, como muestra de lo que vendría detrás. Más tarde, Nowa Huta se convertiría en uno de los semilleros del movimiento Solidaridad, manifestando otra cosa: que el comunismo no había logrado hacer que funcionara ni una sola población.

¿Y si los cristianos utilizaran esta misma táctica en la sociedad secular y triunfaran? "En el mundo, los cristianos son una colonia de la patria verdadera", decía Bonhoeffer. Tal vez los cristianos deberíamos trabajar más fuerte para establecer colonias del reino que nos recuerden nuestra patria verdadera. Con demasiada frecuencia, la iglesia sostiene un espejo donde se refleja la sociedad que la rodea, en lugar de tener una ventana que revele un camino diferente.

Si el mundo desprecia a un pecador notorio, la iglesia lo debe amar. Si el mundo les quita la ayuda a los pobres y los que sufren, la iglesia les debe ofrecer alimentos y curación. Si el mundo oprime, la iglesia debe levantar a los oprimidos. Si el mundo avergüenza a un paria, la iglesia debe proclamar el amor reconciliador de Dios. Si el mundo busca el provecho y la autosatisfacción, la iglesia debe buscar el sacrificio y el servicio. Si el mundo exige venganza, la iglesia debe dispensar gracia. Si el mundo se divide en facciones, la iglesia debe manifestar unidad. Si el mundo destruye a sus enemigos, la iglesia los debe amar.

Al menos, ésa es la visión de la iglesia en el Nuevo Testamento: una colonia del cielo en un mundo hostil. Dwight L. Moody decía: "De cada cien hombres, sólo uno lee la Biblia; los otros noventa y nueve van a leer al cristiano".

Como los disidentes de los países comunistas, los cristianos viven de acuerdo a un conjunto de normas diferentes. Somos un pueblo "peculiar", escribió Bonhoeffer, palabra que definió como "extraordinario, poco corriente, algo que no es lo de siempre". Jesús no fue crucificado por ser buen ciudadano; por ser un poquito mejor que los demás. Los poderes de su tiempo vieron con razón que tanto Él como sus seguidores eran personajes subversivos, porque recibían órdenes de un poder más alto que el de Roma o el de Jerusalén.

¿Qué aspecto tendría una iglesia subversiva en los Estados Unidos hoy? Algunos observadores han dicho que Estados Unidos es la nación más religiosa de la tierra. Si esto es cierto, esa realidad nos lleva a una vigorizante pregunta, que fue articulada por Dallas Willard: ¿Acaso un décimo de kilo de sal no debería estar produciendo un efecto mayor en medio kilo de carne?

Con toda seguridad, un pueblo peculiar debería manifestar en su ética personal un nivel más alto que el mundo que lo rodea. Sin embargo, por tomar un solo ejemplo, George Barna descubrió en sus encuestas que entre los cristianos nacidos de nuevo que viven en los Estados Unidos hoy, en realidad el porcentaje de divorcios (veintisiete por ciento) es más alto que entre los no creyentes (veintitrés por ciento); los que se describen como fundamentalistas tienen el porcentaje más alto de todos (el treinta por ciento). De hecho, cuatro de los seis estados que tienen los porcentajes más altos de divorcio caen dentro de la región conocida como el "Cinturón de la Biblia". Lejos de ser peculiares, los cristianos modernos de este país tienden a tener el mismo aspecto que los demás; sólo que peor. A menos que nuestra ética personal se levante por encima del nivel que nos rodea, tendremos pocas esperanzas de actuar como conservador moral.

Sin embargo, aun cuando los cristianos manifestaran las normas éticas más elevadas, eso solo no cumpliría el evangelio. Al fin y al cabo, los fariseos tenían una ética impecable. En cambio, Jesús redujo la señal del cristiano a una sola palabra. "En esto conocerán todos que sois mis discípulos", dijo: "Que os *améis* unos a otros." El acto más subversivo que puede realizar la iglesia está de acuerdo con la obediencia a este mandamiento.

Tal vez la razón por la cual la política ha demostrado ser una trampa tan grande para la iglesia, sea que es muy raro que el poder coexista con el amor. La gente que está en el poder hace listas de amigos y enemigos, para después recompensar a sus amigos y castigar a sus enemigos. Los cristianos tienen la orden de amar incluso a sus enemigos. Chuck Colson, quien perfeccionó el arte del poder político bajo el gobierno de Nixon, dice ahora que él tiene poca fe en que la política resuelva los problemas sociales de hoy. Nuestros mejores esfuerzos por transformar la sociedad no van a llegar a ninguna parte, a menos que la iglesia le pueda enseñar al mundo a amar.

Colson cita el conmovedor ejemplo de un cristiano que obedeció el mandato del amor, y no las reglas del poder. Después de renunciar en medio de la deshonra, el presidente Nixon se retiró a su propiedad de San Clemente para vivir en un virtual aislamiento. Como los políticos no querían manchar su propia reputación dejándose ver con él, Nixon tuvo pocas visitas al principio. La excepción fue Mark Hatfield, cristiano declarado que se había opuesto con frecuencia a Nixon en el Senado de los Estados Unidos. Colson le preguntó por qué se arriesgaba a hacer esos viajes hasta San Clemente. "Para que el Sr. Nixon sepa que hay alguien que lo ama", fue la respuesta de Hatfield.

Conozco en parte el abuso verbal que recibió Billy Graham por reunirse con Bill y Hillary Clinton, y por orar en las tomas de posesión de Clinton. Graham cree también que el mandato de amar va más allá de las diferencias políticas, y por esta razón les ha ministrado a todos los presidentes desde Harry Truman, sin tener en cuenta su política. En una entrevista privada, le pregunté al Reverendo Graham con cuál de los presidentes había pasado más tiempo. Para mi sorpresa, mencionó a Lyndon Johnson, un hombre con el cual él tenía profundas diferencias políticas. No obstante, Johnson le tenía temor a la muerte, y "siempre parecía querer que hubiera un pastor cerca". Para Graham, la persona era más importante que la política.

Durante la época de Brezhnev, en el punto más alto de la Guerra Fría, Billy Graham visitó Rusia y se reunió con líderes del gobierno y de la iglesia. Los conservadores de esta nación le reprocharon el que tratara a los rusos con tanta cortesía y respeto. Habría debido asumir un papel más profético, decían, y condenar los abusos contra los derechos humanos y la libertad religiosa. Uno de sus críticos lo acusó de retrasar a la iglesia cincuenta años. Graham escuchó, bajó la cabeza y contestó: "Me siento profundamente avergonzado. He estado esforzándome mucho por retrasar a la iglesia dos mil años."

La política traza límites entre las personas; en cambio, el amor de Jesús atraviesa esas líneas para dispensar gracia. Por supuesto, eso no significa que los cristianos no se deban involucrar en la política. Sólo significa que al hacerlo, no debemos dejar que las reglas del poder desplacen al mandato de amar.

Ron Sider dijo:

> Pensemos en la impresión que causaría el que las feministas radicales, al girar la conversación hacia el tema de los hombres evangélicos, lo primero que pensaran es que ellos tienen la mejor reputación en cuanto a cumplir con sus votos matrimoniales y servir a sus esposas con el mismo costoso estilo de Jesús en la cruz. Pensemos en la impresión que causaría el que lo primero que pensara la comunidad homosexual cuando alguien mencionara a los evangélicos, fuera que ellos son los que dirigen con amor los refugios para enfermos de SIDA y cuidan de ellos con ternura hasta el último suspiro. Un poco que seamos modelos sanos y paguemos el precio por servir, vale por millones de palabras ciertas, pero dichas con rudeza.

Una amiga mía trabajaba en un centro de consejería para mujeres embarazadas. Católica convencida, aconsejaba a las clientas que se decidieran en contra del aborto y le permitieran hallar padres adoptivos para sus bebés. Como el centro se hallaba cercano a una gran universidad, había con frecuencia manifestaciones a favor del aborto frente a él. Un frío y nevado día de esos que se dan en Michigan, mi amiga mandó a buscar rosquillas y café, y pidió suficientes para todos los manifestantes hostiles a su centro. Cuando llegó aquello, salió en persona para ofrecérselo a sus "enemigos".

"Yo sé que no estamos de acuerdo en esta cuestión", les dijo. "Pero aun así, los respeto como personas, y sé que deben estar pasando frío aquí afuera, de pie todo el día. Pensé que les gustaría comer algo."

Los manifestantes se quedaron sin poder hablar. Balbucearon su agradecimiento y se quedaron mirando el café, aunque la mayoría de ellos se negaron a tomarlo (¿acaso le habría echado veneno?).

Si los cristianos nos decidimos a entrar en un escenario de poder, al hacerlo no nos debemos atrever a dejar detrás el amor. "El poder sin amor es imprudente y abusivo", decía Martin Luther King Jr. "El poder en su mejor expresión es el amor poniendo en práctica las exigencias de la justicia."

Friedrich Nietzsche acusaba a la iglesia cristiana de "haber tomado partido por todo lo débil, bajo y mal constituido". Se burlaba de una religión de compasión que frustraba la ley de la evolución y sus normas favorables al poder y la competencia. Había puesto el dedo en el escándalo de la gracia, un escándalo que para él se remontaba a "Dios en la cruz".

Nietzsche tenía razón. En las parábolas de Jesús, los ricos y saludables nunca parecen entrar en el banquete de bodas, mientras que los pobres y débiles acuden corriendo. Y a lo largo de los siglos, los santos cristianos han escogido los objetos menos darwinianos para su amor. Las monjas de la Madre Teresa rodean de cuidados a unos infelices sin hogar a los que sólo les quedan días, o quizá horas de vida. Jean Vanier, fundador del movimiento de l'Arche, vive en un hogar donde tiene diecisiete ayudantes para trabajar con diez hombres y mujeres mentalmente imposibilitados, ninguno de los cuales va a poder hablar ni coordinar los movimientos de sus manos jamás. Dorothy Day, del Movimiento Obrero Católico, admitió que su cocina para pobres era una locura: "Qué cosa tan deleitosa es ésta", dijo: "ser osadamente derrochadora, no preocuparme por el precio del café y seguirles sirviendo un buen café y el mejor de los panes a la larga fila de hombres indigentes que acuden a nosotros".

Los cristianos sabemos servir a los débiles, no porque se lo merezcan, sino porque Dios nos extendió su amor a nosotros cuando merecíamos lo contrario. Cristo *descendió* del cielo, y cada vez que sus discípulos se entregaban a sus sueños de prestigio y poder, les recordaba que el mayor es aquél que sirve. La escalera del poder va hacia arriba; la de la gracia va hacia abajo.

En mi condición de periodista, he tenido el privilegio de ver muchos ejemplos maravillosos de cristianos que han dispensado la gracia. A diferencia de los activistas políticos, este grupo no suele aparecer con frecuencia en los periódicos. Sirven fielmente, sazonando nuestra cultura con el elemento conservador del evangelio. Tiemblo al imaginarme el aspecto que tendrían hoy los Estados Unidos si no tuvieran en medio suyo a la "sal de la tierra".

"Nunca subestimes el poder de una minoría que acaricia la visión de un mundo justo y amable", decía Robert Bellah. Ésa es la gente que me gustaría que les viniera al pensamiento a mis compañeros de vuelo cuando les pregunto: "¿Qué aspecto tienen los cristianos evangélicos?"

Conozco bien el movimiento de los hospicios, porque mi esposa trabaja en uno de ellos como capellana. Una vez entrevisté a la dama Cicely Saunders, fundadora del movimiento moderno de los hospicios, en el Hospicio de Saint Christopher, en Londres. Trabajadora social y enfermera, se sentía abrumada por la forma en que el personal médico trataba a la gente que se hallaba a punto de morir; básicamente, los ignoraban, como manifestaciones de un fracaso. Esta actitud ofendió a Saunders como cristiana, porque el cuidado de los moribundos ha sido tradicionalmente una de las siete obras de misericordia de la iglesia. Puesto que nadie iba a escuchar a una enfermera, regresó a la escuela de medicina y se hizo médico antes de fundar un lugar donde pudieran llegar las personas para morir con dignidad y sin dolor. Ahora existen hospicios en cuarenta países, incluyendo los dos mil que hay en los Estados Unidos solamente, y alrededor de la mitad de ellos tienen una base cristiana. Dame Cicely creía desde el principio que los cristianos ofrecen la mejor combinación de cuidados físicos, emocionales y espirituales para la gente que se enfrenta a la muerte. Ella sostiene que el cuidado de los hospicios es una resplandeciente alternativa al Doctor Kevorkian y su movimiento del "derecho a la muerte".

Pienso en los miles de grupos basados en el programa de los doce pasos, que se reúnen en los sótanos de las iglesias, los salones de los veteranos de guerras en el extranjero y las salas de las casas a lo largo de toda la nación, en cualquier día de la semana. Los cristianos que fundaron los Alcohólicos Anónimos se vieron ante una decisión: hacer una organización restrictivamente cristiana, o fundamentarla sobre principios cristianos y después dejarla en libertad. Escogieron esta última opción, y ahora son millones en Estados Unidos solamente las personas que ven en su programa —basado en la confianza en un "Poder Superior" y en una comunidad de apoyo— un remedio para la dependencia del alcohol, las drogas, el sexo y la comida.

Pienso en Millard Fuller, empresario millonario de Alabama que aún habla con el acento de los campos de algodón. Rico, pero desdichado, con su matrimonio en serias dificultades, se dirigió a Americus, estado de Georgia, donde cayó bajo el encanto de Clarence Jordan y de la Comunidad Koinonía. Poco después, Fuller entregó su fortuna personal y fundó una organización con la sencilla premisa de que todas las personas que hay en el planeta merecen un lugar decente donde vivir. Hoy en día, Hábitat para la Humanidad recluta miles de voluntarios para construir casas en todo el mundo. Una vez oí a Fuller explicarle su obra a una mujer judía que se manifestaba escéptica: "Señora, nosotros no tratamos de evangelizar. No hace falta ser cristiano para vivir en una de nuestras casas, ni para ayudarnos a construirlas. Sin embargo, la realidad es que yo hago lo que hago, y tantos de nuestros voluntarios hacen lo que hacen, porque estamos obedeciendo a Jesús."

Pienso en Chuck Colson, encarcelado por su intervención en Watergate, que salió de allí con el afán de descender, y no de subir. Fundó la Prison Fellowship [Fraternidad de Prisiones], que opera hoy en casi ochenta países. Las familias de más de dos millones de presos en los Estados Unidos han recibido regalos de Navidad, gracias al proyecto Árbol del Ángel, de Colson. En el extranjero, los miembros de las iglesias les llevan cazuelas de guisado y barras de pan recién horneado a los prisioneros, que de no recibirlas, estarían pasando hambre. El gobierno del Brasil llega incluso a permitirle a la Fraternidad de Prisiones que supervise una prisión dirigida por los propios presos cristianos. La prisión de Humaita sólo tiene dos empleados en su personal, y sin embargo no tiene problemas de motines ni de fugas, y tiene una proporción de reincidencia del cuatro por ciento, que podemos comparar con el setenta y cinco por ciento que hay en el resto de Brasil

Pienso en Bill Magee, cirujano plástico que se sorprendió al descubrir que hay países del Tercer Mundo donde muchos niños van por la vida con su labio leporino sin recibir nunca tratamiento. No pueden sonreír, y los labios se les enrollan al abrirse en una mueca constante que los hace objeto del ridículo. Magee y su esposa organizaron un programa llamado Operación Sonrisa: aviones llenos de médicos y personal de apoyo viajan hasta lugares como Vietnam, las Filipinas, Kenia, Rusia y el Oriente Medio para reparar deformidades faciales. Hasta ahora, han operado a más de treinta y seis mil niños, dejando detrás un legado de sonrisas infantiles.

Pienso en los médicos misioneros que he conocido en la India, en especial los que trabajan con pacientes de lepra. En la escala de la falta de gracia, no hay grupo de gente del que se abuse más en la tierra, que las víctimas de la lepra procedentes de la casta de los Intocables. No es posible descender más bajo. La mayoría de los avances importantes en el tratamiento de la lepra proceden de los misioneros cristianos, porque ellos han sido las únicas personas dispuestas a tocar a las víctimas de la lepra y cuidar de ellas. Mayormente gracias a la labor de estos fieles siervos, en estos momentos se puede controlar por completo la enfermedad por medio de drogas, y las posibilidades de contagio son mínimas.

Pienso en Pan para el Mundo, agencia fundada por cristianos que creían que la forma en que más podían ayudar a los hambrientos no era comenzar una competencia con Visión Mundial, sino cabildeando en el Congreso a favor de los pobres del mundo. O en la Casa de José, un hogar para pacientes de SIDA en Washington, D. C. O en la Operación Bendición, de Pat Robertson, que dirige programas en los barrios bajos de treinta y cinco ciudades populosas, o en los "Hogares para Salvar Niños", de Jerry Falwell, donde pueden ir las mujeres embarazadas a un hogar lleno de amor en busca de apoyo, si deciden dar a luz a sus hijos en lugar de abortarlos. Todos estos programas captan mucha menos atención que las ideas políticas de sus fundadores.

Rousseau dijo que la iglesia había establecido un dilema de lealtades imposible de resolver. ¿Cómo pueden los cristianos ser buenos ciudadanos de este mundo, si su interés primordial es el mundo futuro? Los que he mencionado, y hay muchos millones como ellos, demuestran que su argumento es falso. Como hizo notar C. S. Lewis, los cristianos que más conscientes han estado del mundo futuro, son los que han sido más eficaces en éste.

El hombre nace roto.
Vive por los arreglos.
La gracia de Dios es el pegamento.

Eugene O'Neill

GRAVEDAD Y GRACIA

La vida de Simone Weil resplandeció como la brillante llama de una vela, hasta que murió a los treinta y tres años de edad. Intelectual francesa, decidió trabajar en granjas e industrias para identificarse con la clase trabajadora. Cuando los ejércitos de Hitler invadieron Francia, se escapó para unirse a los Franceses Libres en Londres, donde murió al complicársele la tuberculosis con la desnutrición, por haberse negado a comer más que las raciones que comían sus compatriotas que sufrían la ocupación nazi. Como único legado, esta judía que había seguido a Cristo dejó en notas y diarios dispersos un denso registro de su peregrinaje hacia Dios.

Simone Weil llegó a la conclusión de que hay dos grandes fuerzas que dominan el universo: la gravedad y la gracia. La gravedad hace que un cuerpo atraiga a otros cuerpos, de manera que vaya aumentando continuamente de tamaño, al absorber cada vez más del universo en sí mismo. Algo semejante a esta misma fuerza opera en los seres humanos. Nosotros también queremos extendernos, adquirir, aumentar en importancia. El afán de "ser como dioses" fue, al fin y al cabo, el que llevó a Adán y Eva a rebelarse.

En lo emocional, afirmaba Weil, los humanos funcionamos por leyes tan fijas como las de Newton. "Todos los movimientos *naturales* del alma están controlados por leyes análogas a las de la gravedad física. La gracia es la única excepción." La mayoría de nosotros permanecemos atrapados en el campo de gravedad del amor a sí mismo, y de esta forma "rellenamos todas las fisuras por medio de las cuales podría pasar la gracia".

Más o menos al mismo tiempo que escribía Simone Weil, otro refugiado de los nazis, Karl Barth, hacía el comentario de que el don de Jesús del perdón, de la gracia, era para él más asombroso que sus milagros. Los milagros quebrantaban las leyes físicas del universo; el perdón quebrantaba las reglas morales. "Se percibe el principio del bien en medio del mal . . . La sencillez y la amplitud de la gracia, ¿quién las puede medir?"

Ciertamente, ¿quién las podrá medir? Apenas he recorrido el perímetro de la gracia, como el que camina alrededor de una catedral demasiado grande e imponente para contemplarla de una sola vez. Después de haber comenzado con preguntas —¿Qué tiene de asombrosa la gracia, y por qué los cristianos no la manifiestan más?—, ahora termino con una pregunta final: ¿Cómo se ve un cristiano que está lleno de gracia?

Tal vez debería formular la pregunta de otra manera. ¿Cómo *ve* un cristiano lleno de gracia? Creo que la vida cristiana no se centra primordialmente en la ética, ni en las reglas, sino que más bien comprende una nueva manera de ver. Escapo a la fuerza de "gravedad" espiritual cuando comienzo a verme a mí mismo como un pecador que no puedo agradar a Dios con ningún método para mejorarme o engrandecerme a mí mismo. Sólo entonces podré acudir a Él en busca de esa ayuda exterior —la gracia—, y para asombro mío, descubrir que hay un Dios santo que me ama ya, a pesar de mis defectos. Escapo de nuevo a la fuerza de gravedad cuando reconozco también a mis prójimos como pecadores amados por Dios. Un cristiano lleno de gracia es alguien que mira al mundo a través de "cristales coloreados por la gracia".

Un pastor amigo mío estaba estudiando el texto asignado para aquel día, tomado de Mateo 7, donde Jesús dice, más bien con cierta violencia: "Muchos me dirán en aquel día: Señor, Señor, ¿no profetizamos en tu nombre, y en tu nombre echamos fuera demonios, y en tu nombre hicimos muchos milagros? Y entonces les declararé: Nunca os conocí; apartaos de mí, hacedores de maldad."

Las palabras "nunca os conocí" parecieron saltar de la página. Notó que Jesús no dijo: "*Vosotros* nunca *me* conocisteis", o "Vosotros nunca conocisteis al Padre". Mi amigo comprendió que una de nuestras tareas principales, tal vez la más importante de todas, es darnos a conocer a Dios. Las buenas obras no bastan —"¿no profetizamos en tu nombre?"—; toda relación con Dios se debe basar en una revelación completa de nosotros mismos. Tenemos que quitarnos las máscaras.

"No lo podremos hallar, a menos que sepamos que lo necesitamos", escribió Thomas Merton. Para alguien que haya crecido con un fuerte fondo eclesiástico, llegar a comprender esto no resulta nada fácil. Mi propia iglesia tendía al perfeccionismo, lo cual nos tentaba a todos a seguir el ejemplo de Ananías y Safira y hacer una presentación engañosa de nuestra propia espiritualidad. Los domingos, había familias que salían de su auto muy limpias y relucientes, con la sonrisa en el rostro, aunque, como descubríamos más tarde, se habían estado peleando brutalmente durante toda la semana.

Cuando era niño, me comportaba lo mejor posible los domingos por la mañana; me vestía de gala para Dios y para los cristianos que me rodeaban. Nunca se me ocurrió que la iglesia era un lugar donde se debía ser sincero. En cambio, ahora, al tratar de mirar al mundo a través del cristal de la gracia, me doy cuenta de que la imperfección es el requisito previo para esa gracia. La luz sólo se abre paso a través de las rendijas.

Mi orgullo sigue tratando de hacer que presente una buena fachada; que limpie bien las apariencias. "Es fácil reconocer", decía C. S. Lewis, "pero casi imposible darse cuenta por largo tiempo, de que somos espejos cuyo brillo, si es que lo tenemos, se deriva en su totalidad del sol que resplandece sobre nosotros. Con toda seguridad, debemos tener un poco de luminosidad propia; aunque sea un poco. Con toda seguridad, no podemos ser *enteramente* criaturas." Sigue diciendo: "La gracia sustituye esto con una aceptación plena, infantil y deleitosa de nuestra necesidad; el gozo de la dependencia total. Nos convertimos en 'pordioseros alegres'".

Como criaturas, como pordioseros alegres, le damos gloria a Dios con nuestra dependencia. Nuestras heridas y defectos son las fisuras mismas a través de las cuales la gracia puede pasar. Nuestro destino humano sobre la tierra consiste en ser imperfectos, incompletos, débiles y mortales, y sólo el aceptar ese destino nos permite escapar a la fuerza de gravedad para recibir gracia. Sólo entonces nos podremos acercar cada vez más a Dios.

Es extraño, pero Dios está más cerca de los pecadores, que de los "santos". (Aquí, por "santos" entiendo a aquellas personas famosas por su piedad; los santos auténticos nunca pierden de vista su pecaminosidad). Un conferencista sobre temas de espiritualidad lo explica así: "Desde el cielo, Dios tiene a cada persona sostenida por un hilo. Cuando usted peca, está cortando ese hilo. Entonces, Dios lo vuelve a atar, haciendo un nudo, y de esa manera, acercándolo un poco más a Él. Una y otra vez, sus pecados cortan la cuerta, y con cada nuevo nudo, Dios lo va acercando a sí mismo más y más."

Una vez que cambió el concepto que tenía de mí mismo, comencé a ver a la iglesia también bajo una luz distinta, como una comunidad de personas sedientas de gracia. Al igual que los alcohólicos en camino a la recuperación, compartimos una debilidad reconocida por todos. La gravedad nos tienta para que creamos que podemos triunfar solos; la gracia corrige ese error.

Recuerdo una vez más el comentario de la prostituta que aparece al principio de este libro: "¡Una iglesia! ¿Para qué habría de ir allí? Ya me estaba sintiendo muy mal conmigo misma. Todo lo que harían sería empeorar las cosas." La iglesia debería ser un refugio para la gente que se siente muy mal consigo misma; teológicamente, ése es nuestro billete de entrada. Dios necesita gente humilde (lo cual suele significar que se trata de gente humillada) para realizar su obra. Cuanto nos haga sentirnos superiores a otros, cuanto nos tiente a manifestar una sensación de superioridad, es gravedad y no gracia.

Los lectores de los evangelios se maravillan de la capacidad que tenía Jesús para moverse tranquilamente entre los pecadores y los parias. Puesto que he pasado tiempo entre los "pecadores", y también entre los que son considerados "santos", tengo la corazonada de que sé por qué Jesús pasaba tanto tiempo con el primer grupo: me parece que prefería su compañía. Como los pecadores eran sinceros acerca de su persona, y no andaban con fingimientos, Jesús podía tratarlos. En cambio, los santos fingían lo que no eran, lo criticaban y trataban de atraparlo en alguna trampa mortal. Al final, fueron los santos, y no los pecadores, quienes lo arrestaron.

Recordemos el relato de la cena de Jesús en casa de Simón el fariseo, durante la cual una mujer no muy distinta a la prostituta de Chicago derramó perfume sobre Él, y le secó provocativamente los pies con su cabello. Simón sintió repugnancia; una mujer así no merecía ni siquiera entrar en su casa. He aquí como respondió Jesús en medio de aquella tensa atmósfera:

> Y vuelto a la mujer, dijo a Simón: ¿Ves esta mujer? Entré en tu casa, y no me diste agua para mis pies; mas ésta ha regado mis pies con lágrimas, y los ha enjugado con sus cabellos. No me diste beso; mas ésta, desde que entré, no ha cesado de besar mis pies. No ungiste mi cabeza con aceite, mas ésta ha ungido con perfume mis pies. Por lo cual te digo que sus muchos pecados le son perdonados, porque amó mucho; mas aquél a quien se le perdona poco, poco ama.

¿Por qué sucede, me pregunto, que la iglesia presenta a veces el espíritu de Simón el fariseo, y no el de aquella mujer perdonada? ¿Por qué sucede que yo mismo lo hago con frecuencia?

Una novela publicada hace un siglo, *The Damnation of Theron Ware* [La perdición de Theron Ware], me dio una imagen perdurable de lo que debe ser la iglesia. Un médico escéptico, hablándoles a un pastor fundamentalista y a un sacerdote católico, les dijo: "Si no les importa que yo diga algo —por supuesto, yo los veo a todos ustedes con imparcialidad desde el exterior—, me parece lógico que exista una iglesia para los que necesitan su ayuda, y no para los que, por confesión propia, son tan buenos ya, que son ellos los que ayudan a la iglesia." Entonces, aquel escéptico describió a la iglesia como un lugar que debía mantener la gracia al alcance de todos. "Hay quienes vienen todos los días; algunos sólo una vez al año; otros tal vez nunca entre su bautismo y su servicio fúnebre. Sin embargo, todos tienen sus derechos aquí; tanto el ladrón profesional, como el santo impecable. La única condición es que no deben venir fingiendo lo que no son . . ."

Esa imagen de la iglesia poniendo la gracia al alcance de todos me conmueve de una manera especial, gracias a un grupo de Alcohólicos Anónimos que se reunía en el sótano de mi iglesia en Chicago. Los Alcohólicos Anónimos no pueden conseguir que muchas iglesias les presten sus dependencias, por una razón muy práctica: sus grupos tienden a revolverlo todo. Los miembros de los AA combaten los demonios de la dependencia de drogas y del alcohol, apoyándose en los demonios menores del cigarrillo y el café, y son pocas las iglesias que están dispuestas a soportar las manchas en los suelos y las mesas, y el daño del humo a las paredes y los cortinajes. La iglesia a la que yo asistía, decidió abrirles sus puertas a los AA, a pesar de todo.

Asistí varias veces a los AA, como acto de solidaridad con un amigo alcohólico que se estaba recuperando. La primera vez que lo acompañé, me sentí sobrecogido ante lo que hallé, porque en muchos sentidos se parecía a la iglesia del Nuevo Testamento. Un famoso locutor de televisión y varios millonarios prominentes se mezclaban con toda tranquilidad con estudiantes fracasados sin trabajo y jovencitos que usaban vendas para cubrir los pinchazos de aguja que tenían en los brazos. El "momento para compartir" funcionaba como un grupo pequeño modelo: se escuchaba compasivamente, se respondía con afecto y abundaban los abrazos. Las presentaciones eran de este tipo: "Hola, soy Tom, y soy alcohólico y drogadicto". De inmediato, todos gritaban al unísono, como en un coro griego: "¡Hola, Tom!" Cada asistente daba un informe personal de su progreso en la batalla con su dependencia.

Con el tiempo, me di cuenta de que AA funciona sobre dos principios: una sinceridad radical y una dependencia también radical. Éstos son los mismos principios expresados en el Padre nuestro, el breve sumario hecho por Jesús sobre la vida "día por día", y de hecho, muchos grupos de AA recitan el Padre nuestro juntos en cada reunión.

En AA nunca se permite que una persona diga: "Hola, soy Tom. Yo era alcohólico, pero ya estoy curado." Aunque Tom no haya bebido una gota en treinta años, aún se debe identificar como alcohólico; al negar su debilidad, se convertiría en víctima de ésta. Tom tampoco podría decir nunca: "Yo seré alcohólico, pero no estoy tan mal como esta chica, Betty. Ella es adicta a la cocaína". En AA, todo el mundo está al mismo nivel.

Así lo describe Lewis Meyer:

> Es el único lugar que conozco, donde la posición social no significa nada. Nadie engaña a nadie. Todos están aquí, porque han convertido su vida en un repugnante revoltijo y están tratando de volverse a enderezar . . . He asistido a miles de reuniones en las iglesias, las logias, las fraternidades, y sin embargo, nunca he hallado la clase de amor que hallo en AA. Durante una breve hora, los encumbrados y poderosos descienden, y los humildes suben. La nivelación resultante es lo que quiere decir la gente cuando usa la palabra hermandad.

Para la "cura", el programa de AA exige de sus miembros una confianza radical en el Poder Superior, y en sus compañeros de lucha. En los grupos a los que he asistido, la mayoría de la gente sustituye la expresión de Poder Superior por la palabra Dios. Le piden abiertamente perdón y fortaleza a Dios, y les piden apoyo a los amigos que los rodean. Acuden a AA, porque creen que allí, la gracia se halla a su disposición.

Algunas veces, mientras subía y bajaba las escaleras que van del santuario de nuestra iglesia al sótano, pensaba en el contraste entre lo que pasaba arriba los domingos por la mañana, y lo que pasaba abajo los martes por la noche. Sólo unos pocos de los que se reunían allí los martes por la noche, volvían los domingos. Aunque agradecían la generosidad de la iglesia al facilitarles su sótano, los miembros de AA con los que hablé me dijeron que no se sentirían cómodos en la iglesia. La gente de arriba parecía llevar una vida estable, mientras que ellos apenas estaban sobreviviendo. Se sentían más cómodos entre las nubes de humo azul, arrellanados en sillas de metal con pantalones vaqueros y camiseta, y usando malas palabras si tenían ganas de hacerlo. Ése era su lugar; no un santuario con vitrales y bancas de respaldar recto.

Habría hecho falta que tanto ellos como la iglesia comprendieran que, en algunas de las lecciones de espiritualidad más importantes, los miembros del grupo del sótano nos superaban. Comenzaban con una sinceridad radical y terminaban con una dependencia radical. Sedientos, acudían cada semana como "pordioseros alegres", porque AA era el único lugar que ponía la gracia a su disposición.

Algunas veces, prediqué en mi iglesia, y después ayudé en la ceremonia de la comunión. "No comulgo porque soy una buena católica: santa, piadosa y acicalada", escribe Nancy Mairs acerca de la eucaristía. "Comulgo porque soy una mala católica, repleta de dudas, de ansiedad y de ira; a punto de desmayarme por una fuerte hipoglicemia del alma". Después de pronunciar el sermón, yo ayudaba a alimentar a las almas hambrientas.

Los que deseaban participar, pasaban al frente, se quedaban de pie callados haciendo un semicírculo, y esperaban que nosotros les lleváramos los elementos. "El cuerpo de Cristo quebrantado por ti", decía, mientras le alcanzaba una hogaza de pan a la persona que tenía delante para que partiera un pedazo. "La sangre de Cristo derramada por ti", decía el pastor, que venía detrás de mí, sosteniendo un cáliz común.

Como mi esposa trabajaba para la iglesia, y porque yo di allí una clase durante muchos años, me conocía la historia de algunas de las personas que tenía delante. Sabía que Mabel, la mujer del pelo pajizo y algo encorvada que acudía al centro para personas ancianas, había sido prostituta. Mi esposa llevaba siete años trabajando con ella, cuando por fin le confesó el oscuro secreto que llevaba sepultado dentro. Hacía cincuenta años, había vendido a su única hija. Su familia la había rechazado mucho antes, el embarazo había eliminado su fuente de ingresos, y sabía que iba a ser una madre terrible, así que le vendió la niña a un matrimonio de Michigan. Nunca se lo pudo perdonar, decía. Ahora estaba de pie, junto al comulgatorio, con unas manchas de carmín pegadas a las mejillas como si fueran discos de papel, con las manos extendidas y esperando recibir el don de la gracia. "El cuerpo de Cristo quebrantado por ti, Mabel . . ."

Además de Mabel, estaban Gus y Mildred, protagonistas de la única ceremonia nupcial celebrada jamás entre los ancianos de la iglesia. Habían perdido ciento cincuenta dólares al mes en beneficios de la Seguridad Social, por casarse en lugar de vivir juntos, pero Gus insistió. Decía que Mildred era la luz de su vida, y que no le importaba vivir en la pobreza, siempre que la viviera con ella a su lado. "La sangre de Cristo derramada por ti, Gus, y por ti, Mildred . . ."

Después venía Adolphus, un airado joven de color cuyos peores temores acerca de la raza humana habían quedado confirmados en Vietnam. Adolphus espantaba a la gente de la iglesia. En una ocasión, en una clase que yo estaba dando sobre el libro de Josué, Adolphus levantó la mano e hizo este pronunciamiento: "Quisiera tener un rifle M-16 en este momento. Mataría a todos los blancos que están en este cuarto." Un anciano de la iglesia que era médico se lo llevó aparte después y le habló, insistiendo en que se tomara sus medicinas antes de los cultos del domingo. La iglesia soportaba a Adolphus porque sabíamos que él no procedía sólo de un ambiente de ira, sino también de hambre. Si perdía el ómnibus, y nadie le había ofrecido llevarlo, a veces se caminaba los ocho kiló-

metros para llegar a la iglesia. "El cuerpo de Cristo quebrantado por ti, Adolphus . . ."

Les sonreí a Christina y Reiner, un elegante matrimonio
alemán que trabaja con la Universidad de Chicago. Ambos
tienen un doctorado en filosofía, y proceden de la misma comunidad pietista del sur de Alemania. Nos habían hablado de
los efectos que ha tenido a nivel mundial el movimiento mo-
ravo, que aún influye sobre su iglesia de origen, pero ahora
ellos están batallando con el mismo mensaje que tanto esti-
man. Su hijo acaba de salir en un viaje misionero a la India.
Piensa vivir durante un año en la peor barriada de Calcuta.
Christina y Reiner siempre han honrado este tipo de sacrificio personal, pero ahora que se trata de su propio hijo, todo
parece diferente. Temen por su salud y su seguridad. Cristina
escondió el rostro entre las manos, y las lágrimas se escurrían
entre sus dedos. "La sangre de Cristo derramada por ti, Cristina, y por ti, Reiner . . ."

Después estaba Sarah, con la cabeza rapada cubierta por
un turbante, y con una cicatriz donde los médicos le habían
quitado un tumor cerebral. Y Michael, que tartamudeaba
tanto, que se encogía físicamente cada vez que alguien le dirigía la palabra. Y María, la extravagante y obesa mujer ita-
liana que se acababa de casar por cuarta vez. "Éste será
diferente; lo sé."

"El cuerpo de Cristo . . . la sangre de Cristo . . ." ¿A gente
así, qué le podíamos ofrecer sino la gracia, puesta a su disposición? ¿Hay algo mejor que pueda ofrecer la iglesia, que los
"medios de gracia"? ¿Gracia aquí, entre estas familias destro-
zadas y estas personas que apenas pueden con la vida? Sí,
aquí. Al fin y al cabo, tal vez la iglesia de arriba no fuera tan
distinta al grupo de AA del sótano.

Por extraño que parezca, el cristal de la gracia revela a los
que se hallan fuera de la iglesia con esta misma luz. Al
igual que yo; al igual que todos los que se hallan dentro de la
iglesia, ellos también son pecadores a los que Dios ama. Hijos
perdidos, algunos de los cuales se han alejado mucho del ho-

gar, pero aun así, el Padre sigue estando listo para recibirlos de vuelta con gozo y con celebración.

Adivinos en medio del desierto, los artistas y pensadores modernos buscan en vano fuentes alternas de gracia. "Lo que necesita el mundo, y me avergüenza decirlo, es amor cristiano", escribió Bertrand Russell. Poco antes de morir, la humanista y novelista secular Marghanita Laski dijo en una entrevista para la televisión: "Lo que más les envidio a ustedes los cristianos es el perdón. Yo no tengo nadie que me perdone." Y Douglas Coupland, quien popularizó la expresión *Generación X*, llegaba a esta conclusión en su libro *Life after God* [La vida después de Dios]: "Mi secreto es que necesito a Dios; que estoy enfermo y ya no puedo salir adelante solo. Necesito que Dios me ayude a dar, porque parece que ya no soy capaz de seguir dando; que me ayude a ser bondadoso, puesto que ya no parezco ser capaz de bondad alguna; que me ayude a amar, porque parezco estar más allá de la capacidad de amar."

Me maravilla la ternura de Jesús al tratar con gente que expresaba este tipo de añoranzas. Juan relata la conversación improvisada que tuvo con una mujer junto a un pozo. En aquellos tiempos, era el esposo el que iniciaba el proceso de divorcio: cinco hombres distintos habían desechado a aquella mujer samaritana. Jesús habría podido comenzar señalando el desastre en que ella había convertido su vida. Sin embargo, no le dijo: "Joven, ¿te das cuenta de lo inmoral que es lo que estás haciendo, viviendo con un hombre que no es tu esposo?" En cambio, lo que le dijo significaba en realidad: *Siento que tienes mucha sed.* Entonces le dijo que el agua que ella estaba bebiendo, nunca la iba a satisfacer, y le ofreció un agua viva que le saciaría la sed para siempre.

Yo trato de recordar este espíritu de Jesús cuando me encuentro con alguien cuya moralidad no puedo aprobar. *Esta persona debe tener mucha sed*, me digo a mí mismo. Una vez hablé con el sacerdote Henri Nouwen, cuando acababa de regresar de San Francisco. Había visitado varios ministerios dedicados a las víctimas de SIDA, y sus tristes historias lo habían movido a compasión. "Están tan desesperados por recibir amor, que literalmente, es eso lo que los está matando", me dijo. Los veía como unos seres humanos sedientos que jadeaban en busca de un agua equivocada.

Cuando siento la tentación de rechazar con horror a los pecadores, a la gente "distinta", recuerdo cómo deben haber sido las cosas para Jesús mientras vivía en la tierra. Perfecto y sin pecado, Jesús tenía todo derecho a sentir repugnancia por la conducta de quienes lo rodeaban. Sin embargo, trató a los pecadores más notorios con misericordia, y no con juicio.

El que ha sido tocado por la gracia, nunca volverá a mirar a quienes se descarrían como "esa gente malvada", o "esos pobres infelices que necesitan nuestra ayuda". Tampoco necesitamos escudriñar en busca de señales de que "son dignos de amor". La gracia nos enseña que Dios nos ama por ser Él quien es; no por ser nosotros quienes somos. Aquí no se pueden aplicar categorías sobre quién es más digno, o menos. En su autobiografía, el filósofo alemán Friedrich Nietzsche habla de su capacidad para "olfatear" los rincones más recónditos de toda alma; en especial, "la abundante suciedad escondida en el fondo de muchas personalidades". Nietzsche era un maestro de la falta de gracia. Nosotros estamos llamados a hacer lo opuesto; olfatear los residuos de valores escondidos.

En una escena de la película *Ironweed* [Veronia], los personajes representados por Jack Nicholson y Meryl Streep se encuentran con una anciana esquimal tirada en la nieve, tal vez ebria. Embotados ellos mismos por el alcohol, discuten lo que deben hacer con ella.

"¿Está borracha, o es una indigente?", pregunta Nicholson.

"Es una indigente. Lo ha sido toda la vida."

"Y, ¿antes de eso?"

"Era prostituta en Alaska."

"No habrá sido prostituta toda la vida. ¿Y antes de serlo?"

"No sé. Sería niña, supongo."

"Bueno, una niña ya es algo. No es una indigente, ni tampoco una prostituta. Es algo. Vamos a llevarla adentro."

Aquellos dos vagabundos estaban viendo a aquella mujer esquimal a través del cristal de la gracia. Donde la sociedad sólo veía una indigente y una prostituta, la gracia veía "una niña"; una persona hecha a imagen de Dios, por mucho que aquella imagen tuviera el rostro desfigurado.

El cristianismo tiene un principio, "Odia el pecado, pero ama al pecador", que es más fácil predicarlo que practicarlo. Bastaría con que los cristianos recuperáramos esa práctica, de la cual Jesús fue un modelo tan exquisito, para que camináramos un gran trecho en el cumplimiento de nuestro llamado a dispensar la gracia de Dios. Durante largo tiempo, informa C. S. Lewis, él nunca pudo comprender la nimia distinción entre el odio hacia el pecado de una persona, y el odio al pecador. ¿De qué manera se podía odiar lo que hiciera un hombre, sin odiarlo a él?

> No obstante, años más tarde me di cuenta de que existía un hombre con el que había estado haciendo eso toda la vida: yo mismo. Por mucho que me disgustara mi propia cobardía, o vanidad, o codicia, seguía amándome a mí mismo. Nunca había tenido dificultad alguna en hacerlo. De hecho, la razón misma por la que odiaba aquellas cosas, era que amaba al hombre. Precisamente porque me amaba a mí mismo, me lamentaba al encontrar que era de la clase de hombres que hacían esas cosas.

Los cristianos no debemos hacer concesiones en cuanto a odiar el pecado, dice Lewis. Debemos odiar el pecado de los demás, de la misma forma que odiamos el que hay en nosotros mismos: sentir lástima de que la persona haya hecho estas cosas, y esperar que de alguna forma, en algún momento y lugar, esa persona quede curada.

El documental de Bill Moyers sobre el himno "Sublime gracia" incluye una escena filmada en el Estadio Wembley, de Londres. Diversos grupos musicales, la mayoría orquestas de rock, se habían reunido para celebrar los cambios sucedidos en África del Sur, y por alguna razón, los promotores pusieron en el programa a Jessye Norman, cantante de ópera, para que cerrara el acto.

La película va pasando por escenas donde aparece la desordenada multitud que había en el estadio, intercalando escenas de la entrevista con Jessye Norman. Durante doce horas, grupos como Guns 'n' Roses [Fusiles y rosas] han estado haciendo resonar a la multitud por medio de montones de altavoces, sacando de quicio a unos fanáticos ya atolondrados con el alcohol y las drogas. La multitud grita para que los grupos vuelvan a salir al escenario, y los grupos de rock la complacen. Mientras tanto, Jessye Norman está sentada en su camerino, hablando con Moyers sobre el himno "Sublime gracia".

Por supuesto, este himno fue escrito por John Newton, un traficante de esclavos duro y cruel. Newton clamó por vez primera a Dios en medio de una tormenta que faltó poco para que lo tirara al agua. Fue viendo la luz gradualmente, y continuó siendo traficante, incluso después de convertido. El himno "Cuán dulce suena el nombre de Jesús", lo compuso mientras esperaba un cargamento de esclavos en una bahía africana. Sin embargo, más tarde renunció a su profesión, se hizo ministro, y se unió a William Wilberforce en su lucha contra la esclavitud. John Newton nunca perdió de vista las profundidades de las que había sido sacado. Nunca perdió de vista la gracia. Cuando escribió las palabras "que salvó a un miserable como yo", era totalmente sincero.

En la película, Jessye Norman le dice a Bill Moyers que es posible que Newton haya tomado prestada una vieja melodía que cantaban los propios esclavos, redimiendo así el canto, tal como él había sido redimido.

Finalmente, le llega el momento de cantar. Un solo círculo de luz sigue a Jessye Norman, majestuosa mujer afroamericana vestida con un vaporoso dashiki africano, mientras entra al escenario. No la acompaña una orquesta, ni instrumento musical alguno; sólo es ella. La multitud se agita inquieta. Son pocos los que reconocen a la diva operática. Una voz grita para pedir que vuelva el grupo Guns 'n' Roses. Otros secundan el grito. La escena se vuelve desagradable.

Sola, *a capella*, Jessye Norman comienza a cantar, muy lentamente:

> Sublime gracia del Señor
>> que un infeliz salvó;
> fui ciego mas hoy miro yo,
>> perdido y él me halló.

Algo sorprendente sucede aquella noche en el Estadio Wembley. Setenta mil fanáticos revoltosos se callan ante aquella aria sobre la gracia.

Cuando la soprano llega a la segunda estrofa, "Su gracia me enseñó a temer; mis dudas ahuyentó; ¡Oh cuán precioso fue a mi ser cuando él me transformó!", tiene ya a la multitud en la mano.

Al llegar a la tercera estrofa, "En los peligros y aflicción que yo he tenido aquí, su gracia siempre me libró y me guiará feliz", varios miles de fanáticos están cantando ya junto con ella, buscando muy lejos, en unos recuerdos casi perdidos, unas palabras que habían oído hacía mucho tiempo.

> Y cuando en Sion por siglos mil
>> brillando esté cual sol,
> yo cantaré por siempre allí
>> su amor que me salvó.

Más tarde, Jessye Norman confesaría que no tenía idea de qué poder había descendido aquella noche sobre el Estadio Wembley. Yo creo que lo conozco. El mundo está sediento de gracia. Cuando la gracia desciende, el mundo calla delante de ella.

FUENTES

Capítulo 1: La última de las grandes palabras

12: *Niebuhr:* Citado por D. Ivan Dykstra en *Who am I? and Other Sermons* [¿Quién soy yo? y otros sermones]. Holland, Mich.: Hope College, 1983, p. 104.

13: *Bernanos:* Georges Bernanos, *The Diary of a Country Priest* [Diario de un cura rural]. Garden City, N. Y.: Doubleday/Image, 1974, p. 233.

14: *Seamands:* David Seamands, "Perfectionism: Fraught with Fruits of Self-Destruction" [El perfeccionismo, cargado de frutos de autodestrucción], en *Christianity Today*, 10 de abril de 1981, pp. 24-25.

14: *MacDonald:* De una conversación privada.

15: *"Growing Up Fundamentalist"* [Criado en el fundamentalismo]: Stefan Ulstein, *Growing up Fundamentalist*. Downers Grove, Ill.: InterVarsity Press, 1995, p. 72.

Capítulo 2: Un relato: El banquete de Babette

19: *Babette's Feast:* Cuento corto incluido en la obra de Isak Dinesen *Anecdotes of Destiny and Ehrengard* [Anécdotas de Destiny y Ehrengard]. Nueva York: Random House/Vintage, 1993.

Capítulo 3: Un mundo desprovisto de gracia

29: *Herbert:* George Herbert, "The Church Militant" [La Iglesia militante], en *The English Poems of George Herbert* [Los poemas de George Herbert en inglés]. Totowa, N. J.: Rowman and Littlefield, 1975, p. 196.

30: *"Pues la ley":* Juan 1:17.

31: *"Refranes de ceniza":* Job 13:12.

31: *Tournier:* Paul Tournier, *Guilt and Grace* [Culpa y gracia]. Nueva York: Harper & Row, 1962, p. 23.

32: *Bombeck:* Erma Bombeck, *At Wit's End* [A punto de volverme loca]. S. l.: Thorndike Large Print Edition, 1984, p. 63.

33: *James:* Willliam James, *The Varieties of Religious Experience* [Las variedades de la experiencia religiosa]. Nueva York: The Modern Library, 1936, p. 297.

34: *San Juan:* San Juan de la Cruz, *Dark Night of the Soul* [La noche oscura del alma]. Garden City, N. Y.: Doubleday/Image, 1959.

34: *Hecht:* Anthony Hecht, "Galatians" [Gálatas] en *Incarnation* [La Encarnación], ed. Alfred Corn. Nueva York: Viking, 1990, p. 158.

35: *Thielicke,* Helmut Thielicke, *The Waiting Father* [El padre que espera]. San Francisco: Harper & Row, 1959, p. 133.

36: *Franklin:* Benjamín Franklin, *Autobiography* [Autobiografía]. Nueva York: Buccaneer Books, 1984, pp. 103, 114.

37: *Línea para disculpas:* Jeanne McDowell, "True Confessions by Telephone" [Confesiones telefónicas verdaderas], en *Time,* 3 de octubre de 1988, p. 85.

37: *Smedes:* Lewis B. Smedes, *Shame and Grace* [Vergüenza y gracia]. San Francisco: Harper-Collins, 1993, pp. 80, 31.

40: *Times:* Nicholas D. Kristof, "Japanese Say No to Crime: Tough Methods, at a Price" [Los japoneses dicen que no a la delincuencia: métodos drásticos con un precio], en *The New York Times,* 14 de marzo de 1995, p. 1.

40: *Hemingway:* Ernesto Hemingway, "The Capitol of the World" [El Capitolio del mundo], en *The Short Stories of Ernest Hemingway* [Los cuentos cortos de Ernesto Hemingway]. Nueva York: Scribner, 1953, p. 38.

40: *"Todos los niños que ella da a luz":* Citado por Paul Johnson en *Intellectuals* [Los intelectuales]. Nueva York: Harper & Row, 1988, p. 145.

43: *Greave:* Peter Greave, *The Second Miracle* [El segundo milagro]. Nueva York: Henry Holt and Company, 1955.

Capítulo 4: Un padre enfermo de amor

49: *Lewis:* Citado por Scott Hoezee, en *The Riddle of Grace* [El acertijo de la gracia]. Grand Rapids: Eerdmans, 1996, p. 42.

58: *"Éste mi hijo":* Lucas 15:24.

58: *"Y cuando aún":* Lucas 15:20.

59: *"Así que os digo":* Lucas 15:10.

59: *Nouwen:* Henri J. M. Nouwen, *The Return of the Prodigal Son* [La vuelta del hijo pródigo]. Nueva York: Doubleday/Image, 1994, p. 114.

61: *"Señor, ten misericordia":* Lucas 18:13.

61: *"Habrá más":* Lucas 15:7.

61: *"Jesús, recuérdame":* Lucas 23:42-43.

61: *Kierkegaard:* Søren Kierkegaard, *Training in Christianity* [Adiestramiento en cristianismo]. Princeton: Princeton University Press, 1947, p. 20.

Capítulo 5: Las nuevas matemáticas de la gracia

65: *Lucas:* Lucas 15:3-7.

66: *Juan:* Juan 12:3-8.

66: *Marcos:* Marcos 12:41-44.

66: *Mateo:* Mateo 20:1-6.

68: *"Amigo, no te hago":* Mateo 20:13-15.

69: *"Buechner:* Frederick Buechner, *Telling the Truth* [Decir la verdad]. San Francisco: Harper & Row, 1977, p. 70.

70: *"¿Cuántas veces?":* Mateo 18:21.

71: *"Págame":* Mateo 18:28.

71: *Lewis:* C. S. Lewis, "On Forgiveness" [Sobre el perdón], en *The Weight of Glory and Other Addresses* [El peso de gloria y otros discursos]. Nueva York: Collier Books/Macmillan, 1980, p. 125.

71: *Lewis mismo:* C. S. Lewis y Don Giovanni Calabria, *Letters* [Cartas]. Ann Arbor, Mich.: Servant Books, 1988, p. 67.

72: *Volf:* Miroslav Volf, *Exclusion and Embrace* [Exclusión y abrazo]. Nashville: Abingdon Press, 1996, p. 85.

72: *"Porque mis pensamientos":* Isaías 55:8-9.

73: *"No retuvo":* Miqueas 7:18.

73: *"Caerá espada":* Oseas 11:6-9.

73: *"Vé, ama":* Oseas 3:1.

74: *"Mas cuando el pecado abundó":* Romanos 5:20.

74: *Buechner:* Frederick Buechner, *The Longing for Home* [La añoranza del hogar]. San Francisco: HarperCollins, 1996, p. 175.

75: *Sayers:* Dorothy L. Sayers, *Christian Letters to a Post-Christian World* [Cartas cristianas a un mundo postcristiano]. Grand Rapids: Eerdmans, 1969, p. 45.

76: *El Dr. Bob Smith:* Relato hecho por Ernest Kurtz, en *The Spirituality of Imperfection* [La espiritualidad de la imperfección]. Nueva York: Bantam, 1994, pp. 105-6.

78: *Donne:* John Donne, *John Donne's Sermons on the Psalms and the Gospels* [Sermones de John Donne sobre los salmos y los evangelios]. Berkeley: University of California Press, 1963, p. 22.

79: *"El Dios de toda gracia":* 1 Pedro 5:10.

Capítulo 6: Un relato: La cadena continua

90: *El misionero en el Líbano:* Kenneth E. Bailey, *Poet & Peasant* [Poeta y campesino]. Grand Rapids: Eerdmans, 1976, pp. 161-64, 181.

Capítulo 7: Un acto innatural

95: *Tolstoy:* William L. Shirer, *Love and Hatred: The Stormy Marriage of Leo and Sonya Tolstoy* [Amor y odio: el tormentoso matrimonio de León y Sonya Tolstoy]. Nueva York: Simon & Schuster, 1994, pp. 26:65-67.

96: *Auden:* W. H. Auden, "September 1, 1939" [1º de septiembre de 1939], en *Selected Poems* [Poemas escogidos]. Nueva York: Vintage Books/Random House, 1979, p. 86.

97: *O'Connor:* Elizabeth O'Connor, *Cry Pain, Cry Hope* [Llora de dolor; llora de esperanza]. Waco, Tex.: Word Books, 1987, p. 167.

98: *"Perdónanos":* Mateo 6:12.

98: *Williams:* Charles Williams, *The Forgiveness of Sins* [El perdón de los pecados]. Grand Rapids: Eerdmans, 1984, p. 66.

98: *"Si no perdonáis":* Mateo 6:15.

98: *Dryden:* Louis I. Bredvold, ed., *The Best of Dryden* [Lo mejor de Dryden]. Nueva York: T. Nelson and Sons, 1933, p. 20.

99: *"Por tanto, si traes tu ofrenda":* Mateo 5:23.

99: *"Así también":* Mateo 18:35.

99: *Jones (nota al pie de página):* Gregory Jones, *Embodying Forgiveness: A Theological Analysis* [La encarnación del perdón: un análisis teológico]. Grand Rapids: Eerdmans, 1995, p. 195.

100: *"Para que seáis hijos":* Mateo 5:44-47.

100: *Bonhoeffer:* Dietrich Bonhoeffer, *The Cost of Discipleship* [El precio de la gracia]. Nueva York: Macmillan, 1959, pp. 134-35.

102: *Thielicke:* Helmut Thielicke, *Waiting,* op. cit., p. 112.

104: *Nouwen:* Henri Nouwen, *Return,* op. cit., pp. 129-30.

105: *"No os venguéis":* Romanos 12:19.

Capítulo 8: ¿Por qué perdonar?

110: *Lutero:* Citado en "Colorful Sayings of Colorful Luther" [Frases pintorescas del pintoresco Lutero], en *Christian History* [Historia cristiana], vol. 34, p. 27.

110: *García Márquez:* Gabriel García Márquez, *Love in the Time of Cholera* [Amor en el tiempo del cólera]. Nueva York: Alfred A. Knopf, 1988, pp. 28-30.

111: *Mauriac:* François Mauriac, *Knot of Vipers* [Nudo de víboras]. Londres: Metheun, 1984.

111: *Karr:* Mary Karr, *The Liars' Club* [El club de los mentirosos]. Nueva York: Viking, 1995.

113: *Smedes:* Lewis B.Smedes, *Shame,* op. cit., pp. 136, 141.

114: *Trapp:* Kathryn Watterson, *Not by the Sword* [No con espada]. Nueva York: Simon & Schuster, 1995.

115: *Hugo:* Víctor Hugo, *Les Misérables* [Los miserables]. Nueva York: Penguin, 1976, p. 111.

116: *Smedes:* Lewis B. Smedes, "Forgiveness: the Power to Change the Past" [El perdón: el poder para cambiar el pasado], en *Christianity Today,* 7 de enero de 1983, p. 24.

119: *Weil:* Simone Weil, *Gravity and Grace* [Gravedad y gracia]. Nueva York: Routledge, 1972, p. 9.

121: *"No tenemos":* Hebreos 4:15.

122: *"Por nosotros lo hizo":* 2 Corintios 5:21.

122: *"Si es posible":* Mateo 26:39.

122: *"Perdónalos":* Lucas 23:34.

Capítulo 9: La venganza

125: *Wiesenthal:* Simón Wiesenthal, *The Sunflower* [El girasol]. Nueva York: Schocken, 1976.

130: *Klausner:* Joseph Klausner, *Jesus of Nazareth: His Life, Times, and Teaching* [Jesús de Nazaret: su vida, tiempos y enseñanzas]. Londres: George Allen & Unwin, 1925, p. 393.

133: *Smedes:* Lewis B. Smedes, *Forgive and Forget* [Perdona y olvida]. San Francisco: Harper & Row, 1984, p. 130.

134: *Guardini:* Romano Guardini, *The Lord* [El Señor]. Chicago: Regnery Gateway, 1954, p. 302.

135: *Thielicke:* Helmut Thielicke, *Waiting,* op. cit., p. 62.

136: *Wilson:* Mark Noll, "Belfast, Tense with Peace" [Belfast, tensa con la paz], en *Books & Culture,* noviembre/diciembre de 1995, p. 12.

137: *O'Connor:* Elizabeth O'Connor, *Cry Pain,* op. cit., p. 50.

137: *Time:* Lance Morrow, "I Spoke... As a Brother" [Hablé... como un hermano], en *Time*, 9 de enero de 1984, pp. 27-33.

138: *"Porque no saben":* Lucas 23:34.

Capítulo 10: El arsenal de la gracia

141: *Wink:* Walter Wink, *Engaging the Powers* [La batalla con los poderes]. Minneapolis: Fortress, 1992, p. 275.

141: *The Wages of Guilt:* Ian Buruma, *The Wages of Guilt: Memories of War in Germany and Japan* [La paga de la culpa: recuerdos de la guerra en Alemania y Japón]. Nueva York: Farrar, Straus and Giroux, 1994.

143: *"Nosotros, los primeros":* Citado en *Response*, publicación del Centro Simón Wiesenthal de Los Ángeles.

155: *Trueblood:* Elton Trueblood, *The Yoke of Christ* [El yugo de Cristo]. Waco, Tex.: Word, 1958, p. 37.

157: *Wink:* Walter Wink, *Engaging*, op. cit., p. 191.

158: *Tutu:* Michael Henderson, *The Forgiveness Factor* [El factor perdón]. Salem, Ore.: Grosvenor Books USA, 1996, p. xix.

159: *King:* David Garrow, *Bearing the Cross* [Tomar la cruz]. Nueva York: William Morrow, 1986, pp. 81, 500, 532.

160: *van der Post:* Laurens van der Post, *The Prisoner and the Bomb* [El prisionero y la bomba]. Nueva York: William Morrow and Company, 1971, p. 133.

Capítulo 11: Un relato: Una casa para bastardos

163: *Campbell:* Will D. Campbell, *Brother to a Dragonfly* [Hermano de una libélula]. Nueva York: The Seabury, 1977, pp. 220-24.

168: *"Siendo aún":* Romanos 5:8; cursiva del autor.

Capítulo 12: No se admiten excéntricos

172: *"Tenéis que detestarlas":* Levítico 11:11.

173: *"Porque yo soy Jehová":* Levítico 11:44.

174: *Wouk:* Herman Wouk, *This is my God* [Éste es mi Dios]. Nueva York: Little, Brown and Company, 1987, p. 111.

174: *Douglas:* Citado por Sheldon Isenberg y Dennis E. Owen en "Bodies, Natural and Contrived: the Work of Mary Douglas" [Cuerpos, naturales e inventados: la obra de Mary Douglas], en *Religious Studies Review*, vol. 3, n° 1, 1977, pp. 1-17.

174: *Neusner:* Jacob Neusner, *A Rabbi Talks with Jesus* [Un rabino conversa con Jesús]. Nueva York: Doubleday, 1993, p. 122.

176: *"Por sus generaciones":* Levítico 21:17-20.

177: *"Por no haberme hecho"*: Citado por John Timmer en "Owning Up to Baptism" [Confesar el bautismo], en *The Reformed Journal*, mayo-junio de 1990, p. 14.

177: Volf, *Exclusion*, op. cit., p. 74.

178: *"En toda Judea"*: Hechos 1:8.

179: *"Buscaban cómo matarle"*: Marcos 11:18.

179: *"A los pobres"*: Lucas 14:13.

181: *"Ya no hay"*: Gálatas 3:28.

182: *"Por tanto, teniendo"*: Hebreos 4:14, 16.

182: *"Teniendo libertad"*: Hebreos 10:19-21.

184: *"El Espíritu mismo"*: Romanos 8:26.

Capítulo 13: Ojos sanados por la gracia

199: *"Todos pecaron"*: Romanos 3:23.

200: *Tournier:* Paul Tournier, *The Person Reborn* [La persona renacida]. Nueva York: Harper & Row, 1966, p. 71.

205: *Thielicke:* "Jesús tuvo..." , tomado de Helmut Thielicke, *How the World Began* [Así comenzó el mundo]. Filadelfia: Muhlenberg, 1961, p. 62.

205: *Thielicke:* "Cuando Jesús amaba...", tomado de Helmut Thielicke, *Christ and the Meaning of Life* [Cristo y el sentido de la vida]. Grand Rapids: Baker, 1975, p. 41.

205: *Dostoyevsky:* Citado por Helmut Thielicke en *Waiting*, op. cit., p. 81.

Capítulo 14: Escapatorias

207: *Hughes:* De una entrevista radial, basada en un relato de Robert Hughes en *The Fatal Shore* [La orilla fatal].

208: *Auden:* W. H. Auden, "For the Time Being" [Por el momento presente], en *The Collected Poetry of W. H. Auden* [Colección de poesías de W. H. Auden]. Nueva York: Random House, 1945, p. 459.

208: *Lloyd-Jones:* Citado por Stephen Brown en *When Being Good Isn't Good Enough* [Cuando no basta con ser bueno]. Nashville: Nelson, 1990, p. 102.

209: *"Habiendo yo sido antes"*: 1 Timoteo 1:13-15, cursiva del autor.

210: *Lewis:* "St. Augustine" [San Agustín], en C. S. Lewis, *Letters to an American Lady* [Cartas a una señora de los Estados Unidos]. Grand Rapids: Eerdmans, 1967, p. 71.

210: *Lewis:* "Disculpar un mal", de C. S. Lewis, *The Problem of Pain* [El problema del dolor]. Nueva York: Macmillan, 1962, p. 122.

212: *Heaney:* Citado por Helen Vendler en "Books" [Libros], en *The New Yorker*, 13 de marzo de 1989, p. 107.

213: *Tournier:* Paul Tournier, *Guilt*, op. cit., p. 112.

214: *Lewis:* C. S. Lewis, *Mere Christianity* [Cristianismo y nada más]. Nueva York: Macmillan, 1960, p. 60.

214: *"Porque no envió Dios":* Juan 3:17.

215: *Tournier:* Paul Tournier, *Guilt*, op. cit., pp. 159-60.

215: *"Convertir en libertinaje la gracia":* Judas 4.

215: *Lutero:* Citado por Walter Kaufmann, *The Faith of a Heretic* [La fe de un hereje]. Garden City, N. Y.: Doubleday, 1961, pp. 231-232.

216: *"Crecer en gracia":* 2 Pedro 3:18.

216: *Trobisch:* Walter Trobisch, *Love Yourself* [Ámate a ti mismo]. Downers Grove, Ill.: InterVarsity Press, 1976, p. 26.

216: *"Todos pecaron":* Romanos 3:23.

216: *"Mas cuando el pecado":* Romanos 5:20.

217: *"¿Qué, pues, diremos?":* Romanos 6:1.

217: *"¿Qué, pues?":* Romanos 6:15.

218: *"Hemos muerto":* Romanos 6:2.

218: *"Consideraos":* Romanos 6:11, cursiva del autor.

218: *"No reine, pues":* Romanos 6:12.

220: *Mauriac:* François Mauriac, *God and Mammon* [Dios y Mamón]. Londres: Sheed & Ward, 1946, pp. 68-9.

223: *Bonhoeffer:* Citado por Clifford Williams en *Singleness of Heart* [Soledad de corazón]. Grand Rapids: Eerdmans, 1994, p. 107.

224: *"La que nos enseñá":* Tito 2:12.

224: *Mairs:* Nancy Mairs, *Ordinary Time* [Tiempo ordinario]. Boston: Beacon Press, 1993, p. 138.

224: *Agustín:* Citado por Kathleen Norris en *The Cloister Walk* [Recorrido por el claustro]. Nueva York: Riverhead, 1996, p. 346.

Capítulo 15: Evitar la gracia

231: *"Serpientes...":* Mateo 23:33, 16-18, 27.

231: *"Vosotros los fariseos":* Lucas 11:39.

232: *"Cuando, pues":* Mateo 6:2-6.

233: *"Amarás al Señor":* Mateo 22:37.

233: *"Sed, pues, vosotros perfectos":* Mateo 5:48.

233: *Tolstoy:* León Tolstoy, "An Afterword to 'The Kreutzer Sonata'" [Un epílogo a la Sonata de Kreutzer], en A. N. Wilson, *The Lion and the Honeycomb: The Religious Writings of Tolstoy* [El león y el panal: los escritos religiosos de Tolstoy]. San Francisco: Harper & Row, 1987, p. 69.

234: *"¡Ay de vosotros!":* Lucas 11:46.

234: *"No tomarás":* Éxodo 20:7.

234: *"No guisarás":* Éxodo 23:19.

234: *"No cometerás":* Éxodo 20:14.

236: *"Diezmáis":* Mateo 23:23-24.

237: *"Ha sido un gran alivio":* Citado por Walter Wink, *Naming the Powers* [Nombrando a los poderes]. Filadelfia: Fortress, 1984, p. 116.

239: *"Guardaos":* Lucas 12:1; Mateo 23:3.

241: *"Todas sus obras":* Mateo 23:5-7.

242: *"Trapo de inmundicia":* Isaías 64:6.

243: *Nouwen:* Henri Nouwen, *Return,* op. cit., p. 71.

244: *"Pero yo no conocí":* Romanos 7:7-8.

244: *Küng:* Hans Küng, *On Being a Christian* [Acerca de ser cristiano]. Garden City, N. Y.: Doubleday, 1976, p. 242.

245: *Lutero:* Citado por Karen Armstrong, *A History of God* [Una historia de Dios]. Nueva York: Alfred A. Knopf, 1974, p. 276.

247: *Capon:* Robert Farrar Capon, *Between Noon and Three* [Entre el mediodía y las tres]. San Francisco: Harper & Row, 1982, p. 148.

247: *"Porque el reino":* Romanos 14:17.

Capítulo 17: Aromas mezclados

270: *New York Times:* "Government Is Not God's Work" [El gobierno no es un trabajo para Dios], en el *New York Times,* 29 de agosto de 1993.

271: *"Si fueren destruidos los fundamentos":* Salmo 11:3.

272: *"La única forma":* Citado por Rodney Clapp en "Calling the Religious Right to Its Better Self" [Llamado a la derecha religiosa para que sea lo mejor que puede ser], *Perspectives,* abril de 1994, p. 12.

273: *Terry:* Virginia Culver, "200 hear Terry hit 'baby killers'" [Doscientos escuchan a Terry fustigar a los 'asesinos de bebés'], en *The Denver Post,* 30 de julio de 1993, p. 4B.

273: *Reed:* Citado por Jim Wallis, *Who Speaks for God?* [¿Quién defiende a Dios?]. Nueva York: Delacorte, 1996, p. 161.

275: *Willimon:* William H. Willimon, "Been there, preached that" [Allí estuve, eso prediqué], en *Leadership,* otoño de 1995, p. 76.

275: *Jefferson:* Citado por Robert Booth Fowler, *Religion and Politics in America* [Religión y política en los Estados Unidos]. Metuchen, N. J.: Scarecrow, 1985, p. 234.

276: *Manchester:* William Manchester, *A World Lit Only by Fire* [Un mundo que sólo el fuego ilumina]. Boston: Little, Brown and Company, 1993, p. 191.

277: *Johnson:* Paul Johnson, *A History of Christianity* [Una historia del cristianismo]. Nueva York: Atheneum, 1976, p. 263.

277: *Newbigin:* Lesslie Newbigin, *Foolishness to the Greeks* " [Locura para los gentiles]. Grand Rapids: Eerdmans, 1986, p. 117.

277: *"Estamos cansados":* Citado por Walter Wink en *Engaging,* op. cit., p. 263.

277: *"El departamento de policía":* Citado por Rodney Clapp. *Perspectives,* op. cit., p. 12.

278: *"El Código de Connecticut":* Citado por Brennan Manning, *Abba's Child* [Hijo de Abbá]. Colorado Springs: NavPress, 1994, p. 82.

Capítulo 18: Sabiduría de serpiente

283: *"Asumida para la gloria de Dios":* Citado por Paul Johnson, "God and the Americans" [Dios y los estadounidenses], conferencia dictada en 1994 en la Biblioteca Pierpont Morgan de Nueva York.

283: *"Nuestra Constitución":* Citado por John R. Howe Jr. en *The Changing Political Thought of John Adams* [El cambiante pensamiento político de John Adams]. Princeton: Princeton University Press, 1966, p. 185.

283: *"Somos un pueblo cristiano":* Citado por Richard John Neuhaus, *The Naked Public Square* [La plaza pública al desnudo]. Grand Rapids: Eerdmans, 1986, p. 80.

284: *"No creo que nadie":* Informe sobre un discurso de Earl Warren en "Breakfast at Washington" [Desayuno en Washington], en *Time,* 14 de febrero de 1954, p. 49.

285: *Dobson:* James Dobson, "Why I use 'Fighting Words'" [Por qué uso 'palabras de combate'], en *Christianity Today,* 19 de junio de 1995, p. 28.

287: *"Amar a nuestros enemigos":* Mateo 5:44.

289: *Reed:* Ralph Reed, *Active Faith* [La fe activa]. Nueva York: The Free Press, 1996, pp. 120, 65.

291: *Kaúnda:* Citado por Tom Sine, *Cease Fire* [Alto el fuego]. Grand Rapids: Eerdmans, 1995, p. 284.

292: *"Cristo es Señor":* Christoph Schönborn, "The Hope of Heaven, The Hope of Earth" [La esperanza del cielo, la esperanza de la tierra], en *First Things* [Las primeras cosas], abril de 1995, p. 34.

292: *"Sólo a Dios":* Citado por Robert E. Webber, *The Church in the World: Opposition, Tension, or Transformation?* [La Iglesia en el mundo: ¿oposición, tensión o transformación?]. Grand Rapids: Zondervan, 1986.

292: *Becket:* Citado por Jacques Maritain en *The Things That Are Not Caesar's* [Las cosas que no son del César]. Londres: Sheed & Ward, 1930, p. 16.

293: *Bellah:* Robert N. Bellah y otros, *The Good Society* [La buena sociedad]. Nueva York: Vintage, 1992, p. 180.

295: *Eisenhower:* Citado por Paul Johnson, *The Quest for God* [La búsqueda de Dios]. Nueva York: HarperCollins, 1996, p. 35.

297: *Barth:* Citado por Paul Johnson, *History*, op. cit., p. 483.

298: *"Sed perfectos":* Mateo 5:48

Capítulo 19: Manchas de hierba

303: *Tuchman:* Citado en *Bill Moyers: A World of Ideas* [Bill Moyers: Un mundo de ideas], ed. Betty Sue Flowers. Nueva York: Doubleday, 1989, p. 5.

304: *Solzhenitsyn:* Selecciones tomadas de su discurso de aceptación del Premio Templeton en 1993.

310: *Forsyth:* Citado por Donald Bloesch en *The Crisis of Piety* [La crisis de la piedad]. Colorado Springs: Helmers and Howard, 1988, p. 116.

310: *"Padre, perdónalos":* Lucas 23:34.

313: *Bonhoeffer:* Dietrich Bonhoeffer, *Cost*, op. cit., p. 136.

314: *"En esto":* Juan 13:35, itálica del autor.

316: *Sider:* Citado por Bob Briner en *Deadly Detours* [Desvíos mortales]. Grand Rapids: Zondervan, 1996, p. 95.

317: *Nietzsche:* Friedrich Nietzsche, *The Anti-Christ* [El anticristo]. Nueva York: Penguin, 1968, pp. 115-18.

317: *Day:* Dorothy Day, *The Long Loneliness* [La larga soledad]. San Francisco: Harper-Collins, 1981, p. 235.

318: *Bellah:* Citado en un discurso de John Stott.

Capítulo 20: Gravedad y gracia

323: *Weil:* Simone Weil, *Gravity*, op. cit., pp. 1, 16.

324: *Barth:* Karl Barth, *The Word of God and the Word of Man* [La palabra de Dios y la palabra del hombre]. Nueva York: Harper & Row, 1957, p. 92.

325: *Merton:* Thomas Merton, *No Man Is an Island* [Ningún hombre es una isla]. Nueva York: Harcourt, Brace and Company,1955, p. 235.

325: *Lewis:* C. S. Lewis, *The Four Loves* [Los cuatro amores]. Londres: Geoffrey Bles, 1960, p. 149.

326: *"Desde el cielo":* Citado por Ernest Kurtz, *Spirituality*, op. cit., p. 29.

327: *"Y vuelto a la mujer":* Lucas 7:44-47.

327: *Perdición.* Harold Frederic, *The Damnation of Theron Ware* [La perdición de Theron Ware]. Nueva York: Penguin, 1956, pp. 75-76.

329: *Meyer:* Citado por Brennan Manning, *The Gentle Revolutionaries* [Los revolucionarios gentiles]. Denville, N. J.: Dimension, 1976, p. 66.

330: *Mairs:* Nancy Mairs, *Ordinary Time*, op. cit., p. 89.

334: *Nietzsche:* Citado por Williams, *Singleness*, op. cit., p. 126.

335: *Lewis:* C. S. Lewis, *Mere*, op. cit., pp. 105-6.

Nos agradaría recibir noticias suyas.
Por favor, envíe sus comentarios sobre este libro
a la dirección que aparece a continuación.
Muchas gracias.

Editorial Vida
Vida@zondervan.com
www.editorialvida.com